运交华盖欲何求，未敢翻身已碰头。破帽遮颜过闹市，漏船载酒泛中流。横眉冷对千夫指，俯首甘为孺子牛。躲进小楼成一统，管他冬夏与春秋。

鲁迅形影

董炳月 著

生活·讀書·新知 三联书店

题　辞

鲁迅体弱多病、身材瘦小，却在人世间留下了巨大的影子，作为明与暗的符号。

而且，许多生命在其巨影的笼罩之中，呐喊或彷徨，欣喜或悲哀，挣扎或惊悚，以证明其巨影的真实与充实。

影以形存，形以影彰。形非形，影非影。对于鲁迅来说是如此，对于面对鲁迅者来说同样如此。

著者，2015 年 5 月 10 日

目　　录

正　编

副　编

正编

"仙台神话"的背面

一 "仙台神话"的诞生

　　1926年10月12日，星期二。厦门大学图书馆楼上的一个房间里，鲁迅正在写他的"旧事重提"之九《藤野先生》。笔依然是毛笔，纸是那种竖写的红格稿纸。窗外，海浪在拍打鼓浪屿，涛声隐隐传来。应当是晚上11点前后，鲁迅在稿纸上画上了最后一个句号。于是，一个神话诞生了——这个神话可以命名为"仙台神话"。

　　"仙台神话"由两个互相关联的故事构成。一个是仙台医学专门学校的清国留学生周树人弃医从文的故事。就像《藤野先生》中所写的，周树人从幻灯片上看到给俄国人当侦探的中国人被日军捕获并被枪决，身边的日本学生鼓掌喊"万岁"，于是思想发生转变。在写《藤野先生》大约四年前的1922年12月所写的《呐喊·自序》中，鲁迅对这种转变有更具体的说明："从那一回以后，我便觉得医学并非一件紧要事，凡是愚弱的国民，即使体格如何健全，如何茁壮，也只能做毫无意义的示众的材料和看客，病死多少是不必以为不幸的。所以我们的第一要著，是在改变他们的精神，而善于改变他们精神的是，我那时以为当然要

3

推文艺，于是想提倡文艺运动了。"另一个是以仙台医专教授藤野严九郎和清国留学生周树人为主人公的中日友好故事。藤野先生得知自己关照过的周树人要退学回东京，"有些凄然"，送给周树人一张照片作纪念，并在照片背面写上"惜别"二字。周树人没有忘记藤野先生，十多年后在北京当了教育部的科长、成了"鲁迅"，依然把藤野先生的照片挂在墙上。由于与大文豪鲁迅的特殊关系，离开仙台医专之后在故乡行医的藤野先生也成为知名人士。在他去世之后，他的家乡福井县成立了"藤野严九郎先生显彰会"。昭和三十九年（1964）四月十二日，"惜别之碑"也立在了福井市的足羽山下。鲁迅与藤野严九郎的关系成为中日友好的象征。在抗日战争以来中国人普遍怀有的、以"日本鬼子"为主体的"日本形象"上，"藤野先生"无疑是一抹亮丽的玫瑰色。由于《藤野先生》被收入中学语文教科书，因此只要是读过中学的中国人，大都知道藤野先生。因为自己的学生而名扬全中国的外国人，可能只有藤野先生一位。

在新中国成立以来的半个多世纪里，以弃医从文故事和日中友好故事为主体的"仙台神话"一直被学者和官方进行"再生产"，其神圣性日益巩固。鲁迅本来是现代中国文化史上的"神话"式存在，因此"仙台神话"的再生产是合理的而且是必要的。只是在这种再生产的过程中，"仙台神话"背后的某些真实似乎被遮蔽了。

二　记忆的误差与选择

鲁迅1902年3月到日本留学的时候二十二岁，1909年8月回国的时候二十九岁，在日本度过了七年宝贵的青春岁月。然而，和周作人、郁达夫、郭沫若等留日作家相比，鲁迅回忆自己留日生活的文字却是非常之少。除了《呐喊·自序》《在现代中国的孔夫子》《因太炎先生想起的二三事》等文章略有涉及，专写留日生活的似乎只有《藤野先生》一篇。因此，《藤野先生》在研究鲁迅留日时期的思想和心境方面尤其珍贵。

如果我们意识到鲁迅是在离开仙台十五年之后叙述自己的仙台留学生活、把他的叙述作为"追忆"而不是作为绝对的真实来认识，至少可以发现两个值得注意的问题。第一，《藤野先生》虽然是一篇纪实性的散文，但鲁迅的记忆存在着误差。比如，关于藤野先生修改过的医学笔记，鲁迅写道："他所改正的讲义，我曾经订成三厚本，收藏着的，将作为永久的纪念。不幸七年前迁居的时候，中途毁坏了一口书箱，失去半箱书，恰巧这讲义也遗失在内了。责成运送局去找寻，寂无回音。"其实，他1919年迁居北京时把那些笔记留在了绍兴。1951年这些笔记被发现，共六册，现藏北京鲁迅博物馆。第二，在《呐喊·自序》和《藤野先生》中，鲁迅用"我竟在画片上忽然会见我久违的许多中国人了"、"仙台是一个市镇，并不大；冬天冷得利害；还没有中国的学生"、"物以稀为贵"之类的叙述把自己塑造成"孤独者"，不少鲁迅研究者因此误以为周树人是当时仙台唯一的中国留学生。事实上，鲁迅在仙台留学的时候有一位关系密切的中国同学。

这位同学名叫施霖，与鲁迅同样是来自浙江省（施霖是仁和县人），同样在弘文学院学日语，[①]从弘文学院毕业后同样离开东京到仙台留学，并且是和鲁迅同时进入与仙台医学专门学校同

①《浙江潮》第三期（1903年3月发行）后面所附《浙江同乡留学东京题名》中，有"周树人　豫才"（前为名，后为字），隔着"汪与准　曙霞"，就是"施霖　雨若"。从这份名簿看，施霖籍贯为"杭州仁和"，二十三岁，比鲁迅大两岁（名簿上鲁迅年龄为二十一岁），比鲁迅晚五个月（1902年8月）到东京，与鲁迅同为弘文学院普通科学生。只是身份略有不同，鲁迅是南洋官费生，施霖是本省官费生。

一校园的第二高等学校。鲁迅到仙台留学的消息作为短讯发表在1904年9月10日的仙台地方报纸《东北新闻》，而早在7月12日，施霖来仙台留学的消息就发表在另一家地方报纸《河北新报》上了。根据"仙台鲁迅的记录"调查委员会委员渡边襄的考证，开学后鲁迅和施霖到达仙台是寄宿在同一家民间旅馆。现存鲁迅仙台时期的照片仅有六张，而两张上面有施霖。一张是鲁迅与施霖两个人的合影，另一张六位"同宿生"的照片上四位是日本学生，另外两位就是鲁迅与施霖。①

然而，在鲁迅有关留学生活的所有文字中，这仙台留学时期唯一的中国同学都没有出现。

如果说鲁迅在回忆恩师藤野先生的文章中没有涉及施霖是理所当然的，那么施霖在现存鲁迅的所有文字中的"缺席"就耐人寻味。回首曾经有过的仙台留学生活的时候，鲁迅选择了藤野先生，而回避了施霖。这选择与回避之间是否隐藏着"仙台神话"的某些秘密呢？

话题要回到鲁迅去仙台的心理动因。

三　周树人何以去仙台？

关于何以去仙台医学专门学校留学，鲁迅在《呐喊·自序》中说：在南京读书的时候"知道了日本维新是大半发端于西方医学的事实"，"因为这些幼稚的知识，后来便使我的学籍列在日本一个乡间的医学专门学校里了"。还说"预备卒业回来，救治像我父亲似的被误的病人的疾苦"。类似的解释被他的挚友许寿裳

---

① 渡边襄：《鲁迅与仙台》，收入鲁迅诞辰一百一十周年仙台纪念委员会所编《鲁迅与日本》，1991；《鲁迅仙台医专时期照片考订》，马力译，收入《鲁迅研究资料》第12辑，天津人民出版社（天津），1983。

和后来的众多研究者们沿用，但这种解释并不完全符合逻辑。那些"幼稚的知识"足以构成周树人学习医学的理由，却难以构成他留学仙台的理由。如果仅仅是为了学习医学，那么东京也有医科学校。实际上，关于青年鲁迅去仙台，鲁迅留学仙台时的同班同学半泽正二郎早就怀有疑问。半泽说："至于为什么来仙台，并且选择了仙台医学专门学校，那是难以理解的问题。当时，东京先设第一高等学校，而后仙台才设立第二高等学校；陆军师团，东京是第一师团，仙台是第二师团。"① 半泽所谓的"第二高等学校"与仙台医学专门学校其实是同一所学校，仙台医学专门学校是第二高等学校医学部于明治三十四年（1901）四月升格而成的。在现存的照片上，仙台医学专门学校的牌子与第二高等学校的牌子也是同时挂在校门的两侧。

能够解答半泽正二郎的疑问的，是鲁迅去仙台之前在弘文学院留学时的同学沈瓞民的回忆。沈在1961年的一篇回忆文章中说："后来鲁迅决定学医，想进一个没有中国留学生的医专，王立才告诉鲁迅，仙台医学专门学校地处偏僻，无一中国留学生，鲁迅便决定去仙台。"② 1906年被鲁迅带往日本留学的周作人在《鲁迅的青年时代》一书中也说："本来在千叶和金泽地方，也都设立有医学专门学校，但是他却特地去挑选了远在日本东北的仙台医专，这也是有理由的。因为他在东京看厌了那些'富士山'们，不愿意和他们为伍，只有仙台医专因为比千叶金泽路远天冷，还没有留学生入学，这是他看中了那里的唯一理由。"③ 由此

① 《鲁迅与藤野先生》，收入《鲁迅与中日文化交流》，湖南人民出版社（长沙），1981。

② 《回忆鲁迅早年在弘文学院的片段》，《高山仰止——社会名流忆鲁迅》收录，河北教育出版社（石家庄），2002。

③ 见该书第十一节《东京与仙台》，河北教育出版社（石家庄），2002年1月重印本，第34页。

可见：去仙台留学对于青年鲁迅的意义并非仅仅是学习医学，同时也是为了逃离中国留日群体。而后者显然更重要。

《藤野先生》一文的叙述逻辑也清晰地展示了鲁迅对清国留学生的不满与其离开东京去仙台之间的因果关系。文章的第一节是写樱花烂漫的时节"清国留学生"速成班的学生们到上野公园去看樱花："头上盘着大辫子，顶得学生制帽的顶上高高耸起，形成一座富士山。也有解散辫子，盘得平的，除下帽来，油光可鉴，宛如小姑娘的发髻一般，还要将脖子扭几扭。实在标致极了。"这种二十多年后的回忆性描写中依然包含着讽刺与厌恶。第二节写留学生们在中国留学生会馆里学跳舞，"到傍晚，有一间的地板便常不免要咚咚咚地响得震天，兼以满房烟尘斗乱"。于是，文章第三节就只有一句话："到别的地方去看看，如何呢？"第四节的开头便是："我就往仙台的医学专门学校去。"

事实上，在鲁迅有关留学生活的文字中，留学生的形象总是负面的。除了这里的"头"（发型）与"脚"（跳舞），鲁迅在写于1926年1月3日的杂文《杂论管闲事·做学问·灰色等》（收入《华盖集续编》）一文中还写及留日学生的"胃"。他是这样写的："现在的留学生是多多，多多了，但我总疑心他们大部分是在外国租了房子，关起门来炖牛肉吃的，而且在东京实在也看见过。那时我想：炖牛肉吃，在中国就可以，何必路远迢迢，跑到外国来呢？"这不妨看作《藤野先生》中描画的"清国留学生形象"的补充。对此类清国留学生的排斥，构成了鲁迅离开东京的心理动因。

关于当年离开家乡绍兴到南京读书，鲁迅在《呐喊·自序》中说："我要到N进K学堂去了，仿佛是想走异路，逃异地，去寻求别样的人们。"在《琐记》（《朝花夕拾》收录）一文中他还强调对S城（绍兴）人的认识与他"逃异地"之间的关系，说：

"S城人的脸早经看熟,如此而已,连心肝也似乎有些了然。"那么,这次因为看透了某些清国留学生的品性、不愿与之为伍而离开东京去仙台,依然具有"走异路,逃异地"的意义。

四 施霖意味着什么?

既然青年鲁迅去仙台留学是为了逃避清国留学生,那么施霖的出现首先意味着鲁迅逃避的失败。也许,鲁迅在仙台见到施霖的时候很失望。——当然这只是一种推测。不过,结合"漏题风波"来看,施霖确实是在证明与青年鲁迅的追求相反的东西。

鲁迅第一学期(当时仙台医专是三学期制)期末考试的成绩仅仅属于中等,便受到日本同学的怀疑,甚至有人检查藤野先生给他修改过的笔记。二十年后提起这件事鲁迅的感叹依然是:"中国是弱国,所以中国人当然是低能儿,分数在六十分以上,便不是自己的能力了:也无怪他们疑惑。"那么,在第二高等学校第二部工科就读的施霖成绩怎样呢? 同样是根据渡边襄的考证,施霖第一学期的考试成绩除了体操得满分,英语、代数、几何、图画全部不及格,第二学年的考试成绩依然如此。在鲁迅离开仙台的1906年,施霖的名字也从仙台二高的学生名册上消失了。就是说:在当时同一校园仅有的两位清国留学生中,鲁迅努力证明中国人的能力和尊严,而施霖却有意无意地证明着中国人的低能——同时证明着日本学生"疑惑"的合理性。对于自尊心很强的青年鲁迅来说,这无疑是痛苦的。

鲁迅说自己弃医从文是因为意识到"凡是愚弱的国民,即使体格如何健全,如何苗壮,也只能做毫无意义的示众的材料和看客",不幸的是,心智与体格的这种关系恰恰也适应于施霖。体操得满分说明施霖体格健全、苗壮,而体操之外的科目均不及格又说明了他的"愚弱"。在仙台医专校园里那些对中国人怀有偏见的日本学生的眼中，施霖事实上成了愚弱但体格健全的"示众的材料"。——也许使鲁迅得出上述结论的并非仅仅是幻灯片上的中国人？

因为施霖是鲁迅不愉快的记忆，所以鲁迅努力将他遗忘。——这种结论难以证明却符合逻辑。而且，正是在对日本学生的不满与对同胞的失望这双重阴郁的心理背景上，藤野先生才具有了特殊的意义。

五　两个"藤野先生"

《故乡》中的迅哥儿对闰土的崇拜偶像不以为然，但对于鲁迅来说，藤野先生却几乎是"偶像"式的存在。背面写着"惜别"二字的藤野先生的照片长期挂在他北京寓所的东墙上，成为他精神和良心的原动力。

关于与清国留学生周树人的关系，"仙台神话"的另一位主角藤野先生晚年也有回忆。昭和十三年（1938）初，即鲁迅逝世不到一年半的时候，一位名叫坪田利雄的人采访了藤野先生，将藤野先生的话记录下来，用《谨忆周树人先生》的题目发表在当年三月号的《文学案内》上。关于为鲁迅修改课堂笔记，藤野先生是这样说的："我从爱知医学专门学校转入仙台的学校确是在明治三十三年的岁末。周树人先生是在这以后两三年，作为从中国来的留学生入学的。因为是留学生，所以免除入学考试。周先生的身材并不高，圆脸，样子很聪明，当时看来身体就不太好。我担任人体解剖学。在教室里，他很认真地用毛笔记着笔记。但是，他入学之后，日语的听说能力还不太好，理解上有困难，学习比较吃力。因此，我在课后留下来，给周先生看看笔记，把他听错记误的地方订正过来。"关于照片藤野先生已经没有清晰的记忆，他说："他曾经到我的家里来告别，最后的会面在什么时候已经忘记了。听说我的照片他生前一直挂在屋里。这使我很高兴。这张照片是什么时候、怎样送给他的，记不起来了。〔中略〕也许是我的妻子拿给他的。"关于为何善待鲁迅，藤野先生这样说："我在少年的时候，坂野先生教过我汉文，坂野先生是福井藩校出来的。他养成了我这样一种心情，就是既尊敬中国的先贤，也尊敬这些先贤的国家的人。这大概就是周先生对我感到特别亲切和感激的缘故吧。因此，周先生在他的小说里或跟朋友的谈话中，都把我称作恩师。我想是可以这样来理解的。"[1]

显然，藤野先生是出于对中国人的尊重和一位教授的责任感，关心班里唯一的一位中国留学生的学习，并在他退学的时候赠送照片作为纪念。对于藤野先生来说，这只是一般性的事实，并且已经成为过去，而鲁迅从中感受到了非同一般的意义，一直无法忘却。这二者之间存在着一定程度的落差。其实这落差早已有人意识到。1964年，彭柏山在一篇谈论《藤野先生》的短文中说："作者通过'我'对这位藤野先生的直接感受，把这个人推到崇高的地位。作者主观的意图，和客观存在的藤野先生，浑然融成一体，就出现了一种崇高的'意境'。"[2]换言之，鲁迅是在把一般性的事实神圣化。

但并不能因此否定鲁迅"感觉的真实"，因为价值具有相对性。仙台时期的鲁迅是一位异乡的孤独者，在他当时的心理背景上，藤野先生的一般性关怀具有了"神圣的意义"。1974年，在纪念鲁迅仙台留学七十周年的讲演会上，曾经与鲁迅密切交往

---

[1]　此文的中译文收入湖南人民出版社（长沙）1981年版《鲁迅与中日文化交流》。

[2]　引自《鲁迅研究资料》第12辑，天津人民出版社（天津），1983。

11

的增田涉谈及"漏题事件",指出仙台曾经给了鲁迅"屈辱感"①（其实这"屈辱感"不仅仅来自日本学生）。正是这屈辱感赋予并且放大了藤野先生之关怀的意义。实际上,鲁迅1902年到日本留学之后一直在品尝弱国子民的屈辱感——比如研究者们早已论及的辫子、小脚、大阪博览会的"人类馆"事件给鲁迅的刺激。再结合少年时期家境败落、为父亲抓药看冷脸、寄居亲戚家中被称作"乞丐"等事实来看,青年鲁迅的心灵上存在着"创伤性记忆群"。唯其如此,藤野先生的关怀才使他难以忘却。

还应当注意的是,当青年鲁迅品味那种弱国子民的屈辱感的时候,藤野先生在某种程度上成了他的"同类"。在《藤野先生》的文本中,藤野先生出场的时候不仅衣着寒酸,而且地方口音很重,因此受到留级生们的嘲笑。这嘲笑将藤野先生置于留级生们的对立面,虽然他们同为日本人。而鲁迅作为来自弱国、操着不自如的日语的留学生,很可能从这样一位老师身上发现了自己的影子,并因此产生"同病相怜"的感觉。这应当是一种和国籍无关的"弱者的共感"。日本著名学者伊藤虎丸在《鲁迅与日本人》②中认为藤野先生与青年鲁迅之间浮现了"超越国籍的'真的人'的关系",也许可以从这个角度解释。

藤野先生令鲁迅如此感念,但从1906年离开仙台到1936年离开人世,整整三十年间他没有与藤野先生取得联系。尽管离开仙台之后他还在东京生活了三年,他去世之后日本人很快找到了藤野先生也说明对于与日本人交往密切的鲁迅来说寻找藤野先生并不困难。比起郭沫若与其恩师小野寺直助之间的信赖关系,鲁迅与藤野先生的"绝缘"耐人寻味。郭沫若不仅长期与留学时期

---

① 《我的恩师鲁迅先生》,中译文收入前引《鲁迅与中日文化交流》。

② 《鲁迅与日本人——亚洲的近代与"个"的思想》,李冬木译,河北教育出版社（石家庄）,2001。下同。日文原著1983年由朝日出版社（东京）出版。

的恩师保持联系，甚至个人隐私都向恩师袒露。1933年初，流亡日本的郭沫若嫖妓染上性病并传染了他忠贞、贤惠的日本妻子佐藤富子，治疗无效，便写信向当医学教授的恩师求助。①而藤野先生只存在于鲁迅的记忆中。这种"绝缘"可以用鲁迅的愧疚来解释——中途退学、弃医从文辜负了老师的期待，笔记问题给老师添了麻烦，而且在各考试科目中恰恰是藤野先生担任的解剖学没考及格（59.3分）。但更主要的原因也许在于：鲁迅意识到了记忆的虚幻但试图保留一个虽然虚幻却美好的记忆。换言之，他意识到了记忆中的藤野先生与生活在人间的藤野先生二者之间的距离，因此通过"绝缘"来保持前者的完整性。1927年5月将十篇"旧事重提"结集为《朝花夕拾》出版的时候，鲁迅写了一篇"小引"。他在"小引"中说："我有一时，曾经屡次忆起儿时在故乡所吃的蔬果：菱角，罗汉豆，茭白，香瓜。凡这些，都是极其鲜美可口的；都曾是使我思乡的蛊惑。后来，我在久别之后尝到了，也不过如此；惟独在记忆上，还有旧来的意味存留。他们也许要哄骗我一生，使我时时反顾。""这十篇就是从记忆中抄出来的，与实际容或有些不同，然而我现在只记得是这样。"在1933年所写的《我的种痘》（收入《集外集拾遗补编》）一文中，鲁迅重复了同样的意思。看来记忆不仅在哄骗着鲁迅，鲁迅也希望被记忆所哄骗。

鲁迅是伟大的文学家、伟大的革命家、伟大的思想家，同时也是一个平凡的、脆弱的人。他终于在离开仙台整整三十年之后，带着记忆中的藤野先生离开人世。真实不是记忆的唯一理由，变形的记忆是"理性的梦"，因其与幻想相伴往往更宝贵。

---

① 参阅龚济民、方仁念所著《郭沫若传》第七章，北京十月文艺出版社（北京），1988。

在变形的记忆与有意识的遗忘之间，鲁迅孤独着并且寂寞着。

六　"留日"之于鲁迅

青年鲁迅怀着逃避中国人的愿望从东京到了仙台，但施霖的存在、藤野先生有关中国裹脚女子脚骨的询问、幻灯片上（或电影中）出现的被杀头或者看杀头的中国人，使他意识到逃避的不可能。这样看来，青年鲁迅从仙台返回东京不仅具有弃医从文的意义，而且具有从"逃避中国人"转向"改造中国人"的意义。其实，日本的鲁迅研究大家竹内好和丸山升两位先生早就怀疑鲁迅所谓"在仙台看了幻灯片决定弃医从文"这一表达的真实性。[①]因为鲁迅在去仙台之前就已经考虑国民性改造问题（去仙台这一行动本身是否定国民性的消极形式），并且了解文艺对人的精神作用。

鲁迅被称作中华民族的"民族魂"，与此同时，一些日本学者又将他"亚洲化"（东洋化）。1936年10月19日凌晨鲁迅去世，日本现代著名作家佐藤春夫当夜得到消息，写了纪念文章《月光与少年——鲁迅的艺术》，把鲁迅称作"东洋的文学者"、"纯粹的东洋人"。[②]东京大学文学部教授藤井省三在2002年4月出版的《鲁迅事典》（三省堂）中，也是把鲁迅看作"东亚的文化英雄"。这种"亚洲化"倾向的合理性在于：日本在"鲁迅发生史"上的作用太大了。只是，因为鲁迅太伟大、留学日本对他的成长作用甚大，所以人们反而有可能忽视他作为普通留学生的心理活动和情感世界。

---

① 竹内好《鲁迅》，日本评论社，1944；丸山升《鲁迅与其时代》，收入鲁迅诞辰一百一十周年仙台纪念委员会所编《鲁迅与日本》，1991。
② 中译文收入前引《鲁迅与中日文化交流》。

本文开头处对《藤野先生》一文诞生"场景"的还原，是根据该文后面标明的写作日期、《朝花夕拾》"小引"、《两地书》以及鲁迅日记。"场景还原"是"文本"解读的有效方法之一。如果对留日时期的鲁迅进行"场景还原"，应当得到这样的表达：二十一岁的周树人脑后垂着一根辫子前往东京留学，他心中有少年时代家境败落造成的创伤，到日本之后又添上弱国子民的屈辱。而且，他有正常男性都有的青春期的躁动与苦闷。擅自从仙台医专中途退学（退学申请是别人代补的）回到东京之后，他把学籍挂在德语专修学校、靠官费维持生活，文学活动虽然只是业余活动但他倾注了大量心血。

七年半的留日生活中玫瑰色的记忆似乎只有"藤野先生"，可见鲁迅的留日生活即使不是不堪回首的至少也是"懒于回首"的。鲁迅不像周作人、郁达夫、郭沫若等人那样较多谈论自己的留日生活，留日生活的压抑与孤独可能是主要原因。

2002年7月6日至8日草就，14日改定。于京西花园村

（原载《鲁迅研究月刊》2002年第10期）

"仙台鲁迅"与国民国家想象
——以《仙台书简》为中心

　　本文把1904年9月至1906年3月在仙台医学专门学校留学的鲁迅（当时的名字还是周树人）称之为"仙台鲁迅"。特定的留学背景、弃医从文的转折以及与藤野先生的友情，使"仙台鲁迅"自始至终与近代以来国民国家的想象保持着密切关系。不仅如此，后人对"仙台鲁迅"的叙述亦与这种想象相伴随。本文试图以《仙台书简》（1904年10月8日鲁迅从仙台写给同乡友人蒋抑卮的信）为中心对此进行考察。应当说明的是，文题中的"想象"一词即安德森"想象的共同体"这一界说中所谓的"想象"，包含着"通过想象进行建构"这种引申义。

一　初期"仙台鲁迅"的国民意识

　　在鲁迅留下的文字中，除了《呐喊·自序》《著者自叙传略》[1]等旁涉仙台留学生活的文章，专门谈论仙台生活的只有两篇。一为《仙台书简》，一为《藤野先生》。前者不像后者那样广

---

　　① 《俄文译本〈阿Q正传〉序及著者自叙传略》，作于1925年初，收入《鲁迅全集》第7卷，人民文学出版社（北京），1981。

为人知，但在认识"仙台鲁迅"方面却比后者更重要。这是因为，《仙台书简》写于鲁迅到达仙台大概一个月之后的1904年10月8日，与"仙台鲁迅"构成的是共时性关系，没有经过时间的过滤与改造，展示的是"仙台鲁迅"的起点和原生形态。

鲁迅在书简中向友人介绍了自己初到仙台时的生活和学习状况，其中最为重要的当为第一段，曰：

> 〔前略〕尔来索居仙台，又复匝月，形不吊影，弥觉无聊。昨忽由任君克任寄至《黑奴吁天录》一部及所手录之《释人》一篇，乃大欢喜，穷日读之，竟毕。拳拳盛意，感莫可言。树人到仙台后，离中国主人翁颇遥，所恨尚有怪事奇闻由新闻纸以触我目。曼思故国，来日方长，载悲黑奴前车如是，弥益感喟。闻素民已东渡，此外浙人渐多，相隔非遥，竟不得会。惟日本同学来访者颇不寡，此阿利安人亦殊懒与酬对，所聊慰情者，廑我旧友之笔音耳。近数日间，深入彼学生社会间，略一相度，敢决言其思想行为决不居我震旦青年上，惟社交活泼，则彼辈为长。以乐观的思之，黄帝之灵或当不馁欤。①

显而易见，这段话表达了鲁迅当时所怀有的自觉而又复杂的国民意识，以及此种意识与当时的阅读体验、生活体验的关联。

鲁迅在这里谈及自己初到仙台时的阅读状况——即对于《黑奴吁天录》、《释人》以及"新闻纸"（报纸）的阅读。根据《鲁迅全集》的注释，《释人》为清代孙星衍所撰，是考释"人"字及人体各部位古汉语称谓的论文。友人之所以将此文寄给鲁迅，

---

① 引自《鲁迅全集》第11卷，第321页。人民文学出版社，1981。下同。

当与鲁迅所学的医学专业有关。对《释人》的阅读可以看作鲁迅专业阅读的一部分，与书简后半部分提及的对物理、化学、解剖等专业书籍的阅读属于同一类型，故暂且不论。而对《黑奴吁天录》和"新闻纸"的阅读，则直接关涉到青年鲁迅的国民意识。

《黑奴吁天录》为"林译小说"之一种，光绪二十七年（1901）在杭州出版，今译书名为《汤姆叔叔的小屋》，作者为美国作家斯陀（H.B.S towe，1811—1896），"斯陀"之名林纾译为"斯土活"。林纾翻译该小说并非仅为叙述美国黑人受奴役之悲惨，且有警醒国人之目的。译小说名为"黑奴吁天录"即含此意。林纾在"序"中谈及美国华工，曰："黄人受虐，或加甚于黑人。而国力既弱，为使者复馁慑不敢与争，又无通人纪载其事，余无从知之。而可据为前谶者，特《黑奴吁天录》耳。'录'本名《黑奴受逼记》，又名《汤姆家事》，余恶其名不典，易以今名。其中累述奴惨状，非巧于叙悲，亦就其原书所著录者，触黄种之将亡，因而愈生其悲怀耳。"[1]此种情怀在青年鲁迅那里唤起了强烈共感，书简中所谓"曼思故国，来日方长，载悲黑奴前车如是，弥益感喟"，即表明美国黑人的命运在青年鲁迅这里转化为对祖国命运的忧虑。青年鲁迅与林纾（作为《黑奴吁天录》译者的林纾）的一致之处，即在于对弱小民族的同情以及在弱小民族的命运中对中国人悲剧命运的发现。

1904年的东京已经聚集着成群结队的清国留学生，而仙台不同，尚无清国留学生——至少在鲁迅的想象与叙述中是如此。当时同在仙台留学的另一名中国学生施霖，一直被鲁迅排斥在记忆

---

① 据商务印书馆（北京）1981年重排本。下同。

之外。①青年鲁迅是为了做孤独者离开东京前往仙台。一个"形不吊影"的中国青年置身于日本学生群体之中，这种处境本身已经自然地强化了国籍的差异，而日本学生的傲慢则与对《黑奴吁天录》的阅读一样成为刺激鲁迅国民意识的另一因素。鲁迅在《仙台书简》中将来访的日本学生称为"阿利安人"（即种族主义者视为"高贵人种"的人）且表示"殊懒与酬对"，就清楚地表明了这一点。他将"我震旦青年"与"阿利安人"做高下优劣之比较，发现日本学生"思想行为决不居我震旦青年上"，于是产生了"黄帝之灵或当不馁欤"的想法。这种具有乐观色彩的民族主义精神在某种程度上可以消解"黑奴"命运所引起的"感喟"。

众所周知，鲁迅就读于弘文学院时就是一位爱国主义者。1903年春留日中国学生组织拒俄义勇军之际，他曾撰写鼓吹尚武精神的《斯巴达之魂》，高呼"呜呼！世有不甘自下于巾帼之男子乎？必有掷笔而起者矣"。在同样写于1903年的《中国地质略论》中，他感叹道："吾广漠美丽最可爱之中国兮！而实世界之天府，文明之鼻祖也。"声称"中国者，中国人之中国"。写于当年春夏之交的《自题小像》之中则有"寄意寒星荃不察，我以我血荐轩辕"的豪迈之辞。由此可见，青年鲁迅初到仙台时的国民意识是固有的爱国精神在新的生活环境中的显现。在此意义上，《自题小像》中的轩辕黄帝再次出现于《仙台书简》中（所谓"黄帝之灵"）并非偶然。不同在于，鲁迅初到仙台时的国民意识是与新的阅读体验、生活体验结合在一起的。

---

① 关于此事笔者在《"仙台神话"的背面》一文中已经论及，此处从略。文载《鲁迅研究月刊》2002年第10期。结合北冈正子《鲁迅与弘文学院学生"退学"事件》（中译文发表于《鲁迅研究月刊》2002年第11、12期）来看，施霖大鲁迅一岁，同为浙江人，同年到日本留学，同为弘文学院浙江班学生。从弘文学院毕业之后又是同时去仙台，在同一校园内读书，并曾住在同一民间旅馆。鲁迅何以那样彻底地将施霖排斥在记忆之外，是一个有待继续探讨的问题。

不过，鲁迅从留日初期开始就面临着国家认同的内在矛盾。民族主义精神在他这里未能与现实生活中对国民的认识统一起来。相反，二者构成了某种程度的对立——热爱祖国却厌恶某些同胞，国家与国民因此无法获得同一性。这种厌恶导致的结果之一，就是离开东京前往尚无清国留学生的仙台，于是去仙台留学本身成为鲁迅逃避同胞的一种形式。① 《仙台书简》中"树人到仙台后，离中国主人翁颇遥，所恨尚有怪事奇闻由新闻纸以触我目"一语对"中国主人翁"的讽刺，就是在东京时对清国留学生之厌恶的延续。换言之，对祖国命运的忧虑与对"中国主人翁"的拒斥所构成的国民意识、民族意识的分裂，同样从弘文时期的鲁迅那里延续到"仙台鲁迅"这里。

二 在《仙台书简》的延长线上

《仙台书简》对鲁迅仙台生活的共时性记录止于1904年10月8日，其后将近一年半的生活只有通过《呐喊·自序》和《藤野先生》这种回忆性的文章来了解。《呐喊·自序》1922年写于北京，是在鲁迅离开仙台十六年之后；《藤野先生》1926年写于厦门，是在鲁迅离开仙台整整二十年之后。时间与空间的巨大间隔已经使"仙台鲁迅"被高度对象化。将这两篇文章与《仙台书简》结合起来阅读，"仙台鲁迅"的连续性和整体性便显现出来。

在《呐喊·自序》和《藤野先生》等文章中，鲁迅不止一次讲述了"漏题事件"和"幻灯事件"给他留下的屈辱记忆、对他人生道路的影响。应当注意的是，对于"仙台鲁迅"来说，这两

---

① 关于这种逃离笔者在前面提及的《"仙台神话"的背面》一文中亦有详细分析，此处从略。

个事件本质上都是作为"国民事件"——国民身份的再发现与国民意识的强化——发生的。"漏题事件"使鲁迅切身感受到的是国家与国民的密切关系——他在《藤野先生》中说:"中国是弱国,所以中国人当然是低能儿,分数在六十分以上,便不是自己的能力了:也无怪他们疑惑。""幻灯事件"的情况则相对复杂一些,因为有关该事件的记述《呐喊·自序》和《藤野先生》略有差异。从《呐喊·自序》的记述来看,该事件使鲁迅发现了国民的"愚弱"(麻木)。鲁迅写道:"我竟在画片上忽然会见我久违的许多中国人了,一个绑在中间,许多站在左右,一样是强壮的体格,而显出麻木的神情。"而《藤野先生》一文对幻灯片上被枪毙的俄探、围观的中国人以及"我"("我"正在教室里和日本同学一起看幻灯片)三者"中国人"身份同一性的强调,则表明"幻灯事件"使鲁迅再次确认了自己的"中国人"身份。由于鲁迅在不同的文章中对"幻灯事件"的叙述有差异,因此便有日本学者怀疑该事件的真实性、将该事件视为"传记的传说化"。[①]实质上,无论鲁迅在不同的文章中对该事件的叙述存在着多大差异,但在鲁迅的叙述中该事件所导致的结果——触发国民意识——却没有任何变化。

对国民之"愚弱"(麻木)的发现导致了弃医从文的巨大转换。鲁迅在《呐喊·自序》中说:"从那一回以后,我便觉得医学并非一件紧要事,凡是愚弱的国民,即使体格如何健全,如何茁壮,也只能做毫无意义的示众的材料和看客,病死多少是不必以为不幸的。所以我们的第一要著,是在改变他们的精神,而善于改变精神的是,我那时以为当然要推文艺,于是想提倡文艺运

---

① 参阅《幻灯事件的事实依据与艺术加工》,渡边襄作,马力译,载《鲁迅研究资料》第16辑。天津人民出版社(天津),1987年1月。

动了。"这段表述是人们耳熟能详的，笔者要强调的是这段表述与"幻灯事件"的逻辑关系。既然弃医从文是由对国民之"愚弱"（麻木）的发现促成的，那么"改变精神"这一行为的指向自然就是促进"国民意识"的觉醒。——这具有逻辑的必然性。在此意义上，弃医从文故事本质上是作为"国民觉醒故事"发生的。对于鲁迅来说，"国民觉醒故事"具有作为个体拥有自觉的国民意识、进而将国民意识普遍化的双重结构。

不能忘记《仙台书简》。将上述分析与《仙台书简》结合起来，不难看出：国民的再发现、国民意识的强化以及弃医从文的重大抉择，完全是在鲁迅初到仙台时怀有的国民意识的延长线上进行的。在这一过程中，《黑奴吁天录》有可能一直对"仙台鲁迅"发生着潜在的、持续的影响。鲁迅切身体验到弱国子民的屈辱并观察到国民的愚弱，都是在"载悲黑奴前车如是，弥益感喟"之后。更重要的是，"仙台鲁迅"对于国家和国民关系的理解与《黑奴吁天录》十分接近。《黑奴吁天录》主人公之一哲而治在写给友人的信中说："须知有国之人与无国者，其人民苦乐之况，何啻霄壤。"林纾共感于此，在小说译本的"跋"中谈及美国人强行检查华工信函，指出："向来文明之国，无发私人函。今彼人于华人之函，无不遍发。有书及美国二字，如犯国讳，捕逐驱斥，不遗余力。则谓吾华有国度耶，无国度耶？观哲而治与友书，意谓无国之人，虽文明者亦施我以野蛮之礼；则异日，吾华为奴张本，不即基于此乎？"而鲁迅所言"中国是弱国，所以中国人当然是低能儿"，则包含着相同的逻辑。在某种意义上，被视为"低能"的鲁迅和幻灯片中被杀头、看杀头的中国人是别一种意义上的"黑奴"。不仅如此，《藤野先生》一文记述的前来检查解剖学笔记的日本学生的傲慢无礼，也印证了《仙台书简》中"阿利安人"这一认识的正确性，无疑会唤起鲁迅到达仙台之初对日本学生的负面记忆。

在借助文艺之力唤起民众这一点上，青年鲁迅也与林纾表现出一致性。林纾在《黑奴吁天录》中文译本的"跋"中直言："余与魏君同译是书，非巧于叙述以博阅者无端之眼泪，特为奴之势逼及吾种，不能不为大众一号。""吾书虽俚浅，亦足为振作志气，爱国保种之一助。"而鲁迅认为："善于改变精神的是，我那时以为当然要推文艺，于是想提倡文艺运动了。"此种文艺功能观的形成有多种原因，原因之一有可能就是"那时"对林译《黑奴吁天录》的阅读。林纾在"五四"时期反对新文化运动，因此受到鲁迅的批评，但是，鲁迅对于林纾在翻译上的贡献却一直给予肯定。[①]这或许是因为仙台时期阅读林译《黑奴吁天录》的体验一直存在于鲁迅的记忆之中。《摩罗诗力说》（作于1907年）"别求新声于异邦"，介绍了众多"立意在反抗，指归在动作"的诗人，是因为鲁迅相信诗歌"撄人心"的力量。而这正是在他自己的心被《黑奴吁天录》所"撄"之后。

青年鲁迅作为"国民"出现于仙台，并且是作为更加自觉、更具主动性的"国民"离开仙台。在"国民"的意义上，鲁迅弃医从文、离开仙台的过程从其到达仙台的时候就已经开始。离开仙台的鲁迅与初到仙台的鲁迅并无本质性的改变，改变的只是处理国民意识的方式——以文艺作为手段将自己的国民意识传达给民众，使之普遍化。弃医从文这一行为在空间形式上的体现是"弃仙台回东京"，而回东京意味着回归自己曾经厌恶并且逃避的清国留学生群体。相对于这种手段的选择而言，对待国民群体的态度由当初的逃避向现在的回归这种转换更重要。当初前往仙台

---

① 1935年6月所作《"题未定"草》（收入《且介亭杂文二集》）褒扬林纾只知汉文却翻译了欧美文学名著，此前的《出了象牙之塔》"后记"等文也多次提及林纾的翻译。

的目的之一本是追求孤独，但在经历了短暂的孤独之后，青年鲁迅终于意识到了"国民"的无法逃避——这个"国民"既是外在的他人又是内在的自我，既是主动的追求又是被动的给予。

三 "仙台叙事"的意识形态性质

《藤野先生》是鲁迅从整体上回忆仙台留学生活的唯一的一篇文章，写作时间是 1926 年 10 月。这个时间是重要的。从这时开始，"仙台鲁迅"脱离鲁迅的个人记忆成为社会话题，成为被阅读、被阐释的对象。如果把有关"仙台鲁迅"的记述和阐释称作"仙台叙事"，那么从此时开始"仙台叙事"的叙述者不再仅仅是鲁迅本人，而是包括了众多的第三者，第一人称的、自叙性的"仙台鲁迅"与从第三者的立场叙述的"仙台鲁迅"开始叠影在一起。这个"第三者"中，有在 1936 年 10 月鲁迅去世后寻找藤野先生、撰写相关文章的日本记者，有 1945 年以鲁迅与藤野先生的友情为题材创作长篇小说《惜别》的日本作家太宰治（1909—1948），有战后将"仙台鲁迅"视为中日友好象征的仙台人，有 1964 年在藤野先生的故乡建立"惜别"纪念碑的人，甚至包括中日两国众多的"仙台鲁迅"研究者。"第三者"的叙述使"仙台鲁迅"呈现出更为丰富的文本形态，并且从外部在"仙台鲁迅"与国民国家想象之间建立起新的联系，"仙台鲁迅"因此承担了更多的意识形态功能。对于此种意识形态功能，鲁迅本人也显然已经意识到。他在《藤野先生》中谈及藤野先生对自己的关怀时所谓的"小而言之，是为中国"，就是将个人关系纳入国家关系之中。1934 年 11 月日本学者增田涉因编译《鲁迅选集》而给鲁迅写信，就哪些文章应当编入征询鲁迅的意见，鲁迅的回答是"我要放进去的是一篇也没有了，只有《藤野先生》一文请译出补进去"。结合"九一八"事变之后的中日关系来看，鲁迅这样做的目的也许并非仅仅是为了寻找藤野先生或表达对藤野先生的思念，而是怀着国民的自觉性、用《藤野先生》这篇文章向日本读者传达某种超越个人的信息。就"仙台鲁迅"与国家意识形态的结合而言，最有代表性的作品当数太宰治的《惜别》。

《惜别》是太宰治应日本文学报国会（成立于1942年5月）的请求而创作的，作品的诞生与战时日本国家的意识形态密切相关。日本的侵略战争陷入困境的1943年11月，"大东亚会议"在东京召开，发表《大东亚共同宣言》并提出了"五项原则"。日本文学报国会请太宰治创作《惜别》的目的，是希望太宰用鲁迅和藤野先生的友情来表现《大东亚共同宣言》"五项原则"的第二项——即所谓"独立亲和"原则。就是说，在中日战争的特殊背景上，"仙台鲁迅"被直接纳入日本军国主义意识形态的框架之中，成为"大东亚想象"（本质上不过是日本军国主义者的"帝国想象"）的材料。

问题在于"仙台鲁迅"所包含的中日关系在何种意义上具备表现"中日亲和"（所谓"东亚亲和"限于中日两国而言就是"中日亲和"）的可能性。就前述国民意识的强化而言，"仙台鲁迅"本质上不具备表现"中日亲和"的可能性，相反，"仙台鲁迅"的诞生恰恰是"中日不亲和"的结果。"阿利安人"的歧视与欺辱，幻灯片上被日军斩杀的中国人与麻木地围观的中国人，所有这些刺激了青年鲁迅的国民意识，使他投身到用文艺唤起民众的实际行动中去。在某种意义上，青年鲁迅的国民意识主要是以日本为指向的。藤野先生的关怀给青年鲁迅留下了温暖的记忆，他们的关系具有表现"中日亲和"的可能性——事实上鲁迅在《藤野先生》中已经进行了此类尝试。但是，当藤野先生善待鲁迅的时候，其行为实质上包含着日本批判的性质——具体说来就是"反明治"

的性质，即在明治后期普遍歧视中国人的日本社会中尊重中国人、关心中国人。1938年初，藤野先生在接受记者采访的时候谈及自己为何善待鲁迅，说："我在少年的时候，坂野先生教过我汉文，坂野先生是福井藩校出来的。他养成了我这样一种心情，就是既尊敬中国的先贤，也尊敬这些先贤的国家的人。"①这种"汉心"与明治时代日本"脱亚入欧"的社会潮流显然格格不入。与这种"反明治"行为所确立的少数派立场相对应，被留级生们嘲笑的关西土话与引起火车乘务员戒备的寒酸衣着，都意味着藤野先生与日本主流社会的距离。在青年鲁迅眼中，衣着寒酸、满口土话的藤野先生本来也是作为弱者存在的，其弱者身份冲淡了"日本国民"身份。太宰治在充分查阅资料的基础上对青年鲁迅与藤野先生关系的真实含义有了准确理解，这样，是违背历史事实、在日本国家意识形态的框架中虚构一个"中日亲和"的故事，还是在尊重历史事实和鲁迅记忆的基础上展开独自的国民国家想象，对于太宰治来说就是一个重要的选择。事实是太宰治选择了后者，用自己的方式对战时日本的国家意识形态进行了调侃与抵抗。

也许是为了回应日本文学报国会的请求，《惜别》表面上打着《大东亚共同宣言》的印记。典型体现是小说中的藤野先生表达了"我认为东洋整体是一个家庭"的观念，这种观念理应视为"大东亚共荣"的另一种表达。不过，这种观念在小说的具体描写中却被解构了，或者说被赋予了新的内容。在太宰治笔下，对战时日本国家意识形态的解构呈现为讽刺性的喜剧形态。藤野先生与青年鲁迅、田中卓（太宰治虚构的另一位满口方言土语并因此感到自卑的日本学生）的三人同盟被写成基于日语不标准、不

---

① 引自山田野理夫《鲁迅在日本》，严绍璗译，收入《鲁迅与中日文化交流》，湖南人民出版社（长沙），1981。

熟练的自卑感而结成的，这种描写实质上构成了对"中日亲和"的调侃。与此同时，以日本国家的代表自居、视所有清国人为潜在俄国侦探的学生干事津田宪治，则被描写成满口假牙、自命不凡、言辞夸张的人物。太宰治创作《惜别》的时候《仙台书简》尚未被发现，而津田宪治却展现出生动的"阿利安人"面貌。这一人物形象的塑造表明了太宰治超人的想象力与表现力。更为重要的是，太宰治在《惜别》中让藤野先生表达了"不要欺侮支那人"这一朴素而又是非分明的立场，并且从不同侧面表达了对三民主义的肯定——青年鲁迅被塑造为"三民主义的信奉者"，藤野先生从三民主义的理念出发强调"支那之保全"，甚至津田宪治也赞美孙中山。[①]在昭和日本作为一个国家对中国进行侵略的现实面前，强调"不要欺侮支那人"、强调"支那之保全"，则构成了对日本侵略行径的批判。这样，太宰治个人的国民国家想象以"反昭和"的方式建立起来。这种"想象"不仅与"仙台鲁迅"的"想象"达成了一致（对中国主体价值的尊重），"反昭和"亦与藤野先生的"反明治"构成了历史性的延续——都具有背离帝国主义的意义。这意味着，在明治后期与昭和前期的日本社会，正面的中日关系只能通过对国家意识形态和社会偏见的批判建立起来。无独有偶，和鲁迅希望《藤野先生》能够翻译成日文、被日本人阅读一样，太宰治也曾希望自己的《惜别》能够翻译成中文、被中国年轻的知识人阅读，产生"日本也有我们的理解者的感怀"。[②]

《惜别》于1945年9月5日由朝日新闻社出版。此前二十五天的8月11日藤野先生去世，此前二十一天的8月15日日本宣布

---

① 关于《惜别》的中国观、日本观，笔者在《自画像中的他者——太宰治的〈惜别〉研究》一文中有详细阐述，文载《鲁迅研究月刊》2004年第12期。此处从略。

② 《〈惜别〉之意图》，笔者的中译文发表于《鲁迅研究月刊》2004年第12期。

投降。时间上这种宿命般的巧合意味着：战前"仙台叙事"的终结是与藤野先生生命的终结同时进行的，并且是与日本的战败同时进行的。

战后，"仙台叙事"在另外一种国家意识形态的框架下进行，这就是"中日友好"的框架。众所周知，仙台市竖立了鲁迅纪念碑，当年鲁迅听课的阶梯教室被东北大学保留着（东北大学医学系的前身即仙台医学专门学校），藤野先生的故乡福井县1964年建立起"惜别"纪念碑，其出生地芦原町1980年又建起了"藤野严九郎先生表彰碑"。而在中国，《藤野先生》被编入了中学语文课本，在某种程度上成为中日友好的教材。显然，在中日友好式的"仙台叙事"中，中日两国达成了完美的"共谋"。这种叙事是在鲁迅个人的"仙台叙事"、太宰治式的"仙台叙事"的延长线上进行的，但表达的"国民国家想象"本身具有新的内容。这就是将青年鲁迅与藤野先生的关系作为战后中日关系的基点之一。在思想史的意义上，从内涵复杂的"仙台鲁迅"中抽取青年鲁迅与藤野先生的友情、将其作为一种价值确立起来，意味着对明治后期至昭和前期日本国家行为与国家意识形态的否定。

1896年中国人开始留学日本，那正是甲午战争刚刚失败之后。对于中国人来说，"留学日本"从一开始就不仅标志着现代化程度（或"文明"程度）的差异，并且内含着国家关系的不平等。在此意义上留学行为本身成为现代国民国家建设的重要手段之一。鲁迅在这个背景下于1902年留学日本，并且是在日俄战争（1904年2月至1905年9月）正在进行的时候只身前往仙台医学专门学校。"仙台鲁迅"从一开始就不是作为超国家的个人存在的，而是与国民国家想象保持着深刻的内在关联。这是鲁迅无法逃避的宿命。"仙台叙事"发生、延续的过程与20世纪上半叶东北亚社会国民国家形成的过程相重叠，"仙台鲁迅"的丰富内涵在这一过程中被叙述出来，并对中日关系发挥着特殊的意识形态功能。甚至仙台这座城市，也已经因为"仙台鲁迅"的存在而获得了特殊的"中国价值"。

（原载《鲁迅研究月刊》2005 年第 10 期）

鲁迅留日时代的俄国投影

——思想与文学观念的形成轨迹

    1902年3月鲁迅从南京乘船经上海东渡、赴日本留学，至1909年8月回国，在日本度过了大约七年半的时光。不过，鲁迅虽然是留学于日本，但由于1900年沙俄侵占中国东北、推行"黄俄罗斯计划"，进而引发了与新兴帝国主义国家日本之间的战争即日俄战争，因此"俄国"作为一项重要内容存在于鲁迅的整个留日时代，对鲁迅的思想意识与文学观念产生了重大影响。该"俄国"是作为历史事件的俄国，同时也是作为思想、作为文学的俄国。

一　尚武与爱国：拒俄运动中的鲁迅

    1901年2月，沙俄外交大臣拉姆斯道夫在与清政府驻俄公使杨儒的谈判中提出书面约款十二条，企图全面剥夺中国对东北的主权。消息传出，国人共愤。3月15日，上海爱国人士集会于张园，汪德渊、汪康年、蒋智由等人登台演说、慷慨陈词，会场群情激愤。此为中国人拒俄运动之始。沙皇政府迫于国内外局势，1902年4月与清政府签订了《中俄交收东三省条约》，但并不遵守。拖延至1903年4月18日，复向中方提出七项新要求，导致中国人的拒俄运动再起高潮。留日中国学生远在日本，但积极参与了拒俄运动并成为急先锋。1903年4月29日（农历四月三日）拒俄义勇队在东京成立，"午后，开学生全体大会于锦辉馆，至者五百人。〔中略〕李君书城、翁君浩、张君允斌等相继演说。众皆感泣"。义勇队致北洋大臣电文更是慷慨激昂，曰："俄祸日迫，分割在即，请速严拒。留学生已编义勇队，准备赴敌。详函续上。"①

拒俄义勇队的成立当时在留日学生界影响很大，但"义勇队"名称的使用仅有三天。5月2日队员们复于锦辉馆集会，"义勇队"即更名"学生军"，九天后的5月11日又变为"军国民教育会"。②组织名称的变化具有多重含义。首先是更名意味着政治诉求的变化与相应的组织重建。冯自由曾指出拒俄义勇队与军国民教育会二者性质的差异，曰："军国民教育会与义勇队性质不同之点，后者属于拒俄御侮，而前者则属于革命排满，此其宗旨悬殊者也。义勇队既解散，学生之卑怯者，以畏惧政府干涉，不敢再预闻政治运动。"③其次是更名意味着"军"意识的自觉，即军事理念的强化。"义勇队"变为"学生军"，继而"军"与"国民"相结合形成了"军国民"这一概念。在此意义上，现代"国家"与"国民"均具有"军"（战争）的属性。此与"富国强兵"

---

① 均见《军国民教育会之成立》，原载东京的留学生刊物《江苏》第2期（1903年5月27日），引自《拒俄运动》第85、88页。中国社会科学出版社（北京），1979年6月。下同。

② 《军国民教育会纪事》（军国民教育会1903年自印本）曰："本会发起于拒俄，初称为义勇队。当俄约警时，众情愤激，女生童子，咸誓死愿与虎狼国一争命。"引自《拒俄运动》第134—135页。

③ 《东京军国民教育会》，收入《革命逸史》初集，上海商务印书馆（上海），1947年5月3日。引自《拒俄运动》第312—313页。

的政治理念相关，亦为军国主义思想的起源之一。[①]不过，尽管名称一再改变，但该组织鼓吹爱国主义、追求尚武精神这一基本理念并无变化。作为爱国主义精神集中体现的"拒俄"是拒俄义勇队的起点，也是军国民教育会的起点。《军国民教育会临时公约》第一条即为"此公约之目的在拒俄"。[②]在19、20世纪之交面临亡国灭种危机的情况下，爱国主义精神与尚武精神具有孪生性——因爱国而抵御外侮，因抵御外侮而尚武。此二者恰为军国民教育会之宗旨："养成尚武精神，实行爱国主义。"[③]在此意义上，"拒俄义勇队"、"学生军"或者"军国民教育会"这些不同的名称，均为爱国与尚武这两大时代精神的符号。鸦片战争之后中国一直处于被动挨打的境地、面临亡国灭种的危险，并且受到社会达尔文主义的影响，故尚武精神在中国知识界市场甚大。流亡日本的梁启超，1899年冬天在东京的上野公园看到欢送新兵入伍的热烈场面和上书"祈战死"的旗帜，遂撰写了《祈战死》一文，认同日本人的尚武精神并宣扬之。1902年所作《新民说》第十七节为《论尚武》，给"尚武主义"下定义曰："尚武者，国民之元气，国家所恃以成立，而文明所赖以维持者也。"在此，"尚武"被视为国民、国家、文明的核心或基础。

　　拒俄运动是鲁迅留学日本的时代背景，并且成为鲁迅弘文学院时代留学生活的重要组成部分。青年鲁迅是清国留学生中

---

　　① 关于日俄战争前后留日中国学生中的"军国民"热，严安生《日本留学精神史》第四章《在日留学生与日俄战争》有详论，第151—209页，岩波书店（东京），1991年10月。

　　② "公约"载1903年5月25日《苏报》等报刊。引自《拒俄运动》第121页。

　　③ 《军国民教育会公约》第二章"宗旨"仅此12字，引自《拒俄运动》第116页。据该书注释，此为《江苏》、《浙江潮》所载者。而在《苏报》所载"公约"中宗旨为"养成宗武精神，实行铁血主义"。结合《军国民教育会公约》来看，冯自由将该会宗旨归结为"革命排满"，未必符合该会的实际。

的一员，《苏报》《浙江潮》《江苏》等刊载大量相关文章的报刊是他常读的，军国民教育会用作事务所的清国留学生会馆他也经常光顾。①更重要的是，无论是拒俄义勇队还是军国民教育会，骨干成员多有弘文学院学生。鲁迅的同窗好友许寿裳即列名学生军名单，隶属"乙二分队"。军国民教育会捐款名单中不仅有许寿裳（捐二元），且有与鲁迅同时在弘文学院和仙台留学的施霖（捐一元）。青年鲁迅一直密切关注拒俄运动并思考相关问题。据沈瓞民回忆，鲁迅曾对拒俄运动高潮中中国人的袒日抑俄倾向提出批评，曰：

> 鲁迅说：日本军阀野心勃勃，包藏祸心，而且日本和俄国邻接，若沙俄失败后，日本独霸东亚，中国人受殃更毒。于是他向蔡、何提出三点意见：
>
> （一）持论不可袒日；
>
> （二）不可以"同文同种"、口是心非的论调，欺骗国人；
>
> （三）要劝国人对国际时事认真研究。
>
> 原书没有抄录，大意是这样的。我到上海，即交给蔡、何两君。后来《俄事警闻》采纳鲁迅的意见，持论有所转变。求学时代的鲁迅，已认清沙俄和日本都是帝国主义，都是侵略中国的敌人，当时具有这样的卓见，是令人敬佩的。②

---

① 《军国民教育会公约》第十一章"附则"第三条曰："本会事务所暂设日本东京神田区骏河台铃木町十八番地清国留学生会馆内。"引自《拒俄运动》第119—120页。鲁迅在1936年所作《因太炎先生而想起的二三事》中说："凡留学生一到日本，急于寻求的大抵是新知识。除学习日文，准备进专门的学校之外，就赴会馆，跑书店，往集会，听讲演。"《鲁迅全集》第6卷第558页，人民文学出版社，1981。下同。

② 《鲁迅早年的活动点滴》，原载1961年第10期《上海文学》，引自《高山仰止——社会名流忆鲁迅》第55页，河北教育出版社（石家庄），2001。文中蔡、何指蔡元培、何阆仙，二人在上海创办《俄事警闻》。

　　青年鲁迅受时代精神的感召，本是"尚武"的热血青年。1900年前后在南京求学时常用的别号"戛剑生"，即意味着某种自我角色的设定和对"剑"的衷情。1902年到日本留学之后他很快参加了嘉纳治五郎创办的柔道训练班，"武"成为其生活的组成部分。清国留学生轰轰烈烈的拒俄运动赋予鲁迅以更为自觉的尚武精神和爱国主义精神，标志性的例证就是鲁迅在拒俄运动的高潮中撰写了《斯巴达之魂》一文。斯巴达为古代希腊城邦、希腊同盟国。公元前480年，波斯攻希腊，斯巴达军前往助战，激战两天，但因叛徒爱飞得给波斯军领路、从山间偷袭，斯巴达军两面受敌、全军覆没。尽管如此，其英雄主义精神却流芳后世。鲁迅的文章即借此宣扬尚武精神，小序呼吁曰："世有不甘自下于巾帼之男子乎？必有掷笔而起者矣。"① 所谓"掷笔而起"完整地说即为"掷笔取剑"，体现出"抑文扬武"的价值观。

　　《斯巴达之魂》是鲁迅留学日本之后发表的第一篇文章，分两次刊载于《浙江潮》1903年6月第5期和同年11月第9期。正是在刊载此文前半部分的《浙江潮》第5期，同样刊载了《军国民教育会公约》。② 而且，《浙江潮》的两位编辑许寿裳和蒋智由，前者为学生军成员，后者为最早参加国内拒俄运动、在上海张园讲演者之一。这样，由拒俄运动的高潮催生的《斯巴达之魂》与《军国民教育会公约》发表于同一期《浙江潮》，三者之间建立了互为阐释的关系。而在前一期（第4期）《浙江潮》上，"留学界纪事"《拒俄事件》一节中则录有义勇队致北洋大臣函，函中有言曰："夫以区区半岛之希腊，犹有义不辱国之士，可〔何〕以

---

　　① 《鲁迅全集》第7卷第9页。
　　② 《军国民教育会公约》分别刊载于1903年5月25日《苏报》、1903年5月27日《江苏》第2期、1903年5月30日《大公报》、1903年6月11日《浙江潮》第5期等报刊。

吾数百万万里之帝国而无之乎！"

在青年鲁迅这里，拒俄运动激发的爱国主义精神与尚武精神并非仅仅表现在叙述历史故事的《斯巴达之魂》。拒俄运动高潮过后的1903年10月发表的《中国地质略论》和《月界旅行·辨言》中，同样存在着此种时代精神的投影。

《中国地质略论》为地质学论文，但"第一 绪言"第二节开头即发表爱国主义宣言，曰："吾广漠美丽最可爱之中国兮！而实世界之天府，文明之鼻祖也。"[①]这意味着作为意识形态的爱国主义精神是这篇科学论文的基础。如伊藤虎丸指出的，此文体现了"民族主义和自然科学的结合"的特征。[②]这里要强调的是文章"第六 结论"部分有关白种人入侵和俄国垂涎中国东北矿产资源的论述，曰：

> 吾既述地质之分布，地形之发育，连类而之矿藏，不觉生敬爱忧惧种种心，掷笔大叹，思吾故国，如何如何。乃见黄种啸吟，白晢舞蹈，足迹所至，要索随之，既得矿权，遂伏潜力，曰某曰某，均非我有。今者俄复索我金州复州海龙盖平诸矿地矣。初有清商某以自行采掘请，奉天将军诺之，既而闻其阴市于俄也，欲毁其约，俄人剧怒，大肆要求。呜呼，此垂亡之国，翼翼爱护之，犹恐不至，独奈何引盗入室，助之折榱挠栋，以速大厦之倾哉。[③]

前述1903年4月18日沙皇向清政府提出的七项新要求的第

---

① 《鲁迅全集》第8卷第3页。
② 伊藤虎丸《鲁迅与日本人——亚洲的近代与"个"的思想》第64页，李冬木译，河北教育出版社（石家庄），2001。
③ 《鲁迅全集》第8卷第16页。

三条，即为独自开采东三省矿产。《苏报》所载陈由己（独秀）《安徽爱国会演说》对此发表评论曰："俄约七条，各报遍载，诸君谅已见之，其约之横暴无礼处请略言之。〔中略〕第三条为东三省矿产须独归俄人开采。一国财源，矿业居其大半；俄取东三省矿业，不啻全取东三省矣。"①鲁迅的《中国地质略论》关心的是同样的问题，而且是在科学化、技术化的层面上展开论述。在此意义上，《中国地质略论》的写作是拒俄运动导致的，并与沙皇政府七项新要求的第三条直接相关。

《月界旅行·辨言》是鲁迅为译著《月界旅行》写的解说，与《中国地质略论》同样发表于1903年10月。法国儒勒·凡尔纳的《月界旅行》本为科学幻想小说，具有超政治意识形态的性质，但青年鲁迅在该解说性的《辨言》中却赋予其鲜明的意识形态性——这就是文章前半部分阐述的尚武精神和爱国主义精神。鲁迅说：

> 然人类者，有希望进步之生物也，固其一部分，略得光明，犹不知餍，发大希望，思斥吸力，胜空气，泠然神行，无有障碍。若培伦氏，实以其尚武之精神，写此希望之进化者也。凡事以理想为因，实行为果，既苟厥种，乃亦有秋。尔后殖民星球，旅行月界，虽饭夫秩子，必然夷然视之，习不为诧。据理以推，有固然也。如是，则虽地球之大同可期，而星球之战祸又起。呜呼！琼孙之"福地"，弥尔之"乐园"，遍觅尘球，竟成幻想；冥冥黄族，可以兴矣。②

---

① 原载1903年5月26日《苏报》，引自《拒俄运动》第165页。
② 《鲁迅全集》第10卷第151页。

儒勒·凡尔纳作为科幻作家是用文学创作的形式探讨人类摆脱地球吸引力、克服空气阻力飞向太空的问题，而鲁迅将这种创作行为解释为"以其尚武之精神，写此希望之进化"。星球大战本是想象之物、超国家之物，而鲁迅从中发现的是"冥冥黄族，可以兴矣"。此类非必然、非逻辑的解释背后，是鲁迅尚武精神与爱国主义精神的必然性与逻辑性，与拒俄运动和军国民教育会的背景直接相关。①

从以上的论述可以看出，由拒俄运动激发、作为军国民教育会核心精神的"爱国"与"尚武"在1903年的鲁迅这里具有十分重要的意义。显然是受到拒俄运动的激发，尚武精神与爱国主义精神渗透到青年鲁迅的历史叙述、地质学研究乃至对科幻小说的解读之中。这成为其后鲁迅思想发展的起点。不过，对于青年鲁迅来说这是一个看似崇高却需要超越的起点。

二 仙台时期的"日俄战争记忆"

鲁迅就读于弘文学院期间其尚武精神和爱国主义精神受到拒俄运动的激发，但并未像好友许寿裳那样参加拒俄义勇队或军国民教育会，其名字亦未见于为军国民教育会捐款的名单。这意味着青年鲁迅与同样主张尚武、爱国的拒俄义勇队（以及学生军、军国民教育会）参与者之间存在着思想意识的差异。差异的复杂内涵有待详细考察，但至少包含如下两种因素。第一是与在东京学习军事的清国留学生中保皇派的政治距离。义勇队中多有振武

---

① 《月界旅行·辨言》的意识形态性不仅在于对爱国主义与尚武精神的宣扬，还有文章后半部分的文学功能论。所谓"惟假小说之能力，被优孟之冠冕，则虽析理谭玄，亦能浸淫脑筋，不生厌倦"；"欲弥今日译界之缺点，导中国人群以进行，必自科学小说始"（《鲁迅全集》第10卷第152页）。该问题下文还会涉及。

学堂、成城学校的学生，队长蓝天蔚亦为士官留学生，而鲁迅当时写过讽刺军校保皇派学生的"宝塔诗"。^①第二是与东京清国留学生群体的距离感，或曰对于"群"的戒备。鲁迅后来离开清国留学生云集的东京去仙台，重要原因即为对这一群体的回避。^②

1904年4月鲁迅在弘文学院完成日语学习之后面临继续深造、选择专业的问题。他曾在南京学习过"水师"（海军），一年前也曾撰写《斯巴达之魂》宣扬尚武精神、呼吁"掷笔而起"，但并未选择学习军事。他曾在南京矿务铁路学堂就读，半年前又发表了《中国地质略论》，但也未选择学习实业。本来，在那个"富国强兵"成为国家意识形态的时代，选择军校或者实业院校更符合"尚武"与"爱国"的逻辑。鲁迅选择的是医学，1904年9月离开东京前往日本东北的仙台医学专门学校。这一空间移动行为在精神层面上意味着青年鲁迅开始离开他在《斯巴达之魂》中鼓吹的尚武精神，至少意味着在他这里医学比"武学"更重要。在此意义上可以将这一选择定义为"弃武从医"。

不过，此时的鲁迅并未完全放弃尚武精神。关于何以选择医学，鲁迅在1922年12月3日所作《呐喊·自序》中说："我的梦很美满，预备卒业回来，救治像我父亲似的被误的病人的疾苦，战争时候便去当军医，一面又促进了国人对于维新的信仰。"这种基于人道主义精神和军国主义精神乃至启蒙主义精神的选择，显然包含着内在的矛盾性与复杂性，也表明了鲁迅选择

---

① 见于沈瓞民《回忆鲁迅早年在弘文学院的片段》中的叙述。诗为：兵／成城／大将军／威风凛凛／处处有精神／挺胸肚开步行／说什么自由平等／哨官营官是我本分。分行写下来整首诗呈金字塔形状，故称"宝塔诗"。沈文原载1961年9月23日《文汇报》，收入《高山仰止——社会名流忆鲁迅》，第52页，河北教育出版社（石家庄），2001。

② 参阅拙文《"仙台神话"的背面》对鲁迅去仙台原因的分析，文载《鲁迅研究月刊》2002年第10期。

医学专业这一行为的超医学性质。①"战争时候便去当军医"的想法本质是尚武精神的变形，可视为"间接的尚武精神"。藤井省三已经深刻地指出："'战争时候便去当军医'这种决定，理应具有不同于'父亲的病'的、别种意义上的切实含义。〔中略〕当时东京的中国留学生将拒俄义勇队改组为军国民教育会，计划利用必将到来的日俄战争这一时机举行推翻清王朝的武装起义。作为革命派的统一机关而成立的华兴会的长沙起义，发生在鲁迅向仙台医专提交入学申请书五个月之后的1904年11月。""鲁迅学习医学的意愿，起源于'战争时候便去当军医'这种对于革命运动的主体意志。"②

　　鲁迅离开了东京，拒俄运动也已告一段落，但是，1904年2月开始的日俄战争给了鲁迅在仙台医专的生活以同样深刻的影响，对于鲁迅来说"俄国"因为日俄战争变得更为具体。1904年9月鲁迅去仙台的时候日俄战争已经进行了半年多，1906年3月鲁迅从仙台医专退学回东京的时候日俄战争虽然已结束半年，但迎接凯旋士兵和复员军人等战争善后活动依然在继续。③因此"日俄战争记忆"成为鲁迅仙台记忆的重要内容。正是这记忆中的一部分——"俄探记忆"（有关中国人因为给俄军做侦探而被日军斩首的记忆）促成了鲁迅弃医从文的历史性转换。鲁迅在《呐喊·自序》中详述此事，曰：

　　　　有一回，我竟在画片上忽然会见我久违的许多中国人

---

　　① 19、20世纪之交的"军国主义"概念不同于"一战"、"二战"后的"军国主义"概念。就像"军国民教育会"这一名称显示的，它更具体地体现了"富国强兵"这一普遍价值观。

　　② 《俄国之影》第112—113、114—115页。平凡社（东京），1985年4月。

　　③ 相关情况《仙台鲁迅的记录》一书多有记述。平凡社（东京），1978年2月。

了，一个绑在中间，许多站在左右，一样是强壮的体格，而显出麻木的神情。据解说，则绑着的是替俄国做了军事上的侦探，正要被日军砍下头颅来示众，而围着的便是来赏鉴这示众的盛举的人们。

这一学年没有完毕，我已经到了东京了，因为从那一回以后，我便觉得医学并非一件紧要事，凡是愚弱的国民，即使体格如何健全，如何茁壮，也只能做毫无意义的示众的材料和看客，病死多少是不必以为不幸的。所以我们的第一要著，是在改变他们的精神，而善于改变精神的是，我那时以为当然要推文艺，于是想提倡文艺运动了。①

三年后的1926年，鲁迅在《藤野先生》中再次谈及"俄探记忆"。

但是，从《藤野先生》一文来看，鲁迅的"日俄战争记忆"显然包含着比"俄探记忆"更为复杂的内容。其一，《藤野先生》叙述枪毙俄探（在《呐喊·自序》中俄探是被斩首）之前说："中国是弱国，所以中国人当然是低能儿，分数在六十分以上，便不是自己的能力了：也无怪他们疑惑。"这里的"弱国意识"无疑与中国在日俄战争中的悲剧性处境、日俄战争展示的中国命运密切相关。日俄战争强化、具体化了青年鲁迅的"弱国子民"意识。其二，《藤野先生》中出现了《呐喊·自序》中未曾出现的俄探被枪毙时日本学生喊"万岁"的情景，这应当是基于鲁迅对日俄战争中日本国内高涨的国民情绪的记忆。其三——这一点更重要，日本学生怀疑鲁迅考出较好成绩是因为藤野先生漏题，因此写匿名信挑衅，匿名信第一句便是"你改悔罢！"关于这句话鲁迅写道：

---

① 《鲁迅全集》第1卷第416—417页。

这是《新约》上的句子罢，但经托尔斯泰新近引用过的。其时正值日俄战争，托老先生便写了一封给俄国和日本的皇帝的信，开首便是这一句。日本报纸上很斥责他的不逊，爱国青年也愤然，然而暗地里却早受了他的影响了。[①]

这不仅涉及日俄战争，并且涉及非战论的思想背景。

某种程度上可以说鲁迅的仙台记忆本质上是"日俄战争记忆"。这种记忆包含着多方面的内容，并且包含着某种内在的分裂与对立。"俄探记忆"伴随着鲁迅本人自觉的"国民意识"，日本学生喊"万岁"表明的同样是自觉的"国民意识"并且表明了对战争的肯定。但是，托尔斯泰的"你改悔罢！"一语表明的是对待日俄战争的否定态度，体现出"非国民意识"（超国民意识）。这种对于战争以及相关的国民身份的否定，不仅仅是指向明治天皇和沙皇，同时也是指向喊"万岁"的日本学生，甚至指向因同胞做俄探被斩首而"国民意识"强化的青年鲁迅。实际上，鲁迅仙台时期的"日俄战争记忆"内部存在着"战争—反战／国民—非国民"的二元对立结构。

但是，在这个具有丰富内容、甚至包含着内部分裂的"日俄战争记忆"中，鲁迅本人强调的仅仅是"俄探记忆"的重要性。他在"俄探记忆"与弃医从文之间建立起逻辑联系——即弃医从文是基于对日俄战争中中国人角色、命运、精神状态的认识，但整体性的"日俄战争记忆"对他的多方面影响并未被阐释出来。实际上，即使是鲁迅本人有关弃医从文的叙述亦曾遭到质疑。早在1947年增田涉就指出：

---

① 《鲁迅全集》第2卷第305页。

在电影中碰到那样的场面，突然从医学转向文学，这是一瞬间下的决心吗？即使这是下决心的大冲动，那也无疑是过去在他的思想里逐步培养了文学的志向的。根据年谱，他初到日本来的那一年，一九〇二年，已经"在课余喜欢读哲学和文艺的书，特别注意人性及国民性的问题"。〔中略〕他初到日本的那一年，一九〇二年，正是梁启超主办的《新小说》杂志在横滨创刊的一年。鲁迅是爱读这个杂志的。他很喜欢读严复和林纾的翻译书，从中受到影响。也读梁启超所主编的《清议报》和《新民丛报》，但受《新小说》的影响更大。他当时读了梁启超的《论小说与群治之关系》确实很受影响。这篇文章，论及小说对国民性的影响，本着"欲新一国之民，先新小说"的意旨，提倡"新小说"。所以，关于鲁迅弃医就文改变国民精神的思想，是在仙台"电影事件"之前，已经受到"新小说"论等的影响，就考虑到文艺的启蒙意义，并且深深相信的。[①]

确实如此。而且，如前文所引，在1903年秋撰写的《月界旅行·辨言》中，鲁迅已经明确指出小说在"析理谭玄"方面的特殊力量以及科学小说在纠正当时"译界之缺点，导中国人群以进行"方面的功能。藤井省三甚至将鲁迅本人有关弃医从文的叙述看作一种"话语"，指出："《呐喊·自序》写于仙台时代过去十七年之后。幻灯片事件是经过这漫长的岁月形成于鲁迅心中的'故事'。应当认为，那与其说是叙述回忆中的时代（1905年）的自我，不如说是叙述正在进行回忆的现在（1922年末）的自

---

① 增田涉《鲁迅与日本》，林焕平译，引自《鲁迅与中日文化交流》第82页，湖南人民出版社（长沙），1981。

我。"（出处同前）

藤井的解说颇具启发性。应当认为：鲁迅有关弃医从文的叙述包含着两种意义的真实——1905年的"历史的真实"与1922年的"叙述的真实"。作为1922年的"叙述的真实"，它与"五四"新文学运动的背景直接相关。在鲁迅的叙述中"提倡文艺运动"是以改造"愚弱的国民"为目的，这意味着其文学是以"国民文学"为旨归。而"国民文学"恰恰是"五四"文学革命的追求之一。陈独秀（1879—1942）1917年在《文学革命论》[①]中主张的"建设平易的抒情的国民文学"，本质上是追求"国民文学"、从"国民文学"的本质出发提出对文学风格的要求。鲁迅在"五四"文学革命退潮期的1922年有关弃医从文、用文艺改造"愚弱的国民"的表述，显然与五四新文学运动初期陈独秀"国民文学"的倡导具有一致性与连续性。如果再往前追溯、追溯到前人多次论及的鲁迅与梁启超"新民说"（《论小说与群治之关系》所谓"欲新一国之民，不可不先新一国之小说"）的关系，则应当认为鲁迅1922年有关弃医从文、用文艺改造"愚弱的国民"的表述是处于梁启超、陈独秀文学主张的延长线上。在此意义上，这种表述主要是一种基于"五四"文学革命这种历史前提的"叙述的真实"。

鲁迅对"俄探记忆"的重复叙述，表明日俄战争确实对其思想意识、文学观念发生了重要影响。但是，在"弃医从文"被作为1922年的"叙述的真实"相对化之后，仙台时期具有丰富内容的"日俄战争记忆"作为一个整体对鲁迅发生的影响就须进行新的解释。进行这种解释必须从1922年回到鲁迅的"后仙台时期"。

---

① 1917年2月《新青年》第二卷第六号。

三 反战文学与对"国民"的超越

这里所谓的"后仙台时期"指鲁迅从1906年4月离开仙台回东京到1909年8月结束留学生活回国这段时期。无论鲁迅自己有关弃医从文这一行为的解释具有多大真实性，他在"后仙台时期"致力于文学事业都是一个事实。企图用文艺改变"愚弱的国民"的精神，意味着其文学事业的本质是建构"国民"。鲁迅此时是将"国民"置于"文学—人—国家"的框架之中来建构，因此他一直面对与"国家"密切相关的"战争"问题，并表现出鲜明的反战倾向。

1907年的论文《摩罗诗力说》旨在"别求新声于异邦"，呼吁"精神界之战士"出现，曰："新声之别，不可究详；至力足以振人，且语之较有深趣者，实莫如摩罗诗派。〔中略〕凡是群人，外状至异，各禀自国之特色，发为光华；而要其大归，则趣于一：大都不为顺世和乐之音，动吭一呼，闻者兴起，争天拒俗，而精神复深感后世人心，绵延至于无已。"[1]鲁迅是在"国民—国家"的框架之中讨论文学功能问题，因此"战争"与"国民"成为《摩罗诗力说》的潜在主题。谈诗之功效"不显于顷刻"，鲁迅是举"古国见灭于外仇"作为反证，曰："故不争之民，其遭遇战争，常较好战之民多，而畏死之民，其苓落殇亡，亦视强项敢死之民众。"[2]对于拿破仑的败于德国，鲁迅也是从"国民"与"诗"的角度解释，曰："败拿破仑者，不为国家，不为皇帝，不为兵刃，国民而已。国民皆诗，亦皆诗人之具，而德卒以不亡。"[3]鲁迅反对国家之间的恃强凌弱，因此在此

---

① 《鲁迅全集》第1卷第65—66页。
② 《鲁迅全集》第1卷第69页。
③ 《鲁迅全集》第1卷第70页。

文第七节论及普希金的时候提出了"兽爱"（兽性的爱国）的命题。他说：

> 千八百三十一年波阑抗俄，西欧诸国右波阑，于俄多所憎恶。普式庚乃作《俄国之谤谤者》暨《波罗及诺之一周年》二篇，以自明爱国。丹麦评骘家勃阑兑思（G. Brandes）于是有微辞，谓惟武力之恃而狼藉人之自由，虽云爱国，顾为兽爱。特此亦不仅普式庚为然，即今之君子，日日言爱国者，于国有诚为人爱而不坠于兽爱者，亦仅见也。[①]

"兽爱"的命题在认识鲁迅"后仙台时期"的国家观、国民观方面十分重要。它集中体现了鲁迅对国家之间、国民之间独立、平等的理解，体现了鲁迅同情弱小的人道主义精神和反战思想。在1908年12月发表的《破恶声论》中，鲁迅甚至指出了"国民"与"侵略"之间的因果联系，说：

> 聚今人之所张主，理而察之，假名之曰类，则其为类之大较二：一曰汝其为国民，一曰汝其为世界人。前者慑以不如是则亡中国，后者慑以不如是则畔文明。〔中略〕二类所言，虽或若反，特其灭裂个性也大同。总计言议而举其大端，则甲之说曰，破迷信也，崇侵略也，尽义务也；乙之说曰：同文字也，弃祖国也，尚齐一也，非然者将不足生存于二十世纪。[②]

---

① 《鲁迅全集》第1卷第88—89页。
② 《鲁迅全集》第8卷第26页。

进而直接对侵略与战争进行批判，表达了鲜明的反战思想：

> 崇侵略者类有机，兽性其上也，最有奴子性，中国志士何隶乎？夫古民惟群，后乃成国，分画疆界，生长于斯，使其用天之宜，食地之利，借自力以善生事，辑睦而不相攻，此盖至善，亦非不能也。人类顾由昉，乃在微生，自虫蛆虎豹猿狄以至今日，古性伏中，时复显露，于是有嗜杀戮侵略之事，夺土地子女玉帛以厌野心；而间恤人言，则造作诸美名以自盖，历时既久，入人者深，众遂渐不知所由来，性偕习而俱变，虽哲人硕士，染秽恶焉。如俄罗斯什赫诸邦，夙有一切斯拉夫主义，居高位者，抱而动定，惟不溥及农人间，顾思士诗人，则熏染于心，虽瑰意鸿思不能涤。其所谓爱国，大都不以艺文思理，足为人类荣华者是尚，惟援甲兵剑戟之精锐，获地杀人之众多，喋喋为宗国晖光。①

不仅是《摩罗诗力说》《破恶声论》等论文，鲁迅"后仙台时期"的翻译活动亦注重具有反战思想的作品。这就是对《四日》的翻译（《域外小说集》第一册所收）以及随后对《红笑》的翻译。

短篇小说《四日》为俄国作家迦尔洵（1855—1888）的反战名作，取材于作者的亲身经历，背景是1877年4月爆发的俄国和土耳其之间的战争。战争爆发后迦尔洵出于对被奴役的斯拉夫民族的同情和分担人民痛苦的愿望弃学从军，成为步兵团士兵，跋山涉水走上战场。小说中的"我"（俄兵伊万诺夫）在战场上刺

---

① 《鲁迅全集》第8卷第31页。

死了身材高大的土耳其士兵，自己也负伤昏迷。苏醒之后孤独地面对土耳其士兵渐渐腐烂的尸体，忍受伤痛、日晒、饥渴和思念亲人的煎熬，直到四天之后才被打扫战场的战友救出。小说就是置身医院的伊万诺夫从第一人称的叙述角度回忆自己四天的经历，讲述自己对生命、死亡和战争的思考。"在我面前躺着一个被我杀死的人。我为什么要杀死他呢？"①"他到底有什么罪？我又有什么罪，尽管我杀死了他？我究竟有什么罪？"②在这种直接面对死亡、摆脱了"国民"身份的追问中，"英雄"、"爱国"等观念乃至战争本身均被否定：

> 至于我的许多熟人，他们对我的行为所持的态度就太奇怪了！"哟，傻瓜！稀里糊涂地就卷进去了！"他们怎能这么说呢？这些话同他们平素宣扬的英雄行为、爱国热忱之类的话又怎能协调一致呢？要知道，在他们的心目中我曾是这些美德的化身。可现在，我竟成了"傻瓜"！③

> 眼下我却不知道还得在这儿躺多久，遭多少罪。母亲呀，我亲爱的母亲！你撕扯你的苍苍白发，把头往墙上撞去吧，你诅咒你生下我的那一天吧，你诅咒全世界吧——诅咒

---

① 《迦尔洵小说集》第6页，冯加译，外国文学出版社（北京），1983。下同。鲁迅译文：见杀于我者，今横吾前。吾杀之何为者耶？引自《域外小说集》第56页，新星出版社（北京），2006年1月。下同。

② 《迦尔洵小说集》第7页。鲁迅译文：则是人究何罪耶？杀斯人者我，然吾亦何罪乎？吾何罪？（《域外小说集》第57页）

③ 《迦尔洵小说集》第9页。鲁迅译文：当是时，有故旧数人，其为状亦至异耳。众皆曰："愚物，徒是扰攘，自且弗知后事，究何为者？"——然此何言？一则曰爱国，再则曰英雄，而此口乃亦能作如是语乎？在彼辈目中，吾非英雄与爱国者又何物？虽然，此固耳，而吾则——愚物也！引自《域外小说集》第59页。

它居然发明了给人们带来如此痛苦的战争！ ①

《四日》中的反战思想与鲁迅《摩罗诗力说》对"兽爱"
（"兽性的爱国"）的否定正相一致。

收录《四日》的《域外小说集》第一册1909年3月出版，4
月鲁迅即开始翻译安特莱夫（列·安德列耶夫，1871—1919）取
材于日俄战争的反战名作《红笑》。虽然没有译完、译稿亦遗失，
但这部小说一直留在鲁迅的记忆之中。二十年后的1929年四五
月间，梅川所译《红笑》引起同样翻译该书的另一位译者鹤西的
异议，而鲁迅曾为梅川校对译稿，于是撰文批驳鹤西的文章《关
于红笑》，为梅川正名。鲁迅在文中提及1909年翻译《红笑》一
事，说：

> 《关于红笑》，我是有些注意的，因为自己曾经译过几
> 页，那预告，就登在初版的《域外小说集》上，但后来没有
> 译完，所以也没有出版。不过也许是有些旧相识之故罢，至
> 今有谁讲到这部书，大抵总还喜欢看一看。〔中略〕梅川君
> 这部译稿，也是去年暑假时交给我的，要我介绍出售，但我
> 很怕做中人，就压下了。这样压着的稿件，现在还不少。直
> 到十月，小说月报社拟出增刊，要我寄稿，我才记得起来，
> 据日本二叶亭四迷的译本改了二三十处，和我译的《竖琴》
> 一并送去了。 ②

---

① 《迦尔洵小说集》第14页。鲁迅译文：今则辗转呻吟，殊不知当历几日也。
呜呼吾母，使其知此，殆将自擢皓发，抵首于墙，以诅吾诞生之日，——且为此始
作战斗以苦人群之全世界诅也。引自《域外小说集》第62页。
② 《关于〈关于红笑〉》，收入《集外集》。引自《鲁迅全集》第7卷第123、
125页。

着手翻译之际就把广告刊登在刚出版的《域外小说集》上，表明鲁迅心情之迫切。鲁迅显然是从二叶亭四迷（1864—1909）的日译本转译。将近二十年过去之后他依然是根据二叶亭的日译本校对梅川的中译本，该日译本当为1909年的翻译底本。"……疯狂与恐惧"——《红笑》是这样开头的，这句话成为小说的主旋律。笑容在濒临疯狂的恐惧中变得僵硬，并且因为染上了鲜血而变成红色，"红笑"一语由此而来。作品是这样通过展示战场上的"疯狂与恐惧"，表达对战争与暴力的谴责和抗议。安特莱夫创作这部小说是在1904年年末，当时日俄战争尚在进行，这意味着对于安特莱夫来说战争的结果并不重要，重要的是对战争残酷性的揭露和对战争的否定。鲁迅注重《红笑》，原因在于作品的主旨与鲁迅当时怀有的反战思想相一致。[①] 不仅如此，对于鲁迅来说翻译《红笑》还意味着"回归"自己的日俄战争记忆。

对于"后仙台时期"的鲁迅来说，撰写《摩罗诗力说》《破恶声论》与翻译《四日》《红笑》作为思想行为具有内在一致性——批判"兽爱"（兽性的爱国）、否定战争、宣扬和平主义和人道主义精神。必须注意到：这种思想行为尽管是在鲁迅受到"俄探记忆"的刺激弃医从文、决定用文艺建构"国民"之后进行的，但鲁迅追求的"国民"既非日俄战争中相互残杀的军人式的"国民"，亦非在教室里看幻灯片时高喊"万岁"的日本学生式的国民。相反，"非愚弱"的"国民"不是英勇作战的人，而是否定战争、张扬个性、尊重自我与他人的"人"。这样，在青年鲁迅这里，对"个性"的强调导致了对"国民"的否定。换言

----

① 二叶亭四迷也因为翻译《红笑》而受到影响。二叶亭年轻时代受明治八年（1875）库页岛交换事件的影响，立志抵抗俄国的南下、守卫日本，因此学习俄语，但晚年受俄国、波兰革命者的影响开始怀有世界意识，1908年翻译《红笑》之后，便致力于促进日俄两国人民的相互了解，以防止再发生战争。

之，鲁迅的"国民"是以"非国民"为旨归，不同于一般意义上以"爱国"、"牺牲"为表象的"国民"。

既然如此，仙台时期的"日俄战争记忆"中对鲁迅产生了重大影响的即并非"俄探记忆"，至少并非仅仅是"俄探记忆"。"俄探记忆"凝聚着强烈的"国民"意识，这种意识从外部来看是相对于"俄国人"、"日本人"而言，从内部来看则包含着唤起民众的启蒙主义思想。建构此种类型的"国民"将导致对于俄国国民或日本国民的"模仿"（因为模仿对方是抵抗对方的有效方式），进而导致"军国民"的出现。但是，"后仙台时期"鲁迅想象的"国民"并非投身日俄战争或者看幻灯片时喊"万岁"的俄国国民、日本国民，而是摆脱了"兽爱"、否定战争的"非国民"。结合"后仙台时期"鲁迅的反战思想来看，仙台时期的"日俄战争记忆"中对鲁迅影响最大的应当是列夫·托尔斯泰（1828—1910）的那句"你改悔罢！"。此一语因为同时否定了战争的双方而具有超国家性质。就是说，鲁迅在"日俄战争记忆"的内部完成了由"俄探记忆"激发的"国民意识"向"你改悔罢"一语包含的"超国民意识"的转变。换言之，"后仙台时期"的鲁迅超越了"俄探记忆"激发的"国民意识"而转向托尔斯泰式的人道主义。唯其如此，对"兽爱"的批判和对战争的否定才成为其"后仙台时期"写作与翻译的主题。

从鲁迅本人的记述来看，列夫·托尔斯泰是在1905年和"你改悔罢！"一语一起最初进入鲁迅的记忆。在那三年后撰写的《破恶声论》（1908年）中，托尔斯泰则成为鲁迅褒扬人类的自省精神、宣传反战思想的主要例证。文章说："故病中国今日之扰攘者，则患志士英雄之多而患人之少。"随即言及托尔斯泰，曰："奥古斯丁也，托尔斯泰也，约翰卢骚也，伟哉其自忏之书，心声之洋溢者也。"①前引"崇侵略者……为宗国晖光"一段之后，鲁迅说：

> 识者有忧之，于是恶兵如蛇蝎，而大呼平和于人间，其声亦震心曲，豫言托尔斯泰其一也。其言谓人生之至可贵者，莫如自食力而生活，侵掠攻夺，足为大禁，下民无不乐平和，而在上者乃爱喋血，驱之出战，丧人民元，于是家室不完，无庇者遍全国，民失其所，政家之罪也。②

由此可见，"后仙台时期"的鲁迅已经形成了以自省、反战、慈悲为基本内容的"托尔斯泰观"。这种"托尔斯泰观"后来基本没有改变，并且一直对鲁迅发生影响。鲁迅未曾翻译过托尔斯泰的作品，但对托尔斯泰的理解基本是围绕对生命的尊重展开。鲁迅撰写提及托尔斯泰"你改悔罢！"一语的回忆文章《藤野先生》是在1926年，正是在1926至1927年的两年间，鲁迅多次谈到托尔斯泰。1926年4月所作《一觉》抒发自己在风沙扑面的乱世中对人生的感悟，曰："野蓟经了几乎致命的摧折，还要开一朵小花，我记得托尔斯泰曾受了很大的感动，因此写出一篇小说来。"③同年11月所作《〈争自由的波浪〉小引》曰："以前的俄国的英雄们，实在以种种方式用了他们的血，使同志感奋，使好心人堕泪，使刽子手有功，使闲汉得消遣。总是有益于人们，尤其是有益于暴君，酷吏，闲人们的时候多；餍足他们的凶心，供给他们的谈助。将这些写在纸上，血色早已轻淡得远了；如但兼珂的慷慨，托尔斯多的慈悲，是多么柔

---

① 《鲁迅全集》第8卷第27页。
② 《鲁迅全集》第8卷第31—32页。
③ 《鲁迅全集》第2卷第224页。

和的心。"①在这里托尔斯泰的"慈悲"是与暴君、酷吏、闲人们的"凶心"相对立。1927年12月21日在上海暨南大学作的讲演《文艺与政治的歧途》中，鲁迅则用托尔斯泰来阐述人道主义的反战思想。曰：

> 主张人道主义的，要想替穷人想想法子，改变改变现状，在政治家眼里，倒还不如个人主义的好；所以人道主义者和政治家就有冲突。俄国文学家托尔斯泰讲人道主义，反对战争，写过三册很厚的小说——那部《战争与和平》，他自己是个贵族，却是经过战场的生活，他感到战争是怎么一个惨痛。尤其是他一临到长官的铁板前（战场上重要军官都有铁板挡住枪弹），更有刺心的痛楚。而他又眼见他的朋友们，很多在战场上牺牲掉。战争的结果，也可以变成两种态度：一种是英雄，他见别人死的死伤的伤，只有他健存，自己就觉得怎样了不得，这么那么夸耀战场上的威雄。一种是变成反对战争的，希望世界上不要再打仗了。托尔斯泰便是后一种，主张用无抵抗主义来消灭战争。②

鲁迅"后仙台时期"的文学活动是在仙台时期"日俄战争记忆"中的"托尔斯泰记忆"影响下进行的，无独有偶，鲁迅认同的迦尔洵、安特莱夫均与托尔斯泰有关，而且这种关系被鲁迅明确意识到。群益书社1921年版《域外小说集》书后"著者事略"中有关迦尔洵和安特莱夫的介绍均涉及托尔斯泰。"迦尔洵与托尔斯泰同里，甚被其感化。俄土之战，自投军中，冀分受人世痛

---

① 《鲁迅全集》第7卷第304页。
② 《鲁迅全集》第7卷第115—116页。

苦。写此心情者，有小说曰《懦夫》。后负伤归，记其阅历，成《四日》等篇，为俄国非战文学中名作。迦尔洵悲世甚深，因成心疾，八十八年忽自投阁，遂死。"[①] "安特莱夫幼苦学，卒业为律师。一八九八年始作《默》，为世所知，遂专心于文章。其著作多属象征，表示人生全体，不限于一隅，《戏剧》、《人之一生》可为代表。长篇小说有《赤笑》，记一九〇四年日俄战事，虽未身历战阵，而凭藉神思，写战争惨苦，暗示之力，较明言者尤大。又有《七死囚记》，则反对死刑之书，呈托尔斯泰者也。"[②] 在此意义上，"后仙台时期"鲁迅翻译《四日》《红笑》，也是在阐释托尔斯泰的思想。

结语 "俄国"之于鲁迅的多重意义

从1903年在拒俄运动高潮中撰写《斯巴达之魂》宣扬爱国与尚武、甚至在地质学论文《中国地质略论》和科幻小说解说文章《月界旅行·辨言》之中进行类似的宣传，到仙台留学时期留下深刻的、内容复杂的"日俄战争记忆"，再到"后仙台时期"的文学活动深受"日俄战争记忆"与迦尔洵、安特莱夫的影响，鲁迅的整个留日时代一直与"俄国"保持着密切关系。作为历史事件、思想、文学之复合体的"俄国"给予鲁迅的最大影响，即在于民族意识、国民意识的觉醒与强化以及这种意识的被重建、被超越。日俄战争不仅导致了鲁迅国民意识的觉醒以及相关的对"国民文学"的追求，同时也促使其在对战争残酷性的认识过程中走向和平主义与人类主义。这呈现为

---

① 《域外小说集》第173页。
② 《域外小说集》第174—175页。

一个完整的历时性过程，在此过程中列夫·托尔斯泰那句"你改悔吧！"对于青年鲁迅来说无疑是振聋发聩的。将《四日》《红笑》对战争残酷性的展示与五年前所写《斯巴达之魂》所表达的英雄主义气概比较起来看，能够发现鲁迅认识战争角度的巨大变化。以1908年所作《破恶声论》提供的价值尺度来衡量，《斯巴达之魂》也许将成为"恶声"。1926年鲁迅在编《坟》的时候将留日时期所作《人之历史》《科学史教篇》《摩罗诗力说》等文收入，却未收《斯巴达之魂》。1934年12月编《集外集》的时候将《斯巴达之魂》收入，但在该集"序言"中谈及"斯巴达的尚武精神的描写"，曰："尤其是那一篇《斯巴达之魂》，现在看起来，自己也不免耳朵发热。但这是当时的风气，要激昂慷慨，顿挫抑扬，才能被称为好文章。"①这里反省并进行自我否定的显然不仅仅是文风问题。在1908年前后的东京中国学生界——即鲁迅的"后仙台时期"，国家主义与尚武精神依然具有很大影响。正是在这一年，刚到日本留学、入振武学校就读的蒋介石（1887—1975）和黄郛（1880—1936）一起创办了《武学杂志》，鼓吹尚武精神。鲁迅发表文章的《河南》杂志为《武学杂志》刊登了广告，②还曾发表无署名的《武道上篇》。鲁迅此时虽然也在《河南》上发表文章，但思想意识显然已经与"尚武"相去甚远。这种距离也是他与1903年的"旧我"的距离。

俄国文学对鲁迅的影响前人多有论及，但更多注重创作方法的层面。荷兰学者D.佛克马在《俄国文学对鲁迅的影响》③

---

① 《鲁迅全集》第7卷第4页。
② 广告见于明治四十一年（1908）五月至十二月《河南》4—9期。
③ 叶坦、谢力红译，收入《国外鲁迅研究论集》，乐黛云编，北京大学出版社（北京），1981。

一文中，基本是讨论浪漫主义、象征主义以及"阴冷"的美学
风格。藤井省三的《俄国之影》主要是通过夏目漱石和鲁迅来
讨论安特莱夫的文学在日中两国被接受的情况。王富仁的论
文《鲁迅前期小说与安特莱夫》在探讨相关问题的时候，强调
二者在"现实主义和象征主义的结合"以及"冷峻"的风格等
方面的一致性，内容方面强调二者共有的"大致相同的从属性
主题"——"二者都反复地、着力地揭示了当时社会中普遍存
在的人与人之间的冷漠、冷酷的社会关系"，[①]但漠视了《红笑》
中的反战思想这一鲁迅认同的起点，并因为这种漠视而简单认
同了冯雪峰所谓的托尔斯泰给鲁迅的影响很小的观点。本文的
论述表明，"俄国"首先是作为历史事件、思想、文学的"复合
体"在以国家/国民为中心的思想层面上对鲁迅发生影响，俄
国文学也是作为该复合体中的一种因素而获得意义。《摩罗诗力
说》阐述的超越"众数"（国家或民族）的个人主义精神，《破
恶声论》所阐述并通过《四日》《红笑》的翻译而强调的和平主
义思想，均为后来鲁迅思想的基本内容。伊藤虎丸在讨论鲁迅
留日时期的文章时精辟地指出："鲁迅的思想或小说主题，实际
上几乎都可以在这一时期的评论中找到原型。也就是说，这里
存在着一个'原鲁迅'。"[②]这个"原鲁迅"的形成与"俄国"密
切相关。在1919年的"五四"爱国运动、新文化运动高潮中，
鲁迅翻译了武者小路实笃（1885—1976）的反战剧本《一个青
年的梦》。该剧本的翻译是在1909年翻译《红笑》的延长线上
进行的。鲁迅在《一个青年的梦》"译者序"中否定了"国的
鼓子"（意即国家像大鼓一样将人封闭于其中），感慨道："我

---

① 《比较文学论文集》第192页，张隆溪、温儒敏编选，北京大学出版社（北
京），1984年5月。

② 前引伊藤虎丸《鲁迅与日本人》第60页。

想如果中国有战前的德意志一半强，不知国民性是怎么一种颜色。"① 在"译者序二"中又说："现在论及日本吞并朝鲜的事，每每有'朝鲜本我藩属'这一类话，只要听这口气，也足够教人害怕了。"② 将该剧本的翻译及相关论述与鲁迅留日时代"俄国"影响下思想历程结合起来，其真意才能全部显现出来。这里包含着鲁迅对个人、国家、世界、和平的综合性理解。

2008 年 7 月写于寒蝉书房

（原载《鲁迅研究月刊》2009 年第 4 期）

---

① 《鲁迅全集》第 10 卷第 192 页。
② 《鲁迅全集》第 10 卷第 195 页。

鲁迅留日时期的文明观

——以《文化偏至论》为中心

鲁迅留日时期的《文化偏至论》《摩罗诗力说》《破恶声论》等文章曾经大量使用"文明"一词，对于青年鲁迅来说"文明"是一个词汇也是一种观念。这一事实已经被中日两国学者注意到。1983年，日本的鲁迅研究家伊藤虎丸（1927—2003）在《鲁迅与日本人》一书中精辟地指出：撰写《摩罗诗力说》时期的鲁迅"自己也想当一名作为'精神界之战士'的文明批评家，其实践便是他当时的文学运动。包括前面提到的言及柯尔纳的《摩罗诗力说》在内，鲁迅留日时期的全部文章都贯穿着文明批评性态度。"①2003年，高远东在论文《鲁迅的可能性——也从〈破恶声论〉寻找支援》中，将《摩罗诗力说》对人的精神生活的强调（所谓"主观与自觉之生活"）视为"鲁迅的文明论的主题"。②高远东撰写此文是为纪念当时刚刚去世的伊藤虎丸，大概是因受伊藤氏的影响而注意到鲁迅早期文章中的"文明"问题。

---

① 《鲁迅与日本人——亚洲的近代与"个"的思想》第19页，李冬木译，河北教育出版社（石家庄），2001年5月。下同。

② 《鲁迅的可能性——也从〈破恶声论〉寻找支援》，原载《鲁迅研究月刊》2003年第7期，转引自《现代如何"拿来"——鲁迅的思想与文学论集》，第65页。复旦大学出版社（上海），2009年1月。

不过，鲁迅的文明观似乎尚未得到正面论述，某些相关的重大问题亦被长期搁置。因此，本文旨在以《文化偏至论》为中心，结合明治时期日本社会的思想文化状况和同时代东京华人界的话语状况，考察、分析鲁迅留日时期的文明论，重新解释鲁迅与明治日本、与夏目漱石的关系及其在《两地书》中提出的"文明批评"概念。

一　《文化偏至论》的个人主义文明观

鲁迅1902年3月赴日本留学，翌年开始发表文章。留日之初的文章已经使用"文明"一词，包含着自觉的文明意识。且看1903年10月发表的《中国地质略论》。① 文章第一节"绪言"部分开头曰：

> 觇国非难。入其境，搜其市，无一幅自制之精密地形图，非文明国。无一幅自制之精密地质图（并地文土性等图），非文明国。不宁惟是；必殆将化为僵石，供后人摩挲叹息，谥曰绝种 Extract species 之祥也。
>
> 吾广漠美丽最可爱之中国兮！而实世界之天府，文明之鼻祖也。〔后略〕

这里两次使用"文明国"的概念，并且视中国为"文明之鼻祖"。文章将对地质的认识程度作为判断一个国家是否为"文明国"的标准，于是地质问题转化为文明问题。"绪言"之后，文章用四

---

① 发表于1903年10月在东京出版的《浙江潮》第8期。本文对《中国地质略论》的引用出自《鲁迅全集》第8卷第3—17页。人民文学出版社（北京），1981。后不另注。

节（第二节至第五节）展开了对中国地质的论述，到了第六节
"结论"的结尾处，"文明"一词又出现了。曰："况工业繁兴，
机械为用，文明之影，日印于脑，尘尘相续，遂孕良果，吾知豪
侠之士，必有悢悢以思，奋袂而起者也。"由此看来，青年鲁迅
撰写《中国地质略论》的时候不仅具有自觉的文明论意识，而且
是将地质问题置于"文明"的框架之中来认识。青年鲁迅既然是
把对地质的认识程度作为判断一个国家是否为"文明国"的标
准，那么，他作为中国人撰文探讨地质问题这种行为本身也是在
证明中国为文明国。在此意义上，对于留日之初的青年鲁迅来
说，文明意识与国家民族意识是共生的。

"文明"论述在《中国地质略论》中仅仅是牛刀小试。集
中展示留日时期鲁迅文明观的，还是1907年撰写的《文化偏至
论》。《文化偏至论》题为"文化偏至论"，但行文过程中更多使
用的实际是"文明"一词以及相关的"文野"等词汇。例如：
"后有学于殊域者，近不知中国之情，远复不察欧美之实，所以
拾尘芥，罗列人前，谓钩爪锯牙，为国家首事，又引文明之语，
用以自文，征印度波兰，作之前鉴。夫以力角盈绌者，于文野
亦何关？"[①]这里不仅使用了"文明"一词，并且使用了"文野"
一词。"文野"实为"文明野蛮"的略语，与"文明"一词密切
相关。再如："意者文化常进于幽深，人心不安于固定，二十世
纪之文明，当必沉邃庄严，至与十九世纪之文明异趣。"在这段
话中，"文化"一词自然而然地转换为"文明"一词。文章最后
对于"号称志士者"提出的三个根本性的问题，均为"文明"问
题而非"文化"问题。曰："将以富有为文明欤"，"将以路矿为

---

① 本文对《文化偏至论》的引用皆出自《鲁迅全集》第1卷第44—57页。后
不另注。

文明欤","将以众治为文明欤",等等。从"文明"一词的大量使用来看,在《文化偏至论》中"文明"是"文化"的同义词并且取代了"文化",文章讨论的其实是"文明偏至论"。在此意义上文题改为"文明偏至论"更为恰当。

比大量使用"文明"一词更为重要的是:作为《文化偏至论》之主题的个人主义问题是被作为文明问题表述出来的。且看鲁迅的原文:

> 呜呼,古之临民者,一独夫也;由今之道,且顿变而为千万无赖之尤,民不堪命矣,于兴国究何与焉。顾若而人者,当其号召张皇,盖蔑弗托近世文明为后盾,有佛庆其说者,辄谥之曰野人,谓为辱国害群,罪当甚于流放。第不知彼所谓文明者,将已立准则,慎施去取,指善美而可行诸中国之文明乎,抑成事旧章,咸弃捐不顾,独指西方文化而为言乎?物质也,众数也,十九世纪末叶文明之一面或在兹,而论者不以为有当。盖今所成就,无一不绳前时之遗迹,则文明必日有其迁流,又或抗往代之大潮,则文明亦不能无偏至。诚若为今立计,所当稽求既往,相度方来,掊物质而张灵明,任个人而排众数。人既发扬踔厉矣,则邦国亦以兴起。奚事抱枝拾叶,徒金铁国会立宪之云乎?〔着重号为引用者所加〕

这里"文化"一词只用了一次,而"文明"一词用了六次。"掊物质而张灵明,任个人而排众数"的核心主张是在"文明"的语境之中被提出的。

如同研究者们已经充分论述的,鲁迅的《文化偏至论》阐述的是其个人主义思想。但是,从鲁迅自觉的文明意识来看,

《文化偏至论》显然又是一篇文明论，阐述的是个人主义文明观。文明的个人主义与个人主义的文明，是《文化偏至论》的两个互为前提的主题。个人主义问题与文明问题在文中紧密地结合在一起。

众所周知，《文化偏至论》提出的个人主义主张，在与《文化偏至论》同年（1907）所作、晚一年（1908）发表的《摩罗诗力说》中得到了更充分的阐发。《摩罗诗力说》褒扬"立意在反抗，指归在动作"的摩罗诗人，誉之为"精神界之战士"。这里要强调的是，由于在《文化偏至论》中个人主义问题是被作为文明问题提出的，因此，在《摩罗诗力说》中"摩罗诗力"同样与"文明"密切相关，并且被置于"文明/野蛮"的框架之中来论述。且引两段原文。一曰："尼佉（Fr. Nietzsche）不恶野人，谓中有新力，言亦确凿不可移。盖文明之朕，固孕于蛮荒，野人狉獉其形，而隐曜即伏于内。文明如华，蛮野如蕾，文明如实，蛮野如华，上征在是，希望亦在是。"这段文字是从尼采引起话题，讨论的是文明与野蛮（蛮野）的关系。二曰："由纯文学上言之，则一切美术之本质，皆在使观听之人，为之兴感怡乐。文章为美术之一，质当亦然，与个人暨邦国之存，无所系属，实利离尽，究理弗存。〔中略〕约翰穆黎曰，近世文明，无不以科学为术，合理为神，功利为鹄。大势如是，而文章之用益神。所以者何？以能涵养吾人之神思耳。涵养人之神思，即文章之职与用也。"[①] 在这段论述中，基于个人主义精神的"摩罗诗力"是与"近世文明"相对立的。那么，在文明论的层面上，鲁迅宣扬"摩罗诗力"就是在宣扬一种非"近世文明"的文明观。

---

① 本文对《摩罗诗力说》的引用皆引自《鲁迅全集》第1卷第63—100页。后不另注。

在1908年撰写的未完成稿《破恶声论》中，"文明"问题同样存在。从文中的"文明之谊何解"一语来看，对"何谓文明"的追问乃文章主题之一。文章曰："聚今人之所张主，理而察之，假名之曰类，则其为类之大较二：一曰汝其为国民，一曰汝其为世界人。前者慑以不如是则亡中国，后者慑以不如是则畔文明。〔中略〕二类所言，虽或若反，特其灭裂个性也大同。总计言议而举其大端，则甲之说曰，破迷信也，崇侵略也，尽义务也；乙之说曰，同文字也，弃祖国也，尚齐一也，非然者将不足生存于二十世纪。至所持为坚盾以自卫者，则有科学，有适用之事，有进化，有文明，其言尚矣，若不可以易。特于科学何物，适用何事，进化之状奈何，文明之谊何解，乃独函胡而不与之明言，甚或操利矛以自陷。"①在这里，无论是"国家"还是"世界"，均被视为"灭裂个性"之物。这里所谓的"个性"显然与《文化偏至论》中的"个人"同义，且为《摩罗诗力说》中的摩罗诗人们应有之品格。这也正是鲁迅所阐述的"文明"的核心内容。

鲁迅弃医从文、从仙台医专退学返回东京是在1906年2、3月间，第二年（1907）至第三年（1908）撰写《文化偏至论》《摩罗诗力说》《破恶声论》等文均讨论或涉及个人主义问题与文明问题。因此可以说，开始文学活动之初的青年鲁迅是个人主义者同时又是文明论者。

二　鲁迅文明论的背景及其批判性

1907年青年鲁迅在东京讨论文明问题并阐述个人主义文明

①　本文对《破恶声论》的引用皆引自《鲁迅全集》第8卷第23—34页。后不另注。

观并非偶然，而是与明治日本的话语状况密切相关。文明论正是明治日本社会的主流话语。

"文明"一词在中国古已有之，但它获得新的意义、成为现代词汇是在被日本人用于翻译"civilization"一词之后。[①]现代汉语中的"文明"一词是日语借词，即自日语汉字词汇中借用的词汇。近代日本人将"文明"与"开化"一词组合，制造了"文明开化"一语。槌田满文在《明治大正之新语·流行语》中解释"文明开化"一词时指出："'文明开化'作为英语 civilization 的译语，是出自《书经》、《易经》的'文明'与顾恺之《定命论》中'开化'一词的组合，从幕府末年至明治初年被作为新词使用。理由大概如木村毅《文明开化》（1954年）所解释的：'将西洋的新生命注入中国固有的旧汉字，宛如用旧瓶装新酒。'"[②]对于明治日本来说，"文明开化"具有国家意识形态的性质，至关重要。这有两个显著标志：一是日本近代启蒙思想之父福泽谕吉（1834—1901）的代表作之一为《文明论概略》，二是明治维新的三大政策之一为"文明开化"。福泽谕吉的《文明论概略》出版于1875年，那正是日本刚刚开始明治维新不久。该书对于明治维新的决定性影响已经被研究者充分论述。子安宣邦指出："若不提及此书，则无法谈论日本现代，尤其是日本的现代化。若将日本的现代化视为文明化（即西洋文明化），那么便可以说《文明论概略》是现代化的法典。"[③]作为明治日本之国策的

---

① 参阅《跨语际实践》第408页，刘禾著、宋伟杰等译，生活·读书·新知三联书店（北京），2002；《现代汉语外来词研究》第83页，高名凯、刘正埮著，文字改革出版社（北京），1958年2月。

② 《明治大正の新語·流行語》，第26页，角川书店（东京），1983年6月。引用者翻译。

③ 《福泽谕吉〈文明论概略〉精读》"中文版序"，陈玮芬译，清华大学出版社（北京），2010年4月。后同。引用者对译文作了调整。

三大政策为文明开化、富国强兵、殖产兴业，实际上后二者是处于"文明开化"的框架之中，乃达成"文明开化"之具体手段。

作为明治日本主流话语的"文明开化"，自然地并且是必然地直接影响到明治末年留日、旅日的中国人。且以当时影响甚大的梁启超、邹容为例。"文明／野蛮"的模式成为梁启超流亡日本时期的思维框架之一。《自由书》（1899年）中的《文野三界之分》一文开头即云："泰西学者，分世界人类为三级。一曰蛮野之人，二曰半开之人，三曰文明之人。其在春秋之义，则谓之据乱世、升平世、太平世。皆有阶级，顺序而升。此进化之公理，而世界人民所公认也。"① 这里使用的文明论框架与福泽谕吉《文明论概略》中的文明论框架完全相同。福泽在《文明论概略》中就是把野蛮、半开化、文明看作当时国家状态的三种类型，曰："文明开化这个词也是相对的。现代世界的文明状况，要以欧洲各国和美国为最文明的国家，土耳其、中国、日本等亚洲国家为半开化的国家，而非洲和澳洲的国家算是野蛮的国家。""文明、半开化、野蛮这些说法是世界的通论，且为世界人民所公认。那么，为什么能够这样呢？因为人们看到了明显的事实和确凿的证据。"② 梁氏在《新民说》《论政府与人民之权限》等著作中建构"国民"的时候，同样采用了文明论的视角。③ 邹容的《革命军》是20世纪初影响最大的革命著作，在该书中，"革命"亦与"文明"密切相关，"革命"本身甚至就是"文明"问题。"革命"不仅被表述为达于"文明"的过程——所谓"革

---

① 《梁启超全集》第1册第340页，北京出版社（北京），1999年7月。着重号为引用者所加。

② 《文明论概略》第9页，北京编译社译，商务印书馆（北京），1992年8月。后同。

③ 相关问题可参阅笔者在《"同文"的现代转换——日语借词中的思想与文学》第三章第一节中的论述，昆仑出版社（北京），2012年7月。

命者，由野蛮而进文明者也"①，是否"文明"也被邹容作为划分不同类型之"革命"的标准——所谓"有野蛮之革命，有文明之革命"。②在邹容笔下和在梁启超笔下一样，"文明"是一种现代价值。就词性而言，他们的"文明"既是名词又是形容词。

结合上述背景来看，1907年至1908年间的鲁迅在《文化偏至论》等文章中展开其文明论，无疑是直接受到了明治日本主流话语和东京中国人言论界的影响。鲁迅对于日本明治维新有所了解是在南京求学时期。他在1922年12月所作《呐喊·自序》中谈到南京求学时期的生活，说："从译出的历史上，又知道了日本维新是大半发端于西方医学的事实。"留日之后置身已经完成明治维新的东京，并且阅读流亡日本的梁启超创办的《清议报》《新民丛报》等，直接受到梁启超的影响。1903年3月，他甚至把《清议报汇编》等书刊邮寄给尚在南京读书的周作人。③鲁迅留学东京时经常购物的杂货铺，也是在神田的一座名叫"维新号"的大楼的楼下。④1936年10月19日鲁迅逝世后，曾与鲁迅交往的日本记者山本实彦在悼念文章中说鲁迅在东京的时候"极喜研究日本的维新"。⑤关心日本的明治维新并且置身"维新"之中的青年鲁迅，无疑十分了解日本的文明开化。事实上，《摩罗诗力说》的最后一节连续三次谈及维新。

不过，尽管同样是阐述文明问题，但青年鲁迅的文明观与福

---

① 《革命军》第一章"绪论"，《革命军》第8页，华夏出版社（北京），2002年10月。后同。

② 《革命军》第三章"革命之教育"，《革命军》第35页。

③ 参阅周作人的文章《鲁迅与清末文坛》，《鲁迅的青年时代》第72页，河北教育出版社（石家庄），2002年1月。

④ 参阅周作人的文章《维新号》，《鲁迅的故家》第321页，河北教育出版社（石家庄），2002年1月。

⑤ 《鲁迅的死》，陈琳译，引自《鲁迅与中日文化交流》第502页，湖南人民出版社（长沙），1981年8月。

泽谕吉的（也是明治日本的）文明观大不相同，具有多方面的差异乃至对立。这种差异或对立主要体现在如下三个方面：

其一，如前引文明国家、半开化国家、野蛮国家这种区分显示的，福泽谕吉视"文明"为单向性的过程，即认为"文明"是由"野蛮"经"半开化"进化而来。但鲁迅不同，鲁迅的文明观是文明发展观，即文明自身是在发展变化的——所谓"文明必日有其迁流"。他视"物质"与"众数"为"十九世纪末叶文明"之一面，提出"掊物质而张灵明，任个人而排众数"的主张，意味着该主张是与"十九世纪末叶文明"相对并且相反的另一种文明，即20世纪文明。

其二，鲁迅的文明观是多元文明观。即中国有中国的文明，西方有西方的文明，没有绝对的、唯一的文明。唯其如此，他才会在福泽谕吉视中国为半开化国家的情况下，视中国为"文明之鼻祖"（《中国地质略论》）。《破恶声论》又赞美中国文明曰："然中国则何如国矣，民乐耕稼，轻去其乡，上而好远功，在野者辄怨恣，凡所自诩，乃在文明之光华美大，而不借暴力以凌四夷，宝爱和平，天下鲜有。"[①]实际上，鲁迅的文明发展观之中也包含着文明相对观的因素，即既有注重"物质"与"众数"的文明，也有"掊物质而张灵明"的文明。从《摩罗诗力说》所谓"文明如华，蛮野如蕾，文明如实，蛮野如华"这种比喻中的逻辑来看，在青年鲁迅这里"野蛮"与"文明"甚至是相辅相成的。

其三，福泽谕吉文明观的核心是强调国家的重要性，而鲁迅文明观的核心是强调个人的重要性。福泽谕吉所谓的"文明"是一个内涵丰富、复杂的概念。在《文明论概略》第三章"论文明的涵义"中，他说"文明"的涵义有广义和狭义之分，"若按狭

---

① 《鲁迅全集》第3卷第32—33页。

义来说，就是单纯地以人力增加人类的物质需要或增多衣食住的外表装饰。若按广义解释，那就不仅在于追求衣食住的享受，而是要砺志修德，把人类提高到高尚的境界"。"因此，归根结蒂，文明可以说是人类智德的进步。"但是，福泽谕吉实际追求的并非此种"文明"。在福泽追求的"文明"中，"国家"占据的位置最为重要。福泽说："文明一词英语叫做'civilization'，来自拉丁语的'civilidas'，即国家的意思。所以'文明'这个词，是表示人类交际活动逐渐改进的意思，它和野蛮无法的孤立完全相反，是形成一个国家体制的意思。"①由此可见其所谓"文明"的本质为国家体制。换言之，福泽谕吉的"文明"实质是国家体制逐渐形成的过程。正因为如此，《文明论概略》对于文明问题的阐述才最终归结为日本的独立问题。该书最后一章（第十章）题为"论我国之独立"，福泽在该章中强调说："国家的独立是目的。现阶段我们的文明就是达到这个目的的手段。""国家的独立也就是文明，没有文明就不能保持国家的独立。这样，文明与独立二者，似乎没有什么区别，但是用独立二字，能使人在认识上，界限明确容易了解。"②在晚年的口述自传中，福泽谕吉更明确地表达了其文明论与国家的关系。他说："我只希望能用什么办法使一般国民走进文明开化的大门，以便把我们这个日本国缔造成一个兵力强盛、商业繁荣的大国，那才是我的本愿。""我就乘此形势更加大力鼓吹西洋文明，想从根底上扭转全国人心，以便在遥远的东洋创建一个新的文明国家，形成东有日本，西有英国，彼此相对互不落后的局面。"③在鲁迅的文明论中，"个

① 以上引自《文明论概略》第30、32页。
② 《文明论概略》第192页。
③ 《福泽谕吉自传》第267、277页，马斌译，商务印书馆（北京），1980年7月。

人"同样与"国家"相关，所谓"人既发扬踔厉矣，则邦国亦以兴起"。但是，在鲁迅这里，个人具有作为目的的主体性。如前面出自《破恶声论》的引文显示的，这种个人主体性拒绝外在的"国家""世界"等群体性概念的压抑。

在上述三项差异或对立之中，第三项尤为重要。由于福泽谕吉的文明论是以"国家的独立"为目的，因此其"文明开化"的实践过程自然表现为追求物质利益与国家权力的过程。《文明论概略》第十章"论我国之独立"说得明白："从今天的文明来看世界各国间的相互关系，虽然在各国人民的私人关系上，也可能有相隔万里而一见如故的例子，但国与国之间的关系，则只有两条。一条是平时进行贸易互相争利，另一条就是一旦开战，则拿起武器互相撕杀。"① 明治日本国策中"富国强兵""殖产兴业"二者与"文明开化"的一体化，也是这种文明观的逻辑显现。而鲁迅的个人主义文明观将个人置于首位，因此导向了对于"物质"（产业）与"众数"（"众治"）的否定。

明白了上述差异，对于《文化偏至论》中的"金铁国会立宪"一语就能有更全面的理解。"国会立宪"指现代国家制度，无须多论，关于"金铁"一词，人民文学出版社1981年版《鲁迅全集》的解释是：

> 指当时杨度提出的所谓"金铁主义"。一九〇七年一月，杨度在东京出版的《中国新报》，分期连载《金铁主义说》。金指"金钱"，即经济，铁指"铁炮"，即军事。这实际上是重复洋务派"富国强兵"的论调，与当时梁启超的

---

① 《文明论概略》第174—175页。引文中的"撕"当为"厮"，依原译文。

君主立宪说相呼应。①

不过，这种解释并非唯一的解释，另有鲁迅研究家王士菁的解释。王士菁的解释没有限于杨度或梁启超等具体人，而是更宽泛一些，曰："'金'，金钱；'铁'，武器，指清朝末年洋务派所谓'富国强兵'的主张。"②这两种解释都有根据，但是，结合《文化偏至论》一文的写作背景和文中观点的普遍性、理论性来看，两种解释都忽视了鲁迅撰写此文时身处日本社会这一重要事实，因此有意无意地将鲁迅文明论的批判意义狭窄化了。应当说，《文化偏至论》一文直接构成了对明治日本社会主流话语的批判，即对"文明开化"的批判，包括对富国强兵、殖产兴业政策的批判。因此，文中的"金铁"同样应当理解为明治日本的富国强兵政策。

青年鲁迅的个人主义文明观体现在其国家观念上，就是对"兽性爱国"的批判和对北欧弱小民族命运的关注。这与福泽谕吉视欧美为文明国并将西洋文明作为日本追求的目标截然不同，与明治日本建设现代国家的帝国主义逻辑也截然不同。福泽谕吉的文明观具有歧视性，包含着弱肉强食的逻辑，与"脱亚入欧"的主张具有逻辑上的必然联系。子安宣邦指出："'脱亚论'并不是福泽在明治十八年（1885）提倡后，仅流行于一时的言论，它其实是一个以西洋文明为目标的文明论或文明化论本身所具备的品格。"③

鲁迅曾经留日七年，在日本度过了二十二岁至二十九岁的宝

---

① 《鲁迅全集》第1卷第58页。此处的"铁炮"为日语汉字词，中文意思是"枪"。

② 《鲁迅早期五篇论文注释》第115页，天津人民出版社（天津），1978。

③ 《福泽谕吉〈文明论概略〉精读》第150—151页。

贵青春，但他后来很少谈论日本。鲁迅的文字中，专写日本人的只有《藤野先生》（1926年）一篇（如果能够把"藤野先生"简单地等同于"日本人"的话）。此外称得上"日本论"的，就是1925年12月3日所作《〈出了象牙之塔〉后记》表扬日本"虽然采取了许多中国文明，刑法上却不用凌迟，宫廷中仍无太监，妇女们也终于不缠足"，20世纪30年代初在与内山完造交谈的时候赞扬日本人"认真"，等等。对于日本，鲁迅从未有过周作人式的认同感，即使是在留日期间，他也主要是关心欧洲思想与文学，翻译俄罗斯与北欧的文学作品。换言之，鲁迅基本上是将日本置于自己的沉默之中。这沉默可以理解为一种拒绝的态度，即"默杀"。从鲁迅留日时期的文明观来看，他"默杀"的是在现代化道路上狂奔、"文明偏至"的现代日本，这种"默杀"起源于明治日本的国家主义文明观与鲁迅的个人主义文明观之间的冲突。

三　青年鲁迅与夏目漱石的联结点

"默杀"现代日本的鲁迅，对日本作家夏目漱石（1867—1916）却情有独钟。周作人在《鲁迅的故家》第十六节"画谱"中谈及留日时期的鲁迅，说："他对于日本文学不感什么兴趣，只佩服一个夏目漱石，把他的小说《我是猫》、《漾虚集》、《鹑笼》、《永日小品》，以至干燥的《文学论》都买了来，又为读他的新作《虞美人草》定阅《朝日新闻》，随后单行本出版时又去买了一册。"① 关于鲁迅与夏目漱石的关系，中日两国学者已经进行了长期的、多方面的研究，无须赘述。这里要阐述的是鲁迅与

① 《鲁迅的故家》第315页，河北教育出版社（石家庄），2002年1月，第1版。

夏目漱石在文明观方面的高度一致性。

　　夏目漱石的小说创作是从质疑、讽刺明治日本的文明开化开始的。明治三十七年（1904）创作、翌年发表的第一部长篇小说《我是猫》[①]就包含着这方面的内容。小说主人公为中学英语教师苦沙弥，他在与友人迷亭、寒月和东风聊天儿的时候，一再表达对现代文明的不满，曰："所谓现代人的自觉意识，指的是对于人际间存在着截然不同的利害鸿沟了解得过细。并且，这种自觉意识伴随着文明进步，一天天变得更加敏锐，最终连一举手、一投足都要失去天真与自然了。""现代人不论是醒来还是梦中，都在不断地盘算着怎样对自己有利或不利，自然不得不像密探和盗贼一样加强个人意识。他们整天贼眉鼠眼，胆战心惊，直到进入坟墓，片刻不得安宁。这便是现代人，这便是文明发出的诅咒。简直是愚蠢透顶！"就是说，在苦沙弥看来，人类失去天真、自然的天性而变得自私、贪婪、狭隘，是现代文明发展的结果。苦沙弥甚至发出叹息，道："总之，在这文明日益昌盛的今天，我是活腻了。"[②]不言而喻，小说中这位作为现代文明批判者的苦沙弥，在很大程度上是小说作者夏目漱石的自况。开始于《我是猫》的文明批评贯穿了漱石的整个小说创作过程。在明治三十九年（1906）九月开始发表的长篇小说《草枕》[③]中，漱石用文学性的比喻批判现代文明对人的个性的戕害，将现代文明比喻为火车，曰："不会有像火车这种代表20世纪文明的东西。数百人被装在同一个箱子里，轰然通过，毫不留情。被装进去的所有人，用同样程度的速度和力量，前往同一个车站，而且必须同样沐浴

---

　　① 1905年1月开始在《杜鹃》（ホトトギス）杂志上连载。

　　② 以上引文见《我是猫》第355—356页，358页，于雷译，译林出版社（南京），1993年7月。

　　③ 春阳堂出版的《新小说》杂志1906年9月1日开始连载。

机车蒸汽的恩泽。别人说是乘火车，我说是被堆进去。别人说是乘火车去，我说是被搬运。再也不会有像火车这种轻蔑个性的东西。"因此他发出警告："危险！危险！必须当心！这样危险的现代文明充满世界，到了几乎将人们淹没的程度。盲目地向漆黑一团的前方行驶的火车，是一个危险的标本。"①

前引周作人的回忆证明青年鲁迅读过夏目漱石的《我是猫》《草枕》等作品。周作人是在1906年9月随鲁迅往日本留学，因此其记忆中的鲁迅对漱石作品的阅读应当是发生在1906年秋冬之间。《草枕》1906年9月发表之后收入小说集《鹑笼》，而《鹑笼》是在1907年（即明治四十年）1月1日由春阳堂出版发行。恰恰是在1907年，青年鲁迅撰写《文化偏至论》与《摩罗诗力说》二文，讨论个人主义、文明等问题，阐明了独自的文明观。这种时间的一致绝非偶然。至少，青年鲁迅曾经共鸣于漱石《我是猫》《草枕》等作品中的文明批评，这种共鸣成为他撰写《文化偏至论》与《摩罗诗力说》的动因之一。如前文出自《我是猫》《草枕》的引文显示的，夏目漱石对现代文明的质疑、批判与其对个性的强调紧密结合在一起。无独有偶，青年鲁迅在《文化偏至论》中阐述的也是个人主义文明观。

对于夏目漱石来说，文明批判问题、个人主义问题是其后半生一直面对的大问题。在创作《我是猫》《草枕》等作品五年之后，他在讲演中更明确地对相关问题表达了自己的看法。明治四十四年（1911）他在和歌山发表讲演《现代日本的开化》，声称讲演的主题是说明"日本的开化那样不行、为何那样不行"，指出"西洋的开化（即一般的开化）是内发式的，而日本的开

---

① 引自《漱石全集》第2卷第167、168页，岩波书店（东京），1994年2月。引用者翻译。

化是外发式的"。①这里的"开化"是"文明"的同义词，因为
在近代日本的语境中"文明开化"本来就是一个词。大正三年
（1915）十一月漱石发表讲演《我的个人主义》，专门讨论个人主
义问题，将其"个人主义"归结为三条："第一，若欲完成自己
个性的发展，同时也必须尊重他人的个性；第二，若欲行使自
己拥有的权力，必须明确意识到那种权力附带的义务；第三，若
欲展示自己的金钱之力，须注重与金钱之力相伴随的责任。"②遗
憾的是，漱石发表这两篇讲演的时候，鲁迅已经结束留日生活
回到中国。否则，曾与漱石先后居住在东京的同一处房子、早在
1907年就阐述了个人主义文明观的鲁迅，或许有可能直接与漱
石进行更有生产性的对话。

留日时期的青年鲁迅是文明论者，但其文明意识并未随留
日生活的结束而消失。这与漱石后半生一直进行现代文明批判
相映成趣。20世纪20年代前期，即著名作家"鲁迅"诞生之后，
"文明"一词依然不时出现在鲁迅笔下。1921年12月所作小说
《阿Q正传》写及阿Q的"永远得意"，道："这或者也是中国精
神文明冠于全球的一个证据了。"③这里使用了我们现在耳熟能
详的"精神文明"一词。鲁迅在1925年4月28日写给许广平的
信中表达对当时中国文坛的不满，提出了"文明批评"和"社
会批评"的概念，曰："中国现今文坛（？）的状况，实在不
佳，但究竟做诗及小说者尚有人。最缺少的是'文明批评'和
'社会批评'，我之以《莽原》起哄，大半也就为了想由此引些

---

① 收入朝日新闻合资会社1911年11月出版的《朝日讲演集》，引自《漱石全
集》第16卷第429、430页，岩波书店（东京），1995年4月。引用者翻译。
② 收入实业之世界社1915年12月出版的《现代文集》，引自《漱石全集》第
16卷第605页，岩波书店（东京），1995年4月。引用者翻译。
③ 第四章"恋爱的悲剧"。

新的这一种批评者来，虽在割去敝舌之后，也还有人说话，继续撕去旧社会的假面。"①1925年12月3日所作《〈出了象牙之塔〉后记》谈论日本与中国的差异，又言及文明问题，曰：

> 他们的遣唐使似乎稍不同，别择得颇有些和我们异样趣。所以日本虽然采取了许多中国文明，刑法上却不用凌迟，宫廷中仍无太监，妇女们也终于不缠足。
>
> 但是，他们究竟也太采取了，著者所指摘的微温，中道，妥协，虚假，小气，自大，保守等世态，简直可以疑心是说着中国。尤其是凡事都做得不上不下，没有底力；一切都要从灵向肉，度着幽魂生活这些话。凡那些，倘不是受了我们中国的传染，那便是游泳在东方文明里的人们都如此，②〔后略〕

1926年编《坟》的时候，鲁迅将1907年写于日本、阐述个人主义文明观的《文化偏至论》收入。由此看来，20世纪20年代前期鲁迅在继续思索"文明"问题，编《坟》的时候重录旧文《文化偏至论》，某种程度上具有向个人主义文明观回归的意味。

在鲁迅20世纪20年代前期涉及"文明"的言论中，"文明批评"的概念须特别注意。鲁迅自己给该概念加引号，大概是表示强调。那么，何谓"文明批评"？回答这一问题要回到许广平的来信和鲁迅1925年参与创办的《莽原》周刊。许广平在来信（写于1925年4月25日）中说："《莽原》之文仍多不满于现代，但是范围较《猛进》，《孤军》等之偏重政治者为宽，故甚似《语

---

① 《两地书》"十七"，《鲁迅全集》第11卷第63页。
② 《鲁迅全集》第10卷第244页。

丝》，其委曲宛转，饶有弦外之音的态度，也较其他周刊为特别，这是先生的特色，无可讳言的。"①关于《莽原》，鲁迅所拟《〈莽原〉出版预告》曰："闻其内容大概是思想及文艺之类，文字则或撰述，或翻译，或稗贩，或窃取，来日之事，无从预知。"②综合起来看，鲁迅试图建立的"文明批评"作为一个批评范畴，当与"社会批评"有所区别，并不注重社会批评，而主要是在"思想及文艺之类"的领域展开。显然，这种文明批评与鲁迅留日时期的文明批评实践十分类似。不仅如此，"文明批评"这个概念本身，恰恰是鲁迅留日时期日本文坛的流行概念之一。明治三十四年（1901）一月，知名评论家高山樗牛（1871—1902）发表名文《作为文明批评家的文学家》，介绍尼采等个人主义、天才主义"文明批评家"，对当时的日本文坛、日本思想界产生了很大影响。伊藤虎丸指出：贯穿于鲁迅留日时期文章中的文明批评性态度，"同明治三十年代那个被称为'诗和评论的时代'的日本文学的整体倾向不无关系，同主张'作为文明批评家的文学者'的高山樗牛及其同僚登张竹风以及叫喊着'何以未出现大文学乎？'的内村鉴三等人的文明批评性态度不无关系。"③那么，因此可以认为，鲁迅1925年提出的"文明批评"概念，是从二十年前的明治后期日本借用的。在20年代前期的鲁迅这里，编辑旧文《文化偏至论》与倡导"文明批评"几乎是同时的，这并非偶然。鲁迅有可能是在重读旧文的时候，回忆其撰写旧文的语境——明治末年的日本文坛。

更为意味深长的是，鲁迅正是在回归文明论、提出"文明批

① 《两地书》"十六"。引自《鲁迅全集》第11卷第58页。
② 初刊1925年4月21日《京报》广告栏，收入《集外集拾遗补编》，引自《鲁迅全集》第8卷第424页。
③ 《鲁迅与日本人——亚洲的近代与"个"的思想》第20—21页。

评"概念的20年代前期，再一次走近夏目漱石。鲁迅从1921年开始与周作人一起编译《现代日本小说集》，[①]不仅翻译了漱石的《挂幅》《克莱喀先生》等作品，并撰写了该书附录"关于作者的说明"中的"夏目漱石"条目。鲁迅在重读漱石的过程中，无疑会回忆起漱石小说对现代文明的质疑与批评。无独有偶，在日本的夏目漱石研究者那里，漱石的文明批评也是被反复强调的。江藤淳在其名著《决定版/夏目漱石》的第一部"关于漱石的位置"中，用两章讨论了夏目漱石对现代文明的批评——即第二章"文明开化与文明批评"与第八章"神的缺席与文明批评典型"。[②]小森阳一在《世纪末的预言者·夏目漱石》一书中，亦列专章论述了漱石对"开化"（文明开化）的怀疑。[③]藤井省三则指出："从《我是猫》、《草枕》开始经《二百十日》、《野分》而至于《虞美人草》、《三四郎》，漱石在其小说创作中一直尝试进行文明批评。可以说，苦沙弥老师、圭、白井道也、甲野、广田老师——这些小说主人公都是漱石为了在不同场合表达自己的文明观而塑造的。"[④]

　　1902年1月，夏目漱石结束两年的留学生活从英国回到东京。同年4月，鲁迅到达日本开始留学生活。藤井省三强调这种时间巧合的必然性与历史意义，深刻地指出："漱石与鲁迅这两位日中两国具有代表性的国民作家几乎是在同一时期、同样在日本的土地上开始文学活动，这绝非仅仅是偶然。20世纪初叶的世界状况，使其背负东洋自主创造现代的课题，将二人召唤到东

　　① 上海商务印书馆（上海），1923年6月。
　　② 新潮社（东京），1979年7月，第1版。
　　③ 参阅同著第三章"对'开化'的怀疑"，讲谈社（东京），1999年3月。
　　④ 《俄罗斯之投影——夏目漱石与鲁迅》（ロシアの影·夏目漱石と鲁迅）第83页，平凡社（东京），1985年4月。引用者翻译。

京。"①如果沿着同样的思路、从文明观的角度看漱石与鲁迅，那么更有意义的是：在大英帝国留学的漱石与在日本帝国留学的鲁迅，目睹、体验了资本主义现代文明之后，同样成为现代文明的质疑者、批判者并各自阐发了个人主义思想。——这一事实之中包含着中日两国在被动性现代化过程中必须处理的诸多本质性问题。

结语 "不合时宜"的文明论

本文开头说过，对于青年鲁迅来说"文明"是一个词汇也是一种观念。鲁迅的"文明"作为一个词汇，其涵义显然比福泽谕吉以"国家"为核心的"文明"更宽泛，并且未必一定是肯定性的价值。在鲁迅1925年所作《出了象牙之塔》"后记"中，"文明"有时是负面价值。所谓"不像幸存的古国，恃着固有而陈旧的文明，害得一切硬化，终于要走到灭亡的路"。②鲁迅这里使用的"文明"是"文化"的同义词。此种负面意义上的"文明"在福泽谕吉那里难以存在。在日语借词"文明"进入现代汉语并在现代汉语中获得稳定意义的过程中，鲁迅1907年前后撰写的《文化偏至论》等文无疑发挥了媒介性、实践性的功能。意味深长的是，"五四"时期鲁迅使用的"精神文明"、"东方文明"等概念，现在成为我们文化建设中的重要理念。

当然，在鲁迅这里，更为重要的是作为观念的"文明"。上文的论述表明，1907年前后的青年鲁迅（那时的名字还是"周树人"）是一位自觉的文明论者，拥有独自的个人主义文明观。

----

① 《俄罗斯之投影——夏目漱石与鲁迅》第110页。引用者翻译。
② 《鲁迅全集》第10卷第243页。

那是一个"文明开化"的时代，即重估文化价值的时代。无论是日本还是中国，都主动或被动地进入了"文明开化"的过程。在此大背景上，鲁迅阐述了其与"物质""众数"相对立的个人主义文明观。这种文明观在当时是超前的，在百余年过去、世界进入21世纪的今天依然具有现实批判性和超前性。这是因为：鲁迅留日时期处理的就是东北亚地区后进国家追求现代化（文明开化）过程中的诸多根本性问题——人的存在方式与价值、个体与国家社会的关系、物质文明与精神文明的关系，等等。而今天，我们依然处于这个现代化过程之中。鲁迅留日时期对于现代性即有特殊理解，并且从这种理解出发抗拒明治日本的主流话语。在近代中国追求富国强兵、努力摹仿西洋和日本的大背景上，这种否定是特异的并且是超前的。应当说明的是，质疑、批判以物质（资本）和现代国家制度为主要内容的现代文明，并不意味着对此种文明的彻底拒绝。这种质疑与批判的意义在于：生活在现代社会中的人们能够通过这种质疑与批判获得作为人的自觉性，避免被彻底地物化、制度化。

二十七岁的青年鲁迅能够成为优秀的文明论者，并非因为他是天才，而是因为其特殊的身份与特定的环境之间发生了特具生产性的文化关系。鲁迅在感受力敏锐的青年时代，带着后进国民的落伍感与自尊心进入在东亚率先实现现代化的明治末年的日本，在接受"文明"这一概念的前提下思考文明问题，通过对明治日本文明价值体系的拒绝，建立起自己的个人主义文明观。在此意义上，明治日本给青年鲁迅的影响是巨大的。"拒绝"实质上是一种"参与"的方式，青年鲁迅文明论的背后潜藏着巨大的明治日本。

青年鲁迅的"文明"不同于甚至对立于福泽谕吉或明治日本的"文明"，并且不同于梁启超的"国民文明观"或邹容的"革命文明观"。这也应看作鲁迅在留日时期即体验着深刻"孤独"的原因之一。更大的问题是，孤独的并非仅仅是鲁迅，鲁迅的个人主义文明观同样孤独。在努力建设国民国家的20世纪前期的东北亚地区，个人主义文明观存在的空间很小。相反，福泽谕吉式或梁启超式的"文明"倒是获得了多种实践形式。悲剧正在于此。限于日本而言，对福泽谕吉式"文明"的追求导致的是帝国主义扩张，这种扩张不仅给中韩等亚洲国家带来了巨大灾难，并且最终导致了1945年日本帝国自身的崩溃。

（原载《鲁迅研究月刊》2012年第9期）

"文章为美术之一"

——鲁迅早年的美术观与相关问题

有关鲁迅与美术的关系、鲁迅美术活动的研究、整理工作，至迟在鲁迅逝世的 1936 年就已经开始，[①] 而且长盛不衰，延续至今。参与其中的有与鲁迅关系密切的周作人、许寿裳、蔡元培，更有众多鲁迅研究者。尤其是 20 世纪 90 年代以来，鲁迅与中外美术的关系，鲁迅倡导的木刻运动，鲁迅的书法，乃至鲁迅搜集的汉画像，等等，均得到充分研究。不过，尽管如此，鲁迅留日时期美术意识的觉醒、鲁迅美术观的形成与演变这一本源性的问题却并未得到认真清理。这有碍于全面理解鲁迅的美术活动，并且有碍于重新认识鲁迅文学、全面把握鲁迅与明治日本文化的关系。笔者撰写本文，目的即在于从鲁迅留日时期美术意识的觉醒出发，系统地考察相关问题，在新的框架中重新认识鲁迅的文化活动及其某些作品。

---

① 胡蛮《鲁迅的美术活动》一文当为最早系统研究相关问题的论文。文章写于 1936 年，1941 年改写，发表于同年《鲁迅研究丛刊》第 1 辑，见《六十年来鲁迅研究论文选》（上），李宗英、张梦阳编，中国社会科学出版社（北京），1982。

一 青年鲁迅"美术"意识的自觉与美术实践

1905 年，在仙台医专留学的鲁迅，受幻灯片上日军砍杀中国人、围观的中国人体格健壮却神情麻木这一图景的刺激，决定弃医从文、用文艺改造国民精神，并在 1906 年年初离开仙台回到东京。由于鲁迅后来成了"伟大的文学家"，因此"弃医从文"的"文"一般被理解为"文学"。但实际上这种理解是片面的。讨论这个问题，要回到鲁迅本人在《呐喊·自序》中的叙述。鲁迅说：

> 有一回，我竟在画片上忽然会见我久违的许多中国人了，一个绑在中间，许多站在左右，一样是强壮的体格，而显出麻木的神情。〔中略〕所以我们的第一要著，是在改变他们的精神，而善于改变精神的是，我那时以为当然要推文艺，于是想提倡文艺运动了。在东京的留学生很有学法政理化以至警察工业的，但没有人治文学和美术；①〔后略，着重号为引用者所加〕

这段叙述中有两点必须注意：一是将围观事件传达给鲁迅、触动鲁迅的媒介是"画片"即美术作品，而非文学；二是鲁迅所谓提倡"文艺运动"具体是指"治文学和美术"，即其"文艺"是由文学和美术二者构成。由此可见，鲁迅在幻灯片事件中获得的不仅是"文学"的自觉，并且是"美术"的自觉。而从"画片"（幻灯片）这一媒介来看，毋宁说"美术"的自觉更符合逻辑。

---

① 《鲁迅全集》第 1 卷第 416—417 页。本文使用的《鲁迅全集》均为人民文学出版社（北京）1981 年版。下同。

　　基于"美术"意识的自觉重新认识鲁迅"后仙台时期"
（1906年3月离开仙台回到东京至1909年8月结束留学生活回国）
的文艺活动，诸多与美术相关的问题便凸显出来——不仅文章论
及美术问题，编译的图书之中也存在着美术要素。

　　此间鲁迅发表文章共五篇，按发表顺序依次是《人间之历
史》《摩罗诗力说》《科学史教篇》《文化偏至论》《破恶声论》，①
其中1907年撰写的《摩罗诗力说》与《科学史教篇》均谈及美
术问题。

　　《摩罗诗力说》第二节写及普鲁士抵抗拿破仑的战争，曰：
"翌年，普鲁士帝威廉三世乃下令召国民成军，宣言为三事而战，
曰自由正义祖国；英年之学生诗人美术家争赴之。"②这里"美术
家"与"学生"、"诗人"一样成为论述对象，这也是"美术"一
词最初出现在鲁迅的文章中。文章第三节开头部分更多论及美
术，曰：

　　　　由纯文学上言之，则一切美术之本质，皆在使观听之
　　人，为之兴感怡悦。文章为美术之一，质当亦然，与个人及
　　邦国之存，无所系属，实利离尽，究理弗存。故其为效，益
　　智不如史乘，诚人不如格言，致富不如工商，弋功名不如
　　卒业之券。特世有文章，而人乃以几于具足。英人道覃（E.
　　Dowden）有言曰，美术文章之杰出于世者，观诵而后，似
　　无裨于人间者，往往有之。然吾人乐于观诵，如游巨浸，前

---

　　① 这五篇文章均发表在《河南》杂志。发表时间与期次分别为：《人间之历
史》，1907年12月第一号；《摩罗诗力说》，1908年1月、3月第二、三号；《科学史教
篇》，1908年6月第五号；《文化偏至论》，1908年8月第七号；《破恶声论》1908年
12月第八号，未完稿。《人间之历史》文题中的"人间"为日语借词，意思是"人"，
所以文章收入《坟》的时候鲁迅把"人间"改为"人"。
　　② 引自《鲁迅全集》第1卷第70页。

　　临渺茫，浮游波际，游泳既已，神质悉移。①

"由纯文学上言之，则一切美术之本质"这种表述，表明鲁迅在"纯文学"与"美术之本质"之间建立了同一性，"文章为美术之一"则意味着"文章"（文学）被鲁迅纳入"美术"的范畴。

　　不仅是在讨论"诗力"的《摩罗诗力说》中，在讨论西方自然科学发展史的《科学史教篇》中，鲁迅同样把目光投向了美术。《科学史教篇》是将"科学"置于与"艺文"（或曰"美艺"）的关系之中来讨论，而在"艺文"（"美艺"）之中美术占有一席之地。文章说："所谓世界不直进，常曲折如螺旋，大波小波，起伏万状，进退久之而达水裔，盖诚言哉。且此又不独知识与道德为然也，即科学与美艺之关系亦然。欧洲中世，画事各有原则，迨科学进，又益以他因，而美术为之中落，迨复遵守，则挽近事耳。"在这段叙述的文脉中"美术"是"画事"的同义词，"美艺"一词的使用则表明鲁迅试图自创词汇以概括与"科学"相对的多种精神文化形态。文章最后指出："盖使举世惟知识之崇，人生必大归于枯寂，如是既久，则美上之感情漓，明敏之思想失，所谓科学，亦同趣于无有矣。故人群所当希冀要求者，不惟奈端已也，亦希诗人如狭斯丕尔（Shakespeare）；不惟波尔，亦希画师如洛菲罗（Raphaelo）；既有康德，亦必有乐人如培得诃芬（Beethoven）；既有达尔文，亦必有文人如嘉来勒（Garlyle）。凡此者，皆所以致人性于全，不使之偏倚，因以见今日之文明者也。"②这里文艺复兴时期意大利名画家洛菲罗（拉斐尔）被列举出来，意味着鲁迅视美术为培养健全人性的材料。

---

① 《鲁迅全集》第1卷第71页。这段话中的"人间"为日语借词，意思是"人"。
② 引自《鲁迅全集》第1卷第28、35页。

上引鲁迅的相关论述中，"文章为美术之一"一语最为重要。以今天的"美术"定义来衡量，"文章"（文学）并非直观的审美对象，与"美术"有别。但是，恰恰是此语表明"后仙台时期"的鲁迅具有明确的、时代性的美术观。"美术"作为与"art or fine art"对应的汉字词汇，是明治时代（1868—1912年）的日本人创造的，清末传入中国，对于中国人来说是日语借词。在"美术"一词被现代汉语吸收的过程中，李叔同、王国维、刘师培等人均发挥了重要作用。当时的"美术"概念近于今天的"文艺"，所指不限于绘画、雕塑、建筑等，诗歌（文学）与音乐亦包含其中。[①]鲁迅称"文章为美术之一"，表明他使用的是当时流行的"美术"概念。"美术"与"画事"二词并用，则表明他试图区分广义的"美术"与绘画意义上的"美术"。此时至1913年前后，鲁迅一直持此种广义美术观，1913年年初发表的文章《儗播布美术意见书》（1912年入京后发表的第一篇文章）中有详细阐述。文章第一节题为"何为美术"，从词源、内涵两个层面解释、辩证"美术"一词，曰：

> 美术为词，中国古所不道，此之为用，译自英之爱忒（art or fine art）。爱忒云者，原出希腊，其谊为艺，是有九神，先民所祈，以冀工巧之具足，亦犹华土工师，无不有崇祀拜祷矣。顾在今兹，则词中函有美丽之意，凡是者不当以美术称。
>
> 希腊之民，以美术著于世，然其造作，初无研肄，仅凭直觉之力，以判别天物美恶，惟其为觉敏，故所成就者

---

① 参阅陈振濂的论文《"美术"语源考——"美术"译语引进史研究》，《美术研究》（北京），2003年第4期。

神。盖凡有人类，能具二性：一曰受，二曰作。受者譬如曙日出海，瑶草作华，若非白痴，莫不领会感动，既有领会感动，则一二才士，能使再现，以成新品，是谓之作。故作者出于思，倘其无思，即无美术。然所见天物，非必圆满，华或槁谢，林或荒秽，再现之际，当加改造，俾其得宜，是曰美化，倘其无是，亦非美术。故美术者，有三要素：一曰天物，二曰思理，三曰美化。缘美术必有此三要素，姑与他物之界域极严。〔后略〕

以此为前提，鲁迅指出："由前之言，可知美术云者，即用思想以美化天物之谓。苟合于此，则无间外状若何，咸得谓之美术：如雕塑，绘画，文章，建筑，音乐皆是也。"①这里文章与音乐皆被纳入"美术"的范畴，视文章为美术显然是重复《摩罗诗力说》中"文章为美术之一"的观点。在此意义上，《摩罗诗力说》是一篇广义的"美术论"，鲁迅"后仙台时期"的文学活动也是一种广义的"美术活动"。

"后仙台时期"的鲁迅不仅在文章（创作文本）中谈论美术问题，在编译的图书（翻译文本）中也加入了重要美术元素。1909年出版的两册《域外小说集》，装帧设计之中即包含着自觉的美术追求。先看封面。书名"域外小说集"为鲁迅留日时的同学、后来成为名画家的陈师曾（1876—1923）所题，五个篆字，中国古典韵味十足。②书名上面是一幅长方形西洋素描画，

———————

① 原载1913年2月北京《教育部编纂处月刊》第一卷第一册，引自《鲁迅全集》第8卷第45、46页。
② 原书封面上陈师曾将"域"书为"或"（"域"的古体），蔡元培在《忆鲁迅先生轶事》一文中指出了这种写法的特殊性，以强调青年鲁迅对"古奥"的热心。文章收入《高山仰止——社会名流忆鲁迅》，第39页，孙郁、黄乔生主编，河北教育出版社（石家庄），2001年5月。

画面上近处是拂琴的少女，远处是海面日出的景色，满天朝霞中一只鸽子在飞翔。周作人说这是一幅"德国的图案画"，①研究者说此画"画的是希腊神话故事中的文艺女神缪斯，在晨曦中弹奏竖琴，充满异域风情"。②篆字书名、西洋图画本来各有不同的美学风格，二者组合之后形成对比与反差，则呈现出异域与本土相调和的特殊美学面貌。可见，《域外小说集》虽然是一本文学书（翻译小说集），但它首先是作为一件直观的美术品（狭义的"美术"）出现在读者面前的。再看版式、装订方式。《域外小说集》第一册"序言"之后附有"略例"五条，第三条专谈版式、装订方式，曰："装钉均从新式，三面任其自然，不施切削；故虽翻阅数次绝无污染。前后篇首尾，各不相衔，他日能视其邦国古今之别，类聚成书。且纸之四周，皆极广博，故订定时亦不病陋隘。"③鲁迅进行这种构思、设计的时候，已经不是一位译者，而是一位美编——拥有独自审美追求的美术编辑。他将这种版式、装订方式呈现的美术面貌称之为"余裕"。在《科学史教篇》中鲁迅即已使用"余裕"一词。前引讨论"科学与美艺之关系"的那段话之后，他谈西方中世纪宗教的两面性——虽曾压抑科学后来却也洗涤社会精神、"薰染陶冶，亦胎嘉葩"，然后指出："此其成果，以偿沮遏科学之失，绰然有余裕也。"这里的"余裕"为日语借词（日语读音よゆう），虽然有"宽余"、"从容"、"充裕"等含义，但对于鲁迅来说它是一种美学范畴。1925年，鲁迅在《忽然想到·二》中直接把"余

---

①　《知堂回想录》第2卷第86节《弱小民族文学》，河北教育出版社（石家庄），2003年6月。

②　《画者鲁迅》第84页，王锡荣编选，上海文化出版社（上海），2006年8月，第1版。

③　引自《鲁迅全集》第10卷第157页。鲁迅原文即"钉"、"订"混用。

裕"与书籍的印刷形式联系起来，说：

> 我于书的形式上有一种偏见，就是在书的开头和每个题目前后，总喜欢留些空白，所以付印的时候，一定明白地注明。〔中略〕较好的中国书和西洋书，每本前后总有一两张空白的副页，上下的天地头也很宽。而近来中国的排印的新书则大抵没有副页，天地头又都很短，想要写上一点意见或别的什么，也无地可容，翻开书来，满本是密密层层的黑字；加以油臭扑鼻，使人发生一种压迫和窘促之感，不特很少"读书之乐"，且觉得仿佛人生已没有"余裕"，"不留余地"了。

文章最后甚至把"余裕"上升到事关民族前途的高度，说："人们到了失去余裕心，或不自觉地满抱了不留余地心时，这民族的将来恐怕就可虑。"[①]在1927年9月写于广州的《扣丝杂感》中，鲁迅阐述自己的书籍美学观，自称毛边书的"作俑者之一"，并介绍自己从前的编辑生活，曰："我先前在北京参与印书的时候，自己暗暗地定下了三样无关紧要的小改革，来试一试。一，是首页的书名和著者的题字，打破对称式；二，是每篇的第一行之前，留下几行空白；三，就是毛边。"[②]实际上这些"改革"早在1909年译印《域外小说集》的时候就已经开始。

　　以上的论述表明，对于"后仙台时期"的鲁迅来说，文学和美术二者共生共存、具有同一性。典型地呈现了这种同一性的符号，是鲁迅此时文艺活动中的声音——这种声音的存在方式既有

---

① 《鲁迅全集》第3卷第15、16页。
② 《鲁迅全集》第3卷第484页。

文学性的也有美术性的。鲁迅企图用文艺唤醒民众、改造国民精神，因此其文学论中存在着"声音"的主题与结构。《摩罗诗力说》称"盖人文之留遗后世者，最有力莫如心声"，为了"国民精神之发扬"而"别求新声于异邦"，所以，"伟美之声""反抗之音""自由之呼号""发为雄声""真心之声""维新之声""先觉之声"等语多见于文中。文章最后一节热切呼唤："今索诸中国，为精神界之战士者安在？有作至诚之声，致吾人于善美刚健者乎？有作温煦之声，援吾人出于荒寒者乎？"（着重号为引用者所加）在此意义上，《摩罗诗力说》一文是围绕声音展开的。稍后撰写的《破恶声论》以"破恶声"为主题，正与《摩罗诗力说》对"好音"（文章结尾处所用之词）的追求保持着结构性、合逻辑的对应关系。无独有偶，同一时期鲁迅为杂志、译著选择的插图、封面画，同样在呈现"声音"。插图即1907年夏筹办文艺杂志《新生》时选用的《希望》。关于此画周作人晚年说："第一期的插画也已拟定，是英国十九世纪画家瓦支的油画，题云《希望》，画作一个诗人，包着眼睛，抱着竖琴，跪在地球面上。"[1]这幅画传达的正是声音——诗人怀抱的竖琴是琴声的符号，蒙着双眼的诗人作倾听状、只能通过声音与外面的世界交流。封面画即前述《域外小说集》封面上的素描，画面上的文艺女神也在弹奏竖琴。两幅画上都存在着竖琴并非偶然。无疑，两幅画传达的声音即鲁迅在《摩罗诗力说》中追求的"好音"。

《呐喊·自序》讲述了鲁迅本人仙台时期美术意识的自觉，为笔者进行上述分析提供了视角。不过，该序文的重要性不限于此。从近现代中国"美术"概念演变的角度看，它还表明了

---

① 周作人：《鲁迅的故家》第三部分第23节《新生》，第309页，河北教育出版社（石家庄），2002年1月。

鲁迅美术观的变化。此文写于1922年12月，鲁迅在"文学和美术"的表述中用"和"字将"文学"与"美术"相并列，意味着他此时已经明确将"文学"（文章）从早期广义的"美术"概念中分离出来，建立了狭义的美术观。这种分离无疑与"五四"时期"文学革命"的发生有关。客观上，当"文学革命"发生并取得一定成就之后，"文学"就很难再被纳入"美术"的范畴。鲁迅在1919年1月至3月间发表的《随感录》四十三、四十六、五十三等文章中使用的"美术"概念已经是狭义的。到了1934年，他在《门外文谈》中明言现代中国的"文学"概念来自日本、是日本人"对于英文 literature 的译名"，[①] 这个"literature"已经不可能和1907年至1913年间的"文章"（文学）那样被纳入"art or fine art"的范畴。

促成鲁迅"美术"意识自觉的幻灯片事件发生在仙台，给鲁迅刺激甚大，因此他多年之后在《呐喊·自序》（1922年）、为《阿Q正传》俄译本所作《著者自序传略》（1925年）、《藤野先生》（1926年）等文章中反复讲述。意味深长的是，这三篇文章中的《藤野先生》是鲁迅正面回忆自己留日生活的唯一一篇，而且是取材于仙台留学生活，从美术角度重读此文，能够发现一个由图像构成的美术层面。第一个图像是鲁迅医学笔记上的解剖图。笔记本上血管的位置画得不准确，藤野先生便批评说"解剖图不是美术"。显然，藤野先生发现了青年鲁迅的美术偏好，但从医学的科学精神出发进行了修正。第二个是幻灯片（此文谓之"电影"）。第三个则是藤野先生所赠、背面写有"惜别"二字的照片。三个连续性的图像在《藤野先生》中具有结构性的意义——是修辞意义上的结构并且是主题意义上的结构，意味着

---

① 引自《鲁迅全集》第6卷第93页。

《藤野先生》的主题主要是由"图像故事"支撑、传达的。由此可见"美术"意识的自觉在鲁迅潜意识中的重要性。

二　鲁迅留日时期的美术环境

鲁迅在幼年时期受到民间绘画（年画、小说插图、二十四孝图之类）的影响，对绘画产生浓厚兴趣并开始练习绘画。相关事实他本人在《阿长与〈山海经〉》《从百草园到三味书屋》等文中有记述，周作人的《漫画与画谱》《荡寇志的绣像》（均收入《鲁迅的故家》）等文亦有涉及。如果把这种绘画练习也称作美术活动，那么可以说鲁迅开始美术活动远远早于其开始文学活动。其中尤应注意的是漫画"射死八斤"的创作。据周作人《漫画与画谱》所记，因为邻家的少年八斤时常拿着竹枪威吓周家的孩子、乱喊"戳伊杀，戳伊杀"，少年鲁迅便在荆川纸上画了一个倒在地上的人，胸口刺着一支箭，上面写着"射死八斤"几个字。说得夸张一点，这幅漫画表明了鲁迅的复仇意识，并且表明其美术活动从一开始就具有鲜明的功利性。对于鲁迅来说，美术爱好是原生性的，是与生俱来的本能，因此他在南京读书时期"绘图迅速而又好"，[①]初到东京时写讽刺诗也把句子排列成宝塔形状，追求直观的视觉效果。[②]

不过，尽管如此，自发状态的绘画行为与怀有自觉的美术意识毕竟不同。鲁迅留日时期"美术"意识的觉醒、美术观的形成

---

① 鲁迅在矿路学堂的同学张燮和的回忆，见许寿裳《〈民元前的鲁迅先生〉序》，《挚友的怀念》第101页。

② 沈瓞民《回忆鲁迅早年在弘文学院的片断》，原载1961年9月23日《文汇报》，收入《高山仰止——社会名流忆鲁迅》，孙郁、黄乔生主编，河北教育出版社（石家庄），2001。

与美术实践，均与其当时身处的文化环境密切相关。这种环境大致可以划分为两个层面，一是明治日本的美术状况，二是留日中国人文化界的美术状况。

在近代日本，"美术"一词被正式使用是在明治五年（1872），现代美术制度的建立也是完成于明治时代（1868—1912年）。在此过程中，美术与日本的现代国家体制保持着结构性的共生关系，是富国强兵、殖产兴业的工具，并且是国家意识形态的表象。①美术与国家相结合的极端结果，就是"战争美术"的产生。佐藤道信指出："在发扬国威、鼓舞斗志、统合国家意识与国民意识方面，作为连接国家与国民的强大宣传工具发挥功能的，就是战争美术。在这里，绘画、摄影、报纸、杂志、全景立体画、凯旋门等所有媒体均被动员起来。特别是在现代日本最初的国家间战争即甲午战争（1894—1895年）中，国民因征兵制的实施而成为士兵，身边的人奔赴战场，战争因此成为近在眼前的现实。为了真实地传达战争状况，画家（特别是西洋画的画家）与摄影家接受派遣从军出征。"②许多"战争美术"作品由此产生。佐藤进行这种论述的时候把时间范围限定在1903年日本国内第五次劝业博览会召开之前，而实际上，从此时到1945年日本战败，"战争美术"在日俄战争、侵华战争、"太平洋战争"（1941年开始的日本对英美的战争）中一直发挥着越来越大的作用。

青年鲁迅是在日本现代美术制度建立之初留学东京，《新生》插图与《域外小说集》封面画的选择表明他关注并基本了

---

① 相关问题参阅佐藤道信在《美术的日本近现代史/制度·话语·造型》第二章《"美术"概念的形成期——1870年代至1900年代初期》中的论述，北泽宪昭、佐藤道信、森仁史编著，株式会社东京美术（东京），2014年1月，初版。
② 《美术的日本近现代史/制度·话语·造型》第145页。

解日本美术界的状况。①因此，"美术"概念的使用本身，意味着他直接受到了明治日本美术制度的影响。《摩罗诗力说》中的"美术"概念与同时代日本的"美术"概念涵义相同。1872年"美术"概念在日本第一次被正式使用时，相关文献的说明是："美术（在西洋将音乐、画学、造像术、诗学等称之为美术）。"②1879年成立的日本重要美术组织龙池会，在成立翌年发表的地域美术调查报告中，将"美术"划分为"制形上之美术"与"发音上之美术"两大类，前者包括建筑、雕刻、绘画三种，后者包括音乐、诗歌二种。这种美术观在当时的日本具有代表性。③鲁迅《儗播布美术意见书》阐述的美术观与此完全相同。鲁迅此文的材料来源有待考察，但根据这种一致，已经可以断定他接受了明治日本的美术观并介绍到中国。更重要的是，从鲁迅受到以日俄战争为题材的幻灯片的刺激而决定弃医从文这一点来看，鲁迅的弃医从文行为是明治日本的战争美术导致的。因为鲁迅在《呐喊·自序》等文章中描述的幻灯片（他称之为"画片"或"电影"）是名副其实的战争美术作品，与甲午战争时的《满州骑兵溃走之图》（小山正太郎1895年）、《林大尉之战死》（满谷国四朗1897年）等战争美术名作属于同一系列。青年鲁迅显然是意识到了幻灯片在建设现代国家、激发国民意识方面的功能，因此弃医从文、决定用文学和美术改造国民精神。要言之，鲁迅弃医从文的故事是一个起源于明治日本的战争美术、其文学与美术意识觉醒的故事。

———————

① 关于《新生》插图《希望》的来源，藤井省三在《鲁迅："故乡"的风景》一书《鲁迅·周作人的"nation"与文学》一章的第一节（第217—224页）有详细考察，平凡社（东京），1986年10月。
② 《美术的日本近现代史/制度·话语·造型》第69页。
③ 参见佐藤道信在《美术的日本近现代史/制度·话语·造型》第二章《"美术"概念的形成期——1870年代至1900年代初期》中的论述《何谓"美术"》，第89页。

对于留日时期的鲁迅来说，与"美术的日本"并存的还有"美术的中国留学生文化界"。当时东京的留学生杂志《浙江潮》、《河南》，均注重美术与美术的社会功能。1903年2月发行的《浙江潮》第一期卷首为《浙江潮发刊词》，该"发刊词"第二章为"门类"（主要栏目），列"门类"十二项，其第十二项即为"图画"，并说明曰："卷首必附以图画令读者醉心焉。"无独有偶，1907年12月创刊的《河南》杂志将美术置于更重要的位置。《河南》创刊号卷末附有《简章》十四条，第三条曰"本报体例分门编纂次序如左"，列有：

　　一、图画及讽刺画；二、社说；三、政治；四、地理；五、历史；六、教育；七、军事；八、实业；九、时评；十、译丛；十一、小说；十二、文苑；十三、新闻；十四、来函；十五、杂俎。〔原文无标点，引用者标点。〕

这里列举的十五"门"（门类、栏目）之中，第一项即为美术——"图画及讽刺画"，排在了"社说"（社论）、"政治"等栏目之前。《简章》的"附则"对绘画有具体说明。"附则"仅两条，第一条为编辑部联络地址，第二条介绍刊物的十大特色，其中第五大特色是就绘画而论，曰：

　　天下最足使人油然动其兴观群怨之感者，其滑稽之绘事乎？本报每期必就社会腐败状态、宦场魑魅情形、时局危机景况、列强经营迹象，绘成十数幅插入报端。庶触于目者，有所动于心。特色五〔后略〕①

------

① 引用者标点。最后三字原为小字排印。

可见该刊创办之初就十分注重绘画的社会功能，计划用绘画处理多种社会问题以打动读者。这份《简章》在《浙江潮》第一期至第三期连续三次刊载。遗憾的是，在实际出版的《浙江潮》与《河南》两种刊物中，"图画"或"绘事"比例甚小。《浙江潮》上的"图画"主要是地图，并且是浙江省的分区地图，《河南》上的图画则多以历史、文化、科技为题材，内容不及"附则"中说的那样丰富。

在东京创办的《浙江潮》与《河南》注重美术及其社会功能，很大程度上是当时日本美术状况影响的结果。《浙江潮》中即不乏有关同时代日本美术的内容。第二期"日本见闻录"栏刊载了太公的六首《东京杂事诗》（各首均附有解说），①其中第一、第四首即分别以日本美术品或美术设施为吟咏对象。第一首曰："阿谁为国竭国忠？铜像魁梧上野通。几许行人齐脱帽，樱花丛里识英雄。"第二句中的"通"为日语汉字词（日语读音为とおり），义为"马路"、"街道"，"上野通"即"上野大街"。诗中的铜像即明治日本"维新三杰"之一西乡隆盛（1827—1877）的铜像。日本建造此铜像，是用美术形式褒奖历史人物、宣扬爱国精神、培养国民意识。第四首曰："馆开博物郁璘斌，万象森罗此问津。一说中原风俗事，玉关哀怨不成春。"此诗写的是上野公园的帝国博物馆，解说部分说自己看到中国女性小脚模型、中国人的赌具、鸦片器具等等被展览于博物馆中，"触目伤心，泪涔涔下"。此诗精炼地表达了国民意识的冲突——展览者的国民优越感与被展览者的国民自卑感。博物馆建设本是现代国家建设的重要组成部分，日本的博物馆建设始于1872年（与开始使用

---

① 据许寿裳《亡友鲁迅印象记》第八节，见《挚友的怀念》第17页。太公即袁文薮，著有《东游诗草》。

"美术"一词同年），最初是作为殖产兴业的据点。上野公园的帝
国博物馆1881年建成，1882年开馆，承担着保护日本古代美术、
呈现日本美术史的功能，炫耀着明治日本的崛起与兴盛。①《浙
江潮》第三期"日本见闻录"栏，复刊载署名"同乡会会员"的
《日本第五回内国劝业博览会观览记》，"观览记"这样介绍博览
会的美术馆：

> 次入美术馆，门口有观音佛像之喷水器。此喷水器直立
> 于直径六十尺之池之中央，器仿杨柳观音像，高一丈六尺，
> 踞于丈余之岩石上，左手携柳枝，右手持水瓶。水直自瓶
> 口，一小儿形托盘立受之，一横睡戏水，一追三鹅以嬉水，
> 总计高水面二十尺，幅亦二十尺。乃东京美术学校生徒高村
> 光云、河边正夫诸氏所出品。乃入馆，此馆为博览会中最壮
> 丽之建筑，其陈列品有四。②

所谓"陈列品有四"，即"绘画""塑像""美术工艺""美术建筑
之图案及模型"。

青年鲁迅本来爱好美术，又是《浙江潮》与《河南》的撰稿
人、读者，因此肯定曾经注意到这两种杂志的美术内容。将鲁迅
作品与杂志中的美术内容参照阅读，能够发现诸多相通或类似。

《中国地质略论》是鲁迅发表在1903年10月《浙江潮》第八
期上的两篇文章之一，文章开头强调地图的重要性，曰："觇国
非难。入其境，搜其市，无一幅自制之精密地形图，非文明国。

---

① 参阅前引《美术的日本近现代史/制度·话语·造型》第120、121页的论述。
② 《浙江潮》第三期第190—191页。引用者标点。文题中的"内国"为日语
借词（从日语汉字词汇中借用的词），意为"国内"。引文中亦多有日语借词，"喷水
器"即喷泉，"生徒"即学生。

无一幅自制之精密地质图（并地文土性等图），非文明国。"① 这显然是呼应《浙江潮》每期卷首的浙江地图。《浙江潮》"发刊词"虽然宣称"卷首必附以图画令读者醉心焉"，但杂志中除了补白、装饰性的小幅素描并无"图画"，卷首的地图显然是被作为"图画"使用的。

《河南》第四、第五期上的两幅作品，则与鲁迅的《呐喊·自序》（1922年）和《铸剑》（1926年）之间则存在着共通性。

第四期《河南》（1908年5月5日出版）卷首有画两页：第一页为《天津桥听鹃图》（苏曼殊作），第二页为《樊於期以首付荆卿》。值得注意的是第二页。这幅画画的是义士樊於期砍下自己的头颅交给荆轲、让荆轲以头为诱饵刺杀秦王的故事，上有名"百哀"者（当为此画作者）题词四句："燕丹养士，志报强秦。佼哉於期，杀身成仁。"将此画比之鲁迅的《铸剑》，可以发现，二者献头、以头为诱饵刺杀君王的故事是同构的，向暴君复仇的主题也一致。关于鲁迅《铸剑》的题材，研究者一般解释为来源于曹丕《列异传》或干宝《搜神记》，② 但是，鲁迅本人却说得并不肯定。他在1936年3月28日复增田涉的信中说："《故事新编》中的《铸剑》，确是写得较为认真。但是出处忘记了，因为是取材于幼时读过的书，我想也许是在《吴越春秋》或《越绝书》里面。"③ 不言而喻，《铸剑》的人物、故事、时代背景与这幅《樊於期以首付荆卿》不同，这幅画的题材并非鲁迅《铸剑》的题材。但存在着另一种可能性，那就是在《铸剑》选择题材、构思情节、提炼主题的过程中，存在着鲁迅对于《樊於期以首付

---

① 《鲁迅全集》第8卷第3页。

② 见《鲁迅全集》第2卷第436页《铸剑》的第2条注释。

③ 《鲁迅全集》第13卷第659页。原信为日文，引文中的"出处"一词直译当为"根据"。

荆卿》这幅画的记忆。如果不拘泥于此画与鲁迅《铸剑》之间是否存在着影响关系，那么，从此画与鲁迅《铸剑》之中则能看到共通的古典伦理精神在现代社会的转换。

再看《河南》第五期（1908年6月5日出版）。本期卷首依然有画两页：第一页为《嵩山雪月》（苏曼殊作），第二页为《中国刑讯之肖像》，重要的依然是后者。《中国刑讯之肖像》实为三张照片，上面一张为三女子被同一块长枷所铐，中间一张是升堂审讯的情景，下面一张是刑场的情景。在下面这张照片上，赤背、脑后拖着辫子的男人跪在地上，双手被捆在背后，旁边站着的刽子手高举屠刀，周围许多人在围观。——这与鲁迅《呐喊·自序》等文描写的围观斩首情景十分相似。《呐喊·自序》所述幻灯片事件的真实性长期受到日本研究者的质疑。[①]1965年在日本东北大学医学部（仙台医专前身）发现了日俄战争幻灯片共十五张，但其中并无日军处决做俄探之中国人者，因此鲁迅的描写被认为是以同类记忆为基础的创作——因为同一时期的日本报纸、杂志上确有此类照片。[②]笔者一定程度上同意这种创作说。这不仅是因为《呐喊·自序》的记述没有被已经发现的幻灯片证实，也不仅是因为鲁迅在不同文章中对同一事件的叙述不一致，而主要是因为那种记述中的时间差与鲁迅的叙述逻辑有冲突。——鲁迅记述的看幻灯片的时间与弃医从文、离开仙台的时间至少有半年的时间差。[③]既然鲁迅的那种描写中确有"创作"成分，那么，《河南》上的这张围观斩首的照片有可能作为一种

---

① 参阅廖久明论文《"幻灯片事件"之我见》，载《鲁迅研究月刊》2014年第10期。文章归纳了日本学者质疑幻灯片事件的八个理由。

② 参阅《鲁迅与日本》（鲁迅と日本）第92—95页，鲁迅诞辰110周年仙台纪念大会执行委员会编，1991年9月印行。

③ 鲁迅在《呐喊·自序》中说看幻灯片是"正当日俄战争的时候"，那至少是在1905年9月日俄战争结束之前，但他离开仙台是在1906年3月。

记忆参与了鲁迅的"创作"过程。逻辑是：他先是在仙台受到日俄战争幻灯片的刺激、被喊"万岁"的日本学生的爱国狂热触动，然后通过"创作"（组合、重构）将中国人的被虐杀与麻木纳入那个场景，于是特殊时期中、日、俄三国国家与国民的冲突在那个场景中得到了集中的、符号性的展现。

此外需要强调的是，"美术的中国留学生文化界"中的某些美术达人与鲁迅直接相关。除了为《域外小说集》题写书名的陈师曾，还有苏曼殊（1884—1918）。苏曼殊是《河南》卷首绘画作品的主要作者，《河南》第二号的《洛阳白马寺》、第三号的《潼关》与上文所涉《天津桥听鹃图》《嵩山雪月》均为其作品。这位苏曼殊因为拜伦的诗歌、章太炎和筹办《新生》等关系与鲁迅直接相关。陈师曾、苏曼殊等人的存在，无疑直接强化了青年鲁迅的美术意识。

三　两种形式，一个逻辑

鲁迅在仙台弃医从文、决定用文艺改变国民精神的时候，在"文艺"与"国民"之间建立了因果性逻辑联系，即用文艺来培育新型国民、建设现代国家。回到东京撰写《摩罗诗力说》，正是阐述用"诗"（文学）"起其国人之新生，而大其国于天下"的主张。不过，此文表达的文艺观并非如此单纯。如前所引，鲁迅称"文章为美术之一"，"与个人及邦国之存，无所系属，实利离尽，究理弗存"。这种表述与"起其国人之新生，而大其国于天下"的鲜明功利主义文学观之间存在着牴牾。从紧接着那段引文的论述来看，鲁迅所强调的文章的"为用"乃"不用之用"。他说："故文章之于人生，其为用决不次于衣食，宫室，宗教，道德。盖缘人在两间，必有时自觉以勤劬，有时丧我而惝恍，时必致力于善生，时必并忘其善生之事而入于醇乐，时或活动于现实之区，时或神驰于理想之域；苟致力于其偏，是谓之不具足。严冬永留，春气不至，生其躯壳，死其精魂，其人虽升，而人生之道失。文章不用之用，其在斯乎？"这里，"文章"（文学）的"为用"是发生于"惝恍"、"醇乐"、"理想"的层面，故为"不用之用"。这是鲁迅文艺观中的一个悖论。

在弃医从文之初即存在于鲁迅文艺观中的这种内在矛盾，在文学类型层面上可以表述为"国民文学"（或曰"大众文学"）与"纯文学"的矛盾。鲁迅从此时到离开人世一直面对这种矛盾。认识到文学仅有"不用之用"，所以在20年代中后期革命文学勃兴的时候，他多次明确否定文学的力量，强调革命行动的重要性。1927年4月8日在黄埔军官学校发表讲演《革命时代的文学》，说："文学文学，是最不中用的，没有力量的人讲的；有实力的人并不开口，就杀人。""一首诗吓不走孙传芳，一炮就把孙传芳轰走了。自然也有人以为文学于革命是有伟力的，但我个人总觉得怀疑，文学总是一种余裕的产物，可以表示一民族的文化，倒是真的。"①年末在讲演《文艺与政治的歧途》中再次阐述同一观点。其所谓"余裕"，即超功利、非实用的审美态度。1929年5月在讲演《现今的新文学的概观》中，他基于唯物主义立场阐述文学的"唯心"性质，说："各种文学，都是应环境而产生的，推崇文艺的人，虽喜欢说文艺足以煽起风波来，但在事实上，却是政治先行，文艺后变。倘以为文艺可以改变环境，那是'唯心'之谈，事实的出现，并不如文学家所豫想。"②值得注意的是，鲁迅否定文学改造社会功能的观点都是在面对公众的讲

---

① 《革命时代的文学——四月八日在黄埔军官学校讲》，引自《鲁迅全集》第3卷第417、423页。

② 引自《鲁迅全集》第4卷第134页。

演中阐发的，这意味着文学与大众动员的错位。不过，在1933年3月所作《我怎么做起小说来》中，鲁迅又阐述了功利主义文学观，说："说到'为什么'做小说罢，我仍抱着十多年前的'启蒙主义'，以为必须是'为人生'，而且要改良这人生。"[①]

上述文学观内部的矛盾是理解鲁迅文学的关键点之一。在鲁迅这里，文艺与政治的关系，创作方法与文体的选择，均取决于此。努力以文章的"不用之用"为"用"，于是创作了《狂人日记》《阿Q正传》《祝福》等富于现实批判精神或使用现实主义创作方法的小说，撰写了大量针砭时弊的杂文。尤其是杂文文体的选择，对于鲁迅来说是在文学的"不用之用"中追求"致用"的必然结果，因为杂文是最适宜及时处理现实问题的文体。在此意义上杂文文体本身具有反文学的性质。另一方面，鲁迅又并未因为追求文学的"致用"而放弃文学的"不用之用"与"余裕"，所以他会创作《野草》中那种浪漫主义、象征意味的散文诗，会翻译《苦闷的象征》那种纯粹的文艺理论著作。

"致用"与"不用之用"的悖论同样存在于鲁迅的美术观与美术活动之中。《摩罗诗力说》本来是将"文章"置于"美术"的范畴之内讨论，因此"文章"的逻辑自然是"美术"的逻辑。到了《拟播布美术意见书》，鲁迅明确阐述了"美"与"用"的悖论。"意见书"第三节"美术之目的与致用"开头曰：

> 言美术之目的者，为说至繁，而要以与人享乐为臬极，惟于利用有无，有所牴牾。主美者以为美术目的，即在美术，其于他事，更无关系。诚言目的，此其正解。然主用者则以为美术必有利于世，傥其不尔，即不足存。顾实则美术

---

① 引自《鲁迅全集》第4卷第512页。

诚谛，固在发扬真美，以娱人情，比其见利致用，乃不期之
成果。沾沾于用，甚嫌执持，惟以颇合于今日国人之公意，
故从而略述之如次：〔下略〕

鲁迅撰写此文时明显倾向于前者——所谓"诚言目的，此其正
解"、"美术诚谛，固在发扬真美，以娱人情"。这与《摩罗诗力
说》强调"纯文学"的价值相一致。不过，尽管他不赞成"沾沾
于用，甚嫌执持"的态度，但由于此种态度"颇合于今日国人之
公意"，所以他阐述了美术的"致用"：一曰"美术可以表见文
化"，二曰"美术可以辅翼道德"，三曰"美术可以救援经济"，
共三项。重要的是，此三项不仅与文化、道德、经济有关，且均
与国家有关。第一项曰："凡有美术，皆足以征表一时及一族之
思维，故亦即国魂之现象；若精神递变，美术辄从之以转移"；
第二项曰："美术之目的，虽与道德不尽符，然其力足以渊邃人
之性情，崇高人之好尚，亦可以辅道德以为治。〔中略〕不待惩
劝而国义安"；第三项曰："方物见斥，外品流行，中国经济，遂
以困匮。然品物材质，诸国所同，其差异者，独在造作。美术弘
布，作品自盛，陈诸市肆，足越殊方，尔后金资，不虞外溢。故
徒言崇尚国货者末，而发挥美术，实其根本"[1]（着重号皆为引用
者所加）。这里，美术与国家的关系符合鲁迅仙台时期的文艺功
利观。正是这一点，决定了鲁迅后来更注重"致用"的美术。

在"五四"新文化运动中，鲁迅即倡导宣传进步思想、引
导大众、展示民族精神高度的美术。1919年1月发表的《随感
录·四十三》专论美术问题，开宗明义，曰：

---

① 《鲁迅全集》第8卷第47页。

进步的美术家——这是我对于中国美术界的要求。

美术家固然须有精熟的技工，但尤须有进步的思想与高尚的人格。他的制作，表面上是一张画或一个雕像，其实是他的思想与人格的表现。令我们看了，不但欢喜赏玩，尤能发生感动，造成精神上的影响。

我们所要求的美术家，是能引路的先觉，不是"公民团"的首领。我们所要求的美术品，是表记中国民族知能最高点的标本，不是水平线以下的思想的平均数。

文章结尾处以美国画家勃拉特莱的名作《秋收时之月》为例倡导讽刺画，表达了更鲜明的意识形态主张与更自觉的功利意识，曰："上面是一个形如骷髅的月亮，照着荒田；田里一排一排的都是兵的死尸。唉唉，这才算得真的进步的美术家的讽刺画。我希望将来中国也能有一日，出这样一个进步的讽刺画家。"①

鲁迅追求"致用"美术的极致，就是木刻（版画）运动的提倡。这是因为木刻既是美术，又具有形式简便灵活、容易普及、适宜于社会动员的特点。对此鲁迅有明确表述，1930年他在《〈新俄画选〉小引》中说："又因为革命所需要，有宣传、教化、装饰和普及，所以在这时代，版画——木刻，石版，插画，装画，蚀铜版——就非常发达了。""但是，多取版画，也另有一些原因：中国制版之术，至今未精，与其变相，不如且缓，一也；当革命时，版画之用最广，虽极匆忙，顷刻能办，二也。"②可见，对美术社会功能的追求是鲁迅选择以木刻为主的版画的重要原因。不过，必须注意的是，对于鲁迅来说，木刻不仅是工具

---

① 以上引自《鲁迅全集》第1卷第330、331页。
② 《鲁迅全集》第7卷第344、345页。

性的美术形式，而且是一种美学范畴。根据鲁迅本人在倡导木刻运动过程中的阐述，可以将这种美学范畴命名为"黑白锐利之美"。1929年年初他在《〈近代木刻选集〉附记》中评价英国木刻家杰平（Robert Gibbings）时说："他对于黑白的观念常是意味深长而且独创的。E. Powys Mathers 的《红的智慧》插图在光耀的黑白相对中有东方的艳丽和精巧的白线底律动。他的令人快乐的《闲坐》，显示他在有意味的形式里黑白对照的气质。"①这三句评价中三次强调"黑白"。同一时期他在《〈比亚兹莱画选〉小引》中称比亚兹莱"作黑白画的艺术家"，并结合日本艺术的影响概括比亚兹莱的美学风格，曰："日本底凝冻的实在性变为西方的热情底焦灼的影像表现在黑白底锐利而清楚的影和曲线中，暗示即在彩虹的东方也未曾梦想到的色调。"②在评价蕗谷虹儿的时候，鲁迅则更多强调"锐利""锋芒""锐敏"——他引用蕗谷本人的八段话说明蕗谷木刻画的特色，头两段是："我的艺术，以纤细为生命，同时以解剖刀一般的锐利的锋芒为力量"；"我所引的描线，必须小蛇似的敏捷和白鱼似的锐敏"。③通过这些论述，鲁迅建立了自己的"黑白锐利之美"木刻美学观。

　　总体上看，鲁迅从"五四"时期开始注重"致用"的美术、倡导木刻运动，但在他这里"美"与"用"的悖论始终存在，他一直保持着对纯粹"美"的兴趣。这体现在编印文人趣味、小众的《北平笺谱》，体现在对西方现代美术多种流派的翻译、介绍，并体现在对宋元文人画评价中的辩证态度——否定其脱离社会生

---

① 《鲁迅全集》第7卷第335页。
② 《鲁迅全集》第7卷第339页。
③ 《〈蕗谷虹儿画选〉小引》，引自《鲁迅全集》第7卷第325页。

活又肯定其艺术成就。①

　　弄清上述问题，有助于重新认识鲁迅在中国现代文艺思想史上的位置。鲁迅后来以文学家名世，因此其用文学改造国民精神、改良社会的主张受到高度评价。实际上此种主张作为一种文学论并无特殊价值。这样说并不是因为此种主张如鲁迅本人后来批评的那样有"唯心"色彩，而是因为此种主张具有普遍性和历史性。早在鲁迅弃医从文、决定用文艺（"文学"意义上的"文艺"）改变国民精神之前，梁启超的《论小说与群治之关系》（1902年）已经阐述了同样的文学观。而且，以中国传统文论为背景来看，即使是梁启超的此种文学观，本质上也不过是孔夫子"兴观群怨"说（《论语·阳货》）的现代版。梁启超"群治"的"群"即孔夫子"兴观群怨"的"群"，一个"群"字连接、沟通了孔夫子与梁启超，即连接、沟通了传统与现代。意味深长的是，这个"群"字一度被作为"society"（社会）的译词，后来才被"社会"二字取代。在现代国家形成时期（就中国而言即清末），用文学这种社会性的话语行为服务于国家、国民的建构是必然的，青年鲁迅不过是在这种大环境中建立了自己的功利主义文学观而已。与此形成对比的是，同一时期鲁迅的美术观念反而具有特殊性。在明治日本的"美术"概念传入中国的过程中，鲁迅的《儗播布美术意见书》一文发挥了重要的系统化、规范化作用，这一点陈振濂已经论述。笔者认为，鲁迅本人的美术观念、美术活动更有历史价值。在中国现代美术的发生期，赋予美术以丰富的现代元素（国家、民族、阶级、政治等等）、完整地阐述"美"与"用"的关系并建立起相应的审美范畴，这样的人物大

---

　　① 关于鲁迅对宋元文人山水画的辩证态度，刘再复在《鲁迅美学思想论稿》"上篇"第四节（第144—145页）有详细论述，中国社会科学出版社（北京），1981年6月。

概只有鲁迅一人。1930年前后上海的许多青年美术家围绕在鲁迅身边，著名画家张仃（1917—2010）从青年时代开始即高度认同鲁迅，近年画家陈丹青、美术史家陈振濂高度评价鲁迅，这无疑是主要原因。

对于鲁迅来说，从1906年弃医从文到1936年去世，三十年间文学与美术一直保持着一体两面、共生共存的关系。"五四"时期之前是如此，20年代中期之后依然是如此。《厦门通信（三）》（1926年12月23日给李小峰的信）曰："你大约还不知道底细，我最初的主意，倒的确想在这里住两年，除教书之外，还希望将先前所集成的《汉画象考》和《古小说钩沉》印出。"①这里提及的两本书前者为"美术"后者为"文学"。1936年9月5日撰写的《死》一文中有"遗嘱"七条，第五条曰："孩子长大，倘无才能，可寻点小事情过活，万不可去做空头文学家或美术家。"②这里文学家和美术家依然是鲁迅注意的两种身份。写完这篇《死》一个半月之后鲁迅去世了。正因为在鲁迅这里文学和美术是一体两面的关系，所以二者是按照相同的逻辑、相同的观念展开的。即同样存在"美"与"用"的悖论、在"用"的前提下追求"美"。对于鲁迅来说，在文学领域选择杂文与在美术领域选择木刻（以及漫画）是这同一逻辑、同一观念决定的。如前所述，鲁迅多次发表"文学无用论"是在1927年，无独有偶，也正是从1927年年末开始，鲁迅大量搜集国外版画书刊，并开始编印外国木刻画集。③不仅如此，同一逻辑也决定了他在文学领域和美术领域同样倾向于东欧。"后仙台时期"在东京从事文学

---

① 《鲁迅全集》第3卷第394页。
② 《鲁迅全集》第6卷第612页。
③ 参阅李允经在《鲁迅——中国新兴木刻运动的导师》一文中的论述，《鲁迅与中外美术》第12页，书海出版社（太原），2005年1月。

活动的时候，他"因为所求的作品是叫喊和反抗，势必至于倾向了东欧，因此所看的俄国，波兰以及巴尔干诸小国作家的东西就特别多"。[①]在晚年倡导、推动木刻运动的时候，他同样给东欧以关注，不仅印行了《新俄画选》（1930年）、《引玉集》（1934年）等木刻（版画）作品，他推重的德国版画家凯绥·珂勒惠支也是表现底层人生活的。而且，同一时期他编译了苏联短篇小说集《竖琴》（1933年），在《〈竖琴〉前记》中称"我向来是想介绍东欧文学的一个人"。[②]

"文学／美术＝美／用"是鲁迅文艺活动的基本结构，这一结构对于探讨鲁迅美学思想的独特性大概是最有效的。比那种真、善、美的普遍性、模式性理论更有效。

余论　鲁迅与日本"美术关系"的多重性

如上文所论，美术关系是鲁迅与日本的重要关系之一。这种关系始于日俄战争时期，从一开始就包含着美术观、美术现代性等大问题。后来倡导木刻运动的时候，鲁迅也曾在1931年8月请从日本来上海的内山嘉吉（内山完造之弟）为中国青年版画家讲授木刻技法，其美术活动再次与日本发生密切关联。意味深长的是，从美术的角度重新审视鲁迅与日本近代作家的关系，能够发现他与夏目漱石、森鸥外的关系中同样存在着美术问题。

1933年鲁迅谈自己当年在东京的文学翻译活动，说："记得当时爱看的作者，是俄国的果戈理（N. Gogol）和波兰的显

---

① 《我怎么做起小说来》，引自《鲁迅全集》第4卷第511页。
② 《鲁迅全集》第4卷第435页。

克微支（H. Sienkiewitz）。日本的，是夏目漱石和森鸥外。"①果戈理、显克微支这里不论，夏目漱石（1867—1916）和森鸥外（1862—1922）为何受到鲁迅的喜爱？该问题鲁迅本人未作详述，因此只能结合他对这两位作家的译介活动来分析。"五四"后期周氏兄弟编译的《现代日本小说集》②中收夏目漱石、森鸥外小说各两篇，均为鲁迅所译。而夏目漱石的第一篇《挂幅》是以绘画为题材，讲贫困的大刀老人把自己珍藏的一幅古画卖到富人家的故事。另一问题是"余裕"的美学观。鲁迅在该小说集"附录"《关于作者的说明》中介绍夏目漱石，说："他所主张的是所谓'低徊趣味'，又称'有余裕的文学'。"③并大段引用了漱石为高滨虚子的短篇小说集《鸡头》（1908年）写的序。由此可知鲁迅"余裕"这一美学范畴的建立直接受到了夏目漱石的影响，而且"余裕"是"低徊趣味"的同义词。对于鲁迅来说"余裕"是文学之美并且是美术之美。森鸥外不仅是大作家，而且是医学博士，明治四十年（1907）担任日本陆军军医总监、陆军省医务局长（在日本这是作为军医能够达到的最高位置），还是日本近代重要的美术活动家。1890年前后在东京美术学校讲授美术解剖学，参与美术论争，④大正六年（1917）、八年（1919）相继担任帝室博物馆总长兼图书馆馆长、帝国美术院院长。森鸥外的这三种身份同样属于鲁迅——鲁迅是作家，但学过医学、曾打算当军医，1912年在教育部工作时也是负责美术教育方面的工作。这种身份一致性鲁迅本人不可能意识不到。《现代日本小说集》"附录"介绍森鸥外的时候即云："医学

---

① 《我怎么做起小说来》，《鲁迅全集》第4卷第511页。
② 上海商务印书馆（上海），1923年6月。
③ 《鲁迅全集》第10卷第216页。
④ 参阅前引《美术的日本近现代史/制度·话语·造型》第132页前后的论述。

博士又是文学博士，曾任军医总监，现为东京博物馆馆长。"①作为美术工作者的身份同一性，无疑是鲁迅推崇森鸥外的重要原因之一。

2015年3月28日至4月16日完稿，22日改定
（缩写版载《文学评论》双月刊2015年第4期）

---

① 《鲁迅全集》第10卷第217页。

翻译主体的身份和语言问题

——以鲁迅与梁实秋的翻译论争为中心

　　1929年9月10日，梁实秋（1903—1987）的批评文章《论鲁迅先生的"硬译"》在《新月》杂志上刊出。[①]此文引发了20世纪30年代前期有关翻译问题的论争，在中国现代翻译史上具有标志性意义。梁文发表半年之后的1930年3月，鲁迅发表回应文章《"硬译"与"文学的阶级性"》，论争局面初步形成。1931年12月，鲁迅在《几条"顺"的翻译》一文中指出："在这一个多年之中，拚死命攻击'硬译'的名人，已经有了三代：首先是祖师梁实秋教授，其次是徒弟赵景深教授，最近就来了徒孙杨晋豪大学生。"由此可见论争之延续性。同样是在1931年12月，鲁迅与瞿秋白用通信的方式讨论翻译问题，并先后将通信发表在《十字街头》和《文学月报》，有关翻译的讨论高潮再起。鲁迅对翻译论争的参与，至少持续到1935年4月《非有复译不可》一文在上海《文学》月刊上发表。

　　这场翻译论争[②]发生在无产阶级文学兴起和"翻译洪水泛

---

　　① 此文发表于1929年9月10日《新月》六七期合刊，引自《鲁迅梁实秋论战实录》第190—191页，华龄出版社（北京），1997年，初版。同。

　　② 瞿秋白在1931年12月5日写给鲁迅的信中甚至称之为"翻译论战"，《鲁迅全集》第4卷第373页，人民文学出版社（北京），1981。后同。

滥"①的特殊时期，由于众多翻译家的参与，涉及翻译的政治性、译者的身份以及翻译美学等中国现代翻译学发展过程中的基本问题，并与清末至20世纪20年代中国固有的翻译观念构成关联。本文试图以鲁迅与梁实秋的相关文章为中心，对此进行考察。

一　翻译理论与政治性

梁实秋《论鲁迅先生的"硬译"》一文的立论是从讨论"死译"和"曲译"的优劣开始的。文章开头引用陈西滢的观点——所谓"死译的病虽然不亚于曲译，可是流弊比较的少，因为死译最多不过令人看不懂，曲译却愈看得懂愈糟"，在此基础上反陈西滢之道而行之，认为"曲译"与"死译"相比尚有可取之处，理由是"曲译"不会通篇皆"曲"，"读的时候究竟还落个爽快"，而"死译一定是从头至尾的死译，读了等于不读，枉费时间精力。况且犯曲译的毛病的同时绝不会犯死译的毛病，而死译者却不妨同时是曲译。"那么，何谓"死译"？梁实秋依然是引用陈西滢的话来说明——"他们非但字比句次，而且一字不可增，一字不可先，一字不可后，名曰翻译：而'译犹不译'，这种方法，即提倡直译的周作人先生都谥之为'死译'。"在此基础上梁实秋批评鲁迅所译卢那察尔斯基的《艺术论》和《文艺与批评》②译文的晦涩难解，借用鲁迅在《文艺与批评》"译者附记"中的"硬译"一语，将"硬译"与"死译"等同，从而否定了鲁迅的译文。

---

① 鲁迅1931年12月8日写给瞿秋白的信中有"从去年的翻译洪水泛滥以来"之语，《鲁迅全集》第4卷第379页，1935年4月发表的《非有复译不可》又提及"去年是'翻译年'"，《鲁迅全集》第6卷第274页。
② 前者1929年6月由上海大江书铺出版，后者1929年10月由上海水沫书店出版。从后者出版时间看，刊载梁实秋《论鲁迅先生的"硬译"》的《新月》第六、七期合刊的正式出版时间不应是1929年9月，而应在10月之后。

　　《论鲁迅先生的"硬译"》对鲁迅译文的批评是在技术层面（即译文质量层面）上进行的。但是，"硬译"（"死译"）本来是鲁迅在《文艺与批评》"译者附记"中对自己译文的否定性（自谦性）评价，是一种自我批评。鲁迅说：

　　　　因为译者的能力不够和中国文本来的缺点，译完一看，晦涩，甚而至于难解之处也真多；倘将仿句拆下来呢，又失了原来的精悍的语气。在我，是除了还是这样的硬译之外，只有"束手"这一条路——就是所谓"没有出路"了，所余的惟一的希望，只在读者还肯硬着头皮看下去而已。①

不仅如此，鲁迅在《艺术论》译者序中甚至说自己的译作"诘屈枯涩"。可见梁实秋的批评不过是对鲁迅自我批评的重复，提出之初即被鲁迅的自我批评消解，并无建设性，无法构成一种价值。"硬译"在鲁迅与梁实秋之间是一个伪问题，然而论争却发生了。这意味着二者之间存在着别一层面的冲突。

　　《论鲁迅先生的"硬译"》作为一篇讨论翻译技术问题的文章，其真实意义必须结合此文发表的背景及其与梁实秋思想观念的关系来认识。一目了然的事实是，此文在翻译技术层面对鲁迅译文的否定是为了达到思想目的。

　　《论鲁迅先生的"硬译"》刊载于新月派同人杂志《新月》，并且是和梁实秋的另一篇文章《文学是有阶级性的吗？》同时刊出。与前者谈论语言问题和翻译技术不同，后者表达了梁实秋的思想观念——对文学之阶级性的否定与对无产阶级文学的否定。梁实秋在《文学是有阶级性的吗？》中明确表示："文学就没有

---

　　① 《鲁迅全集》第10卷第299页。

阶级的区别，'资产阶级文学''无产阶级文学'都是实际革命家造出来的口号标语，文学并没有这种的区别，近年来所谓的无产阶级文学的运动，据我考查，在理论上尚不能成立，在实际上也并未成功。"①对于梁实秋来说，此种思想具有一贯性。1926年3月以长文《现代中国文学之浪漫的趋势》正式登上中国文坛之初，他就从人性论观点和精英主义观点出发，对"五四"新文学中的人道主义精神展开批判。他说：

> 人道主义的出发点是"同情心"，更确切些应是"普遍的同情心"。这无限制的同情在一切的浪漫作品都常表现出来，在我们的新文学里亦极为显著。近年来新诗中产出了一个"人力车夫派"。这一派是专门为人力车夫抱不平，以为神圣的人力车夫被经济制度压迫过甚，同时又以为劳动是神圣的，觉得人力车夫值得赞美。其实人力车夫凭他的血汗赚钱糊口，也可以算是诚实的生活，既没有什么可怜恤的，更没有什么可赞美的。但是悲天悯人的浪漫主义者觉得人力车夫的生活可怜可敬可歌可泣，于是写起诗来张口人力车夫，闭口人力车夫。普遍的同情心由人力车夫复推施及于农夫，石匠，打铁的，抬轿的，以至于倚门卖笑的娼妓。②

由此可见，梁实秋20世纪20年代末对无产阶级革命文学的否定与其对"五四"新文学人道主义精神的批判一脉相承。《论鲁迅先生的"硬译"》一文在这个脉络中出现，尽管在语言学层面上的意义被鲁迅的自我批评消解，但却通过批评者与批评对象的思

---

① 引自《鲁迅梁实秋论战实录》第182页。
② 1926年2月写于美国，初发表于1926年3月25日、27日、29日、31日北京《晨报副镌》，引自《鲁迅梁实秋论战实录》第17页。

想冲突获得了思想意义。梁实秋批评鲁迅的译文不仅仅是因为"硬译"，更主要的是因为"硬译"的对象是苏联无产阶级文艺理论著作——即卢那察尔斯基的无产阶级文艺理论著作《艺术论》和《文艺与批评》。这种冲突的本质是受白璧德（1865—1933）新人文主义思想影响的新月派政治意识形态与鲁迅等人持有的无产阶级文艺观之间的冲突。相关思想问题学界已多有论述，①无须重复，这里要强调的是梁实秋作为"硬译"批评者在进行这种批评时的身份——并非一般意义（技术层面的语言转换）上的翻译家，而是政治倾向鲜明的思想者。其批评手段与实际目的之间具有明显的错位，在他借助语言层面的批评达到思想目的的批评过程中，语言层面上的"翻译"问题被工具化并且被傀儡化。谈论翻译语言问题的《论鲁迅先生的"硬译"》是通过在《新月》这种具有鲜明倾向性的杂志上发表、通过与《文学是有阶级性的吗？》一文的并列获得思想意义的。

　　鲁迅作为"五四"新文化运动的主将之一是人道主义者并且是阶级论者，1919年11月也写过赞美人力车夫的作品《一件小事》。②他对梁实秋思想的批判至少在1927年4月8日的讲演《革命时代的文学》（讲于黄埔军官学校）中就已经开始，在同年年底所作名文《文学和出汗》中，则对梁实秋的人性论文学观进行了更集中的批评。鲁迅对于梁实秋写作《论鲁迅先生的"硬译"》一文的真实动机一目了然，所以撰写了题为《"硬译"与"文学的阶级性"》的反驳文章，将"硬译"与"文学的阶级性"合二为一，于是梁实秋放置在"硬译"后面的思想问题被推到前台。文题本身不仅表明讨论对象是被置于语言学和社会学两个层面来

---

　　① 参阅高旭东《论鲁迅与梁实秋的论战及其是非功过》，载《鲁迅研究月刊》2004年第12期。

　　② 初载1919年12月1日北京《晨报·周年纪念增刊》，收入《呐喊》。

表达的，更主要的是表明这两个层面的问题其实是同一个问题，即如何评价无产阶级文学的问题。在随后的讨论中，鲁迅沿用冯乃超《阶级社会的艺术》一文中的观点，将梁实秋定义为"'丧家的''资本家的乏走狗'"。先于鲁迅将梁实秋定义为"资本家的走狗"的冯乃超为左联成员，发表《阶级社会的艺术》一文的《拓荒者》为左联刊物。这一事实表明了翻译论争与思想阵营的关联。1931年底鲁迅与瞿秋白关于翻译问题的通信表现出更鲜明的政治性。瞿秋白称鲁迅"敬爱的同志"，并在信的开头部分盛赞鲁迅所译《毁灭》，说："你译的《毁灭》出版，当然是中国文艺生活里的极可纪念的事迹。翻译世界无产阶级革命文学的名著，并且有系统的介绍给中国读者，（尤其是苏联的名著，因为他们能够把伟大的十月，国内战争，五年计划的'英雄'，经过具体的形象，经过艺术的照耀，而贡献给读者。）——这是中国普罗文学者的重要任务之一。"[①]

关于翻译论争中比语言形式问题更重要的政治性，参与论争并受到鲁迅批评的赵景深（1902—1985）有清醒的认识。他在写于1978年的《鲁迅给我的指导、教育和支持》一文中说："恐怕鲁迅不仅仅是由于翻译问题而批评我，而是由于我有一次在国民党市政府的一次宴会上说错了话而批评我。我胆子小，没有加入左联，虽然在《现代文学》上偏重革命派的著作，但也刊登颓废派和别的派别的著作，虽然这刊物只出了半年六册，就被国民党禁止，究竟还只是站在资产阶级立场上同情革命分子，不是对于革命文艺非常热爱。"[②]

近代以来中国的文学翻译、社会科学翻译作为一种国民国

---

① 《关于翻译的通信》"来信"，引自《鲁迅全集》第4卷第370页。
② 原载《新文学史料》第一辑，1978年出版，引自《我与文坛》，第11—12页。上海古籍出版社（上海），1999年10月。

家建设的手段，素有鲜明的政治性，时常表现为政治思想行为。《天演论》《物种起源》《共产党宣言》等著作的翻译均对中国知识人的思想观念发生了巨大影响。译者通过翻译活动确立起来的"自我"首先是某种思想者，其次才是语言学层面的操作者。"五四"之后随着共产主义思想影响的扩大，翻译的政治性凸显为具体的阶级性，译者的阶级立场、社会身份、目的性决定着翻译对象的选择。在此意义上，鲁迅翻译卢那察尔斯基或法捷耶夫与梁实秋翻译白璧德，背后存在着相同的政治逻辑。[1]将《论鲁迅先生的"硬译"》一文放在这个脉络上来看，可以看出此文最大的认识价值在于显示了翻译的政治性如何深入地影响语言层面的评价，显示了"思想的译者"与"语言的译者"分裂而又同一的矛盾关系。

不言而喻，《论鲁迅先生的"硬译"》一文在语言层面上对相关问题的提出本身并非没有意义，鲁迅也没有将梁实秋的批评完全简化为单纯的思想问题。鲁迅在1931年12月至1932年1月撰写的《几条"顺"的翻译》《风马牛》《再来一条"顺"的翻译》[2]等文章中，讨论了赵景深等人提出的"顺"的问题。由"硬译"问题引发思想问题，再由思想问题回到语言层面的"顺"的问题，这种思想问题与语言问题的交织、互动，构成了30年代前期翻译论争的一个重要特征。不同思想观念者将翻译语言问题工具化，被作为思想问题提出的语言问题继而回到语言层面，翻译作为一种涉及思想和语言两个层面的话语行为重新获得完整性。

---

[1] 该时期梁实秋经常在《新月》上介绍白璧德理论，他编辑的《白璧德与人文主义》1929年1月由新月书店出版。

[2] 均收入《二心集》，见《鲁迅全集》第4卷。

二　"硬译"·转译·留学背景

在对鲁迅、梁实秋等翻译论争参与者的身份进行界定的时候，与"思想的译者"层面同样必须注意的是"语言的译者"层面。具体说来就是论争参与者的留学背景以及与此相关的外语能力问题。一目了然的事实是：梁实秋是留美派，其所属新月派成员如胡适、陈西滢等均为英美留学生，而鲁迅为留日派，和鲁迅同样受到梁实秋批评的郭沫若、冯乃超亦同属留日派。身份中这种留学背景的差异是重要的，"硬译"、对"硬译"的批判以及对"转译"的态度等等均与此有关。

两部被梁实秋指为"硬译"的鲁迅译著均为自日文转译。《艺术论》是根据升曙梦（1878—1958）的日译本转译，并在翻译过程中参考了多种卢那察尔斯基著作日译本。鲁迅在译者序中说得明白："原本既是压缩为精粹的书，所依据的又是生物学底社会学，其中涉及生物，生理，心理，化学，哲学等，学问的范围殊为广大，至于美学和科学底社会主义，则更不俟言。凡这些，译者都并无素养，因此每多窒滞，遇不解处，则参考茂森唯士的《新艺术论》（内有《艺术与产业》一篇）及《实证美学的基础》外村史郎译本，又马场哲哉译本，然而难解之处，往往各本文字并同，仍苦不能通贯，废时颇久，而仍只成一本诘屈枯涩的书，至于错误，尤必不免。"①《文艺与批评》同样是根据尾濑敬止、金田常三郎、杉本良吉等人的日译本编译。在鲁迅的译作中，从留日时期所译科幻小说《月界旅行》《地界旅行》到晚年所译《十月》《毁灭》，自日译本的转译占很大部分。甚至他对曹靖华所译《铁流》的校读，也是以日译本为参照。这是鲁迅的留

---

① 引自《鲁迅全集》第10卷第295页。

日经历和日语能力决定的。

　　精通日语并且是在日本开始文学活动，使鲁迅作品具有鲜明的"留日生文体"特征。这里所谓的"留日生文体"具有两个基本要素。一是多用日语汉字词汇。这在早期留日中国人的作品——如平江不肖生民国初年在东京开始创作的长篇小说《留东外史》——中表现突出。小说直接使用了"奥样"（夫人）、"运转手"（司机）、"料理"（饭菜）等日语汉字词汇。清末发生的"日本名词"之争表明了日语汉字词汇在现代汉语中所占比例之大，在此意义上现代汉语文本均具有潜在的"留日生文体"特征。二是行文中多用"的"，导致"'的'字句"大量出现。"'的'字句"更多出现在自日文翻译的著作中，是由对日语中多用的表示从属、并列、修饰关系的"の"的翻译造成的。就鲁迅的创作和翻译（特别是早期作品）而言，日语汉字词汇多有所见。鲁迅常用的"绍介"（词义同中文的"介绍"）即为日语汉字词汇。在1919年所译武者小路实笃剧本《一个青年的梦》中，"正体"（真面目）、"日曜日"（星期天）、"自慢"（骄傲自满）等日语汉字词汇均被直接借用，"汽车"一词的直接使用甚至造成误译。[①]"'的'字句"在鲁迅译作中也不少见。《一个青年的梦》中"美的女人的魂"这一登场角色的译名就是典型的"的字句"，简洁的翻译当为"美女魂"或"美女之魂"。鲁迅将其译为"美的女人的魂"，显然是受制于原文的句子结构。原文为"美しい女の亡靈"，鲁迅不仅直译了表示从属关系的"の"（"的"），而且将"美"与"女"的修饰关系用"的"来接续。1931年10月鲁迅为曹靖华所译苏联作家绥拉菲摩维支的长篇名作《铁流》

---

　　① 日语汉字词"汽車（きしゃ）"的中文意思是"火车"，汉语的"汽车"一词在日语汉字中写作"自動車（じどうしゃ）"。

写《〈铁流〉编校后记》时，以日译本为据将书名翻译为《铁之流》。[①] 瞿秋白在与鲁迅讨论翻译问题的信中，曾就鲁迅所译《毁灭》的译文提出了九条订正，第一条引用了鲁迅的这样一句译文：

> 对于新的极好的有力量的慈善的人的渴望，这种渴望是极大的，无论什么别的愿望都比不上的。

这句话共三十九个字，却用了八个"的"。第一分句的十八个字中有五个"的"。此种语言现象的出现无疑与日语表达方式有关。不仅如此，第一分句中"渴望"一词被置于句子最后，也与日语句式中动词后置的基本结构相同。在动宾结构的句子当中，日语与汉语的词序是相反的——日语是宾语在前、动词在后，而汉语是动词在前、宾语在后。汉语的"读书"用日语表达，词序就是"书读"（本を讀む）。为了改变动词在前、宾语在后这种汉语表达通则，就需要在作为宾语的名词前面加上介词"对于"，使其承担日语中表示动宾关系的词"を"所承担的功能。

鲁迅对于"'的'字句"问题显然有自觉的意识。他在译著《苦闷的象征》"引言"（写于1924年11月22日）中写下了这样一段话：

> 文句大概是直译的，也极愿意一并保存原文的口吻。但我于国语文法是外行，想必很有不合轨范的句子在里面。其中尤须声明的，是几处不用"的"字，而特用"底"字的缘故。即凡形容词与名词相连成一名词者，其间用"底"字，

---

① 书名中的"之"为"的"的文言形式，见《鲁迅全集》第7卷第373页。日译本书名待考，当为"鉄の流"。

例如 Social being 为社会底存在物，Psychische Trauma 为精神底伤害等；又，形容词之由别种品词转来，语尾有 tive，tic 之类者，于下也用"底"字，例如 speculative，romantic，就写为思索底，罗曼底。[①]

鲁迅做出这种努力的目的之一，显然在于消除"'的'字句"的单调感与拖沓感、对"词际关系"进行更细致的区分与表达。但是，从前文引自《艺术论》译者序的那段文字来看，这种努力收效甚微。"生物学底社会学"与"科学底社会主义"两个词组中的"底"字省略为宜。事实上"科学底社会主义"现在变成了"科学社会主义"。

可以说，具有独自语法规范的日语文本本身作为翻译对象是造成"硬译"的原因之一。尤其是在从日语译本转译其他语种的文本的情况下，为了忠实于原著的内容，避免第二次语言转换更多地损害原著的真实性，对日译本的拘泥更容易导致"硬译"现象的发生。

强势文化环境中的文本更多地被翻译到弱势文化环境中，这是一个定律。在西方文化比东方文化强势、许多欧美文本被中国、日本等亚洲国家翻译的民国时期，梁实秋等英美留学生作为"译者"能够直接翻译英文，拥有先天的合法性与优越感。对于他们来说，既不存在"留日生文体"问题，也可以回避转译。在此意义上，鲁迅与梁实秋的翻译论争是"留日中国人"与"留英美中国人"之间的论争，是英语背景的现代汉语与日语背景的现代汉语之间的论争。事实上，梁实秋1933年曾明确对"欧化文"提出批评，并将矛头指向转译日文的鲁迅。他说：

①　引自《鲁迅译文集》第3卷第5页，人民文学出版社（北京），1958。

　　　　有一种白话文，句子长得可怕，里面充了不少的
"底""地""的""地底""地的"，读起来莫名其妙，——有
人说这就是"欧化文"。〔中略〕欧化文的起因，据我看，是
和翻译有关系的，尤其是和"硬译"那一种东西有关系的。
有些翻译家，因为懒或是匆忙或是根本未通，往往写出生吞
活剥的译文，即"硬译"是。贤明如鲁迅先生，亦是"硬
译"的大师。鲁迅的杰作阿Q正传不是用欧化文写的。而鲁
迅译起书来（当然是从日本文译）便感觉中国文不够用了，
勉强凑和，遂成硬译。①

这段批评指出的"底""地""的"等词汇用法的混乱与"从日本
文译"二者之间的关系不是偶然的。

　　"从日本文译"即"转译"。这就涉及对"转译"（或曰"重
译"、"间接翻译"）行为的理解与评价。转译是当时翻译论争的
焦点之一，鲁迅与梁实秋都表明了自己的观点。

　　梁实秋对转译基本持否定态度。1928年年底他在《翻译》
一文中说："转译究竟是不太好，尤其是转译富有文学意味的书。
本来译书的人无论怎样灵活巧妙，和原作比较，总像是搀了水或
透了气的酒一般，味道多少变了。若是转译，与原作隔远一层，
当然气味变得更利害一些。"进而对从日文转译提出批评，说：
"听说有人从日本文转译，连稿子都不起，就用笔在原稿上勾圈
涂改，完事大吉。这话真假我不知道，不过最近我看了一些从日
本文译出来的西洋的东西，其文法之古奥至少总在两汉以上，不

---

　　①　此文发表于1933年12月23日天津《益世报·文学周刊》第56期，引自
《鲁迅梁实秋论战实录》第618—619页。

能不令人疑心了。"①对于梁实秋来说，这种对转译、尤其是对某种形式的日文转译的否定，与其对"硬译"的否定具有内在关联。革命文学作家蒋光慈同样反对转译，他在发表于1930年1月《拓荒者》第一期上的《东京之旅》一文中讽刺说："近来中国有许多书籍都是译自日文的，如果日本人将欧洲人那一国的作品带点错误和删改，从日文译到中国去，试问这作品岂不是要变了一半相貌么？"②穆木天在发表于1934年6月19日《申报·自由谈》上的评论文章《各尽所能》中也指出："有人英文很好，不译英美文学，而去投机取巧地去间接译法国的文学，这是不好的。因为间接翻译，是一种滑头办法。如果不得已时，是可以许可的。但是，避难就易，是不可以的。"

鲁迅不同。他对转译基本持肯定态度。针对穆木天的文章，鲁迅撰写了《论重译》，指出：

懂某一国文，最好是译某一国文学，这主张是断无错误的，但是，假使如此，中国也就难有上起希罗，下至现代的文学名作的译本了。中国人所懂的外国文，恐怕是英文最多，日文次之，倘不重译，我们将只能看见许多英美和日本的文学作品，不但没有伊卜生，没有伊本涅支，连极通行的安徒生的童话，西万提司的《吉诃德先生》，也无从看见了。这是何等可怜的眼界。自然，中国未必没有精通丹麦，诺威，西班牙文字的人们，然而他们至今没有译，我们现在的所有，都是从英文重译的。连苏联的作品，也

① 《翻译》，发表于1928年12月10日《新月》一卷十号，引自《鲁迅梁实秋论战实录》第543页。

② 见鲁迅在《"硬译"与"文学的阶级性"》一文中的引述，《鲁迅全集》第4卷第211页。

　　大抵是从英法文重译的。①

鲁迅这里所谓的"重译"即穆木天所谓的"间接翻译"，即
"转译"。上述主张的提出是基于鲁迅的多元文化观，体现出对
弱小民族的同情，与其早年编译《域外小说集》时所持价值观
具有本质的相通。这种主张有助于打破强势国家的语言霸权、
消除语言的不平等。转译现象的发生与国家文明程度的差异、
与国家关系的不平等有关，亦与近代中国的外语教育制度有
关。梁实秋对转译的否定之中潜藏着对小语种国家的漠视或歧
视，具有语言沙文主义倾向。翻译的政治性在这里又一次体现
出来。

　　文化与语言的独立性、自足性，决定着"完全翻译"的不可
能，原作在语言转换过程中流失某些意义并获得某些意义是必然
的。由于文化的差异和译者语言能力的限制，误译则导致变形。
在此意义上转译面临着双重危险，梁实秋、蒋光慈对转译的否
定自有其合理性。梁实秋在《论翻译的一封信》（1932年发表）
中，以英文原文为据指出了鲁迅所译普列汉诺夫《艺术论》中一
段引文的艰涩与暧昧，尖锐地指出："鲁迅所译，系根据日译本
转译的，日译本虽然许是直接译自俄文，但俄文原本所引用的达
尔文的文章又是译自英文的。所以达尔文的原文，由英而俄，由
俄而日，由日而鲁迅，——经过了这三道转贩，变了原形自是容
易有的事。"②

　　这样看来，鲁迅的转译主张只有相对的价值——作为不具备
直接翻译条件下的权宜之计，作为一种展示文化多元性的手段，

---

　　① 初发表于1934年6月27日《申报·自由谈》，引自《鲁迅全集》第5卷第505—
506页。
　　② 引自《鲁迅梁实秋论战实录》第601页。

转译才是有价值的。鲁迅从日文转译苏俄文论或作品，是其精通日语而不通俄语这一基本事实决定的，并非最佳选择。实际上，鲁迅同样认为在条件具备的情况下应当直接翻译。他在《艺术论》译者序中用"诘屈枯涩"等词对自己的译文进行自嘲之后，说："倘有潜心研究者，解散原来句法，并将术语改浅，意译为近于解释，才好；或从原文翻译，那就更好了。"即使是在与穆木天商榷的《论重译》一文中，他也不否定穆木天"懂某一国文，最好是译某一国文学"的主张，并在文章结尾处表明"待到将来各种名作有了直接译本，则重译本便是应该淘汰的时候"。

三　翻译美学的重建

在30年代前期的翻译论争中，政治倾向与留学背景、知识结构都影响到翻译观念，影响到对语言技术层面的评价。但对立与差异并非论争的全部，论争双方作为翻译实践参与者，也各自进行了有价值的探索，促进了中国现代翻译观念的建设。

当翻译观念的对立或差异出现在同一思想阵营内部的时候，超越翻译政治性、具有普遍意义的翻译规范的建设就开始了。从梁实秋《论鲁迅先生的"硬译"》一文开头部分对陈西滢文章的引用来看，二人对待"曲译"和"死译"的评价并不相同。梁实秋和陈西滢同为新月社成员，这种差异是在新月社内部发生的。同一思想阵营中翻译观的差异在革命文学倡导者群体中同样存在。如前所述，同样倡导革命文学的鲁迅和蒋光慈对待转译的态度并不相同。瞿秋白在通信中对鲁迅译文的校改，也显示出翻译观的细微差异。这种差异表明政治观念已经让位于语言层面和翻译美学层面的规范与尺度。

翻译论争是发生在清末以来严复、梁启超、林纾等人的翻译活动的延长线上，因此不可能绕开严复（1854—1921）1897年在《天演论》"译例言"中提出的"信、达、雅"这个既存的翻译美学标准。严复说："译事三难：信、达、雅。求其信，已大难矣；顾信矣，不达，虽译犹不译也，则达尚焉。""三者乃文章正规，亦即为译事楷模。故信达而外，求其尔雅。"如同研究者已经指出的，信、达、雅三字在三国时代支谦的《法句经序》中已经全部出现，严复的贡献在于"将这三个字按译事的内在的规律和关系排列组合，明确而自觉地将它们作为'译事楷模'"。[①]应当注意的是，这三个字能够作为"译事楷模"确立是借助于清末翻译浪潮的推动，适应了大量的翻译实践对于翻译规范的潜在要求。在此意义上，"信、达、雅"是作为具有现代性的翻译准则被确立起来，并成为后人讨论翻译观念时无法跳出的基本框架。

陈西滢批评"死译"时所谓的"译犹不译"，即来自严复的"译例言"。将"曲译"置于"死译"之下，进而批评"死译"对阅读的阻碍，意味着陈西滢首先重视译文的准确性，进而要求译文清晰易解。这等同于严复对"信"与"达"主次关系的理解。赵景深同样是在"信、达、雅"的基本框架中讨论译文评价标准。他在《论翻译》一文中为误译辩解，说："我以为译书应为读者打算；换一句话说，首先我们应该注重于读者方面。译得错不错是第二个问题，最要紧的是译得顺不顺。倘若译得一点也不错，而文字格里格达，吉里吉八，拖拖拉拉一长串，要折断人家的嗓子，其害处当甚于误译。……所以严复的'信''达''雅'三个条件，我以为应当是'达''信''雅'。"[②]此种翻译观是通

---

① 见陈福康《中国译学理论史稿》第二章第八节"严复杰出的译论建树"，上海外语教育出版社，1992年11月，第1版。

② 原载1931年3月《读书月刊》第1卷第6期，引自《鲁迅全集》第4卷第344页第二条注释。

过对严复翻译观的重新组合建立起来的，与梁实秋《论鲁迅先生的"硬译"》一文对于"硬译"的批评有类同之处。如前所述，梁实秋是用相对化的方式赋予"曲译"以价值，认为不会发生通篇的"曲译"，即使是"曲译"也能给读者以阅读的"爽快"，于是将"达"放在了"信"的前面。

与赵景深、梁实秋将"顺"（爽快）放在"信"前面不同，在鲁迅这里"信"是第一位的。这与严复将"信"字置于"达"和"雅"之前相同。二人的差异在于，与严复追求"信""达""雅"三者的均衡不同，鲁迅为了"信"不惜牺牲"达"。他在写于 1931 年 12 月 28 日的《论翻译——答 J．K．论翻译》中表明："我是至今主张'宁信而不顺'的。"这里的"顺"即严复的"达"。为了"信"可以牺牲"达"（"顺"），"雅"则更在其次。此种翻译观的提出是基于鲁迅改造中国语言、改造中国人思维方式的基本理念。他说："这样的译本，不但在输入新的内容，也在输入新的表现法。中国的文或话，法子实在太不精密了，作文的秘诀，是在避去熟字，删掉虚字，就是好文章，讲话的时候，也时时要辞不达意，这就是话不够用，所以教员讲书，也必须借助于粉笔。这语法的不精密，就在证明思路的不精密，换一句话，就是脑筋有些胡涂。"基于此他强调"直译"的重要性。瞿秋白在通信中提出的"绝对的正确和绝对的白话文"这一翻译准则与鲁迅的翻译观基本相近，他甚至批评严复的翻译观是"用一个'雅'字打消了'信'和'达'"。瞿秋白同样强调翻译在改造中国旧语言、创造新语言方面的功能，说："翻译，的确可以帮助我们造出许多新的字眼，新的句法，丰富的字汇和细腻的精密的正确的表现。"强调译语（翻译语言）在现代汉语成长过程中的"革命意义"，是鲁迅、瞿秋白与梁实秋的显著区别之一。1932 年，梁实秋在《翻译要怎样才会好？》一文中继续讽刺

"硬译",并针对鲁迅"输入新的内容,也在输入新的表现法"这一主张提出相反意见,说:"不以改良国文和翻译搅成一团,翻译的目的是要把一件作品用另一种文字忠实表现出来,给不懂原文的人看。"①

总体看来,20世纪30年代前期的翻译论争是围绕"信""达""雅"三者的排列顺序和均衡性展开的。在论争过程中,"死译""曲译""硬译""直译""转译"等概念凸现出来并获得稳定的含义。这些概念的出现标志着翻译观念的多样化,而多样化意味着成熟。其中最为重要的,当为"直译"作为一种翻译美学范畴的确立。这种翻译美学观是基于鲁迅追求"真"的现实主义精神,与严复的"信"保持着本质的相通,同时将"达"与"雅"相对化。在此意义上,"直译"可以说是一种能够与"信、达、雅"相提并论的翻译美学观。②但有一点应当注意:鲁迅强调"直译"的前提是将"很受了教育的"人士设定为读者对象,并且是以输入新的内容、新的表现法为指向。在一般性的评价上,鲁迅同样倾向于"达"和"雅"。翻译论争正在进行的1933年8月,鲁迅写信给杜衡推荐高尔基作品的译稿,写的就是"《小说集》系同一译者从原文译出,文笔流畅可观"。③所谓"流畅可观"的文体特征显然是"直译文体"暂时无法拥有的。

随着论争的深入,论争参与者们在"信"与"达"的统一这种翻译普遍性的层面上逐渐获得了一致性。赵景深在1935年前后写的一篇题为《鲁迅》文章中说:"他对小说的翻译重'信'

---

① 发表于1932年12月10日天津《益世报·文学周刊》第6期,引自《鲁迅梁实秋论战实录》第594页。

② 在"直译"观念的确立方面周作人同样发挥了重要作用。这个问题需另作论述。

③ 《鲁迅全集》第12卷第216页,1933年8月20日《致杜衡》。

而不十分重'达'，我则重'达'而不十分重'信'，可是现在他的译文也重'达'起来，而我也觉得不十分重'信'是不大对了，虽然我已经很早就搁下了翻译的笔。"①对于曾因将"Milky Way"（银河）误译为"牛奶路"而屡遭鲁迅嘲讽的赵景深来说，这种"调和"具有代表性。甚至1929年将"曲译"置于"死译"之上的梁实秋，到了1932年也承认"'信而不顺'与'顺而不信'一样的糟"。②这意味着论争双方渐渐超越思想差异，在翻译美学的层面上达成了一致。

梁实秋、鲁迅的最大一致性，在于复译（重复翻译）主张的共有。这种主张的提出是基于对"信"的追求。梁实秋在《翻译》（1928年）一文中就谈及复译，说："我最不赞成在报上登广告：'某书现已由鄙人移译，海内同志，幸勿重译。'有翻译价值的书，正无妨重译。有了多种译本，译者才不敢草率从事。"鲁迅在七年之后表达了更为激进的观点。他在1935年初写了一篇题为《非有复译不可》的文章，指出：

> 记得中国先前，有过一种风气，遇见外国——大抵是日本——有一部书要出版，想来当为中国人所要看的，便往往有人在报上登出广告来，说"已在开译，请万勿重译为幸"。他看得译书好像订婚，自己首先套上约婚戒指了，别人便莫作非分之想。〔中略〕前几年，翻译的失了一般读者的信用，学者和大师们的曲说固然是原因之一，但在翻译本身也有一个原因，就是常有胡乱动笔的译本。不过要击退这些乱译，诬赖，开心，唠叨，都没有用处，唯一的好方法是又来一

---

① 引自《我与文坛》，第2页，上海古籍出版社（上海），1999年10月。
② 引自《翻译要怎样才会好？》，出处同前。

回复译，还不行，就再来一回。譬如赛跑，至少总得有两个人，如果不许有第二人入场，则先在的一个永远是第一名，无论他怎样蹩脚。所以讥笑复译的，虽然表面上好像关心翻译界，其实是在毒害翻译界，比诬赖，开心的更有害，因为他更阴柔。①

此处所论不仅与梁实秋的主张相同，甚至举的例子都类似。应当注意的是鲁迅对复译的理解较梁实秋更丰富。复译在梁实秋那里仅是技术层面（译文准确性）的问题，但在鲁迅这里不仅承担着"击退乱译"的功能，而且获得了自足的文化意义与美学意义。鲁迅指出："即使已有好译本，复译也还是必要的。曾有文言译本的，现在当改译白话，不必说了。即使先出的白话译本已很可观，但倘使后来的译者自己觉得可以译得更好，就不妨再来译一遍，无须客气，更不必管那些无聊的唠叨。取旧译的长处，再加上自己的新心得，这才会成功一种近于完全的译本。但因言语跟着时代的变化，将来还可以有新的复译本的，七八次何足为奇，何况中国其实也并没有译过七八次的作品。"②这种观点的产生是以对不同译者译文相对性的认识为前提的，并且回到了鲁迅长期持有的追求语言的时代性这一观念自身。

在中国近现代翻译史上，20世纪30年代前期的翻译论争意义重大。1934年9月鲁迅和茅盾发起创办的《译文》杂志在上海创刊，显然与这场论争有关。在论争过程中，鲁迅与梁实秋作为思想观念不同、留学背景不同的知识人，其言论涉及翻译政治

---

① 初发表于1935年4月上海《文学》月刊四卷四号，引自《鲁迅全集》第6卷第275页。
② 同上。

性、翻译美学中的某些核心问题。在此意义上二者之间某些带有感情色彩与人身攻击内容的"对骂"，实质上也成了构建现代翻译观念的一种形式。这场翻译论争的参与者众多，全面理解其意义尚需对各位参与者的言论逐一进行清理。

2006年3月末草就，2008年6月23日改定

（原载《鲁迅研究月刊》2008年第11期）

论晚年鲁迅的孔子观

——以《出关》及其关联文本为中心

　　鲁迅的小说集《故事新编》1936年1月出版之后，如何界定其性质曾经是相关研究中的重要问题。20世纪50年代，中国现代文学研究界甚至发生了一场有关《故事新编》性质的讨论。[①]到目前为止，《故事新编》曾经被定义为"历史小说""讽刺小说""神话小说"等等，但这些定义中没有一个定义能够同时符合八篇小说中每一篇的实际状况。小说类型的划分本有不同角度——可以从题材划分，也可以从作品的风格、作者的叙述方式划分。《故事新编》所收八篇小说题材各不相同——有的是以历史人物为题材、有的是以神话传说为题材，作品风格也有差异——有的是悲剧性的、有的是讽刺性的，因此用同一个相对具体的概念（"小说"或者"短篇小说"之类的大概念除外）来定义非常困难。在50年代的讨论中，唐弢的文章《故事的新编，新编的故事——谈〈故事新编〉》[②]在批评某些研究者

---

　　① 相关问题可参阅两篇长文：一是《〈故事新编〉研究资料》一书的"序言"，孟广来、韩日新编，山东文艺出版社（济南），1981年1月；二是《〈故事新编〉的论辩和研究》一书的"引言"《一场围绕〈故事新编〉体裁归属问题的论战》，上海文艺出版社（上海），1984年2月。

　　② 此文写于1960年6月，收入《燕雏集》，作家出版社（北京），1962年8月。

"用历史小说这个概念的传统命义来解释"《故事新编》的同时，用同义反复的形式回到了鲁迅自己的定义——"新编的故事"。这实际是放弃了在小说类型层面上给《故事新编》下定义。

不过，上述下定义的努力并非没有意义。下定义本来是描述研究对象之形态、揭示研究对象之本质的重要手段与途径。既然《故事新编》所收小说类型不同，就应使用不同的概念分别定义，无须强求一律。其中的《出关》《非攻》《起死》三篇小说类型特殊，应当使用新的概念来定义。这三篇小说是以老子、孔子、墨子、庄子等历史人物的故事为题材，因此曾被看作"历史小说"。但必须注意，三篇小说的主人公作为历史人物共有哲学家、思想家的身份，对中国历史、中国思想文化发生了深远影响。鲁迅写他们不是写历史，而是写思想，并且表达对他们的认识与评价。因此，笔者将这三篇小说定义为"哲学—思想小说"，简称"哲思小说"。固然，小说、尤其是鲁迅的小说总是包含思想的，但哲思小说至少具有三大特征：一是小说的主人公为哲学家、思想家，二是作品中包含着小说作者与小说主人公之间在思想层面的对话关系，三是作品具有寓言色彩。需要说明的是，三篇中的《起死》实际是剧本而非小说，本文按照鲁迅研究界的习惯，也称之为"小说"。

在上述三篇哲思小说中，创作于1935年12月的《出关》尤为重要。这是因为曾经受到鲁迅尖锐批判的孔夫子在该小说中作为正面形象出现，小说中包含着鲁迅对于构成中国传统文化主体的儒、道文化的基本理解与评价。《出关》发表以来已经被研究近八十年，但小说的坐标位置并未得到准确描述，因此小说内涵亦未能得到充分阐释。这里所谓的"坐标位置"既是指《出关》在鲁迅作品（含小说与非小说）系列中的位置，又是指《出关》在现代知识人话语体系中的位置。本文旨在通过对关联文本的梳理，从纵向与横向两个维度对《出关》进行结构性把握。"纵向"是指鲁迅本人孔子观形成、演变的过程，"横向"则是指《出关》与章太炎《诸子学略说》、林语堂《子见南子》等文本的关联。通过这种结构性的把握，考察鲁迅何以会在1935年创作《出关》，重新认识鲁迅的孔子观以及相关的文化理念与人生态度，重新认识"后五四时代"新文化阵营孔子观的变化。

在鲁迅与孔子之关系的研究方面，近年有王得后先生的巨著《鲁迅与孔子》出版。①《鲁迅与孔子》一书是以生死观、生存观、血统观、女性观等不同问题为焦点，对鲁迅思想与孔子思想做横向平行比较，进而阐明鲁迅与孔子的异同、鲁迅对孔子的态度。本文的阐释是以《出关》表现的晚年鲁迅的孔子观为切入点，通过分析关联文本，从内部对鲁迅的孔子观进行结构性、整体性把握。希望本文的阐释能够与《鲁迅与孔子》形成互补，深化对鲁迅与孔夫子之关系的理解。

一 "孔胜老败"解

《出关》的故事始于老子与孔子见面。且看小说开头：

> 老子毫无动静的坐着，好像一段呆木头。
>
> "先生，孔丘又来了！"他的学生庚桑楚，不耐烦似的走进来，轻轻的说。
>
> "请……"
>
> "先生，您好吗？"孔子极恭敬的行着礼，一面说。②

———————

① 人民文学出版社（北京），2010年1月。
② 《鲁迅全集》第2卷第439页。人民文学出版社（北京），1981。本文引用的《鲁迅全集》皆为该版本。

　　这个开头只有短短的四小节、六十余字，却是中国现代小说作品中少见的宏大开头。——因为构成中国传统思想文化主体的道家和儒家的代表人物老子和孔子在此同时登场并展开对话。这个开头表明了鲁迅用短篇小说《出关》对中国传统思想文化进行整体性、结构性把握的企图。不过，《出关》由四节构成，孔子只是在前两节中作为来客拜访老子，从第三节老子离开图书馆前往函谷关开始，孔子的身影完全消失。换言之，小说前两节塑造的勤奋、好学、执著、谦恭的孔子形象在小说中没有贯穿始终。后来因鲁迅本人作了解释，《出关》"孔老对比"的主题结构才变得更明确。

　　《出关》最初发表在1936年1月的《海燕》月刊，发表之后被部分读者误读、曲解，因此鲁迅在2月21日写给评论者之一徐懋庸的信中说："那《出关》，其实是我对于老子思想的批评，结末的关尹喜的几句话，是作者的本意，这种'大而无当'的思想家，是不中用的，我对于他并无同情，描写上也加以漫画化，将他送出去。"[①]到了4月，鲁迅又专门撰写说明文章《〈出关〉的"关"》，解释小说主题，曰：

　　　　老子的西出函谷，为了孔子的几句话，并非我的发明或创造，是三十年前，在东京从太炎先生口头听来的，后来他写在《诸子学略说》中，但我也并不信为一定的事实。至于孔老相争，孔胜老败，却是我的意见：老，是尚柔的，"儒者，柔也"，孔也尚柔，但孔以柔进取，而老却以柔退走。这关键，即在孔子为"知其不可为而为之"的事无大小，均不放松的实行者，老则为"无为而无不为"的一事不做，徒

作大言的空谈家。要无所不为，就只好一无所为，因为一有
所为，就有了界限，不能算是"无不为"了。我同意于关尹
子的嘲笑：他是连老婆也娶不成的。于是加以漫画化，送他
出了关，毫无爱惜，[①]〔后略〕

这段话对于读者准确把握《出关》中的孔子形象十分重要。
在这段表述中，孔子与老子同样"尚柔"，但人生态度不同——
孔子"知其不可为而为之"而老子"无为而无不为"，行为方式
不同——孔子事无大小、均不放松而老子一事不做、徒作大言，
作为人的本质不同——孔子是实行者而老子是空谈家。鲁迅通过
这种对比肯定孔子而否定老子，塑造了积极、正面的孔子形象。

不过，研究者对于《出关》中孔子形象的认识并不一致，某
些研究者曾将小说中的孔子看作负面形象。例如，何家槐认为鲁
迅在《出关》中"也想通过孔子这个人物揭露儒家的阴险虚伪，
揭露当时一些知识分子的丑恶面目"。[②]李希凡也将小说中的孔子
看作"处心积虑，排除异己"的人物。[③]此类观点不符合小说的
实际描写与鲁迅本人对小说的解释，因此受到李桑牧等研究者的
驳斥。[④]此类观点何以形成？主要原因有三个。第一个原因也是
首要原因，在于"五四"新文化运动之后否定"孔孟之道"的社
会意识形态。1940年毛泽东在《新民主主义论》中批判"反映半

---

① 《鲁迅全集》第6卷第520—521页。
② 《谈〈出关〉》，《〈故事新编〉及其他》第35页，中国青年出版社（北京），
1957年4月。
③ 李希凡《用历史比照他们现实的丑态——〈采薇〉〈出关〉〈起死〉的创作及
其时代意义》，1980年作，收入《〈故事新编〉研究资料》第440—465页，下文引用
的李希凡观点皆出自此篇，不另注。
④ 李桑牧《〈故事新编〉的论辩和研究》162—165页，上海文艺出版社（上
海），1984年2月。

封建政治和半封建经济"的"半封建文化",指出:"凡属主张尊孔读经、提倡旧礼教旧思想、反对新文化新思想的人们,都是这类文化的代表。"①这种观点在建国后转变为主导性的社会意识形态,因此孔子很难以正面形象出现,鲁迅作为"五四"新文化运动的旗手曾在小说中塑造正面孔子形象这一事实也很难被正视。第二个原因是章太炎《诸子学略说》所论孔老之争的影响——这一点李桑牧已经指出。李桑牧认为章太炎阅读《庄子·天运篇》的时候"信假想为事实,从中推测出关的原由,不免有些滑稽"。"有些评论家为章太炎的猜测所缚,说什么这是'带威胁性的话',还说孔子'摆出一副不相容的架式,使得老子不能不逃避出关',当然只能说是无中生有的编造了。"②李希凡就像这里批评的,在其论文中引用了章太炎的相关论述之后说:"在《出关》中,鲁迅采取了章太炎的这个分析和判断,通过孔老相争,孔胜老败的情节线索,以及出走流沙路经函谷关的遭遇,运用漫画化的手法,把老聃的空谈家的形象和性格,多方面地、鲜明地突现出来了。同时,也从一个侧面刻画了孔丘的阴险性格。"第三个原因是研究者误读了《出关》中孔子所谓"怀了弟弟,做哥哥的就哭"一语。李希凡在其论文中解释此语曰:"孔丘说'怀了弟弟,做哥哥的就哭',意思就是,有了弟弟,哥哥就会失宠,所以才哭。这话透露了对老聃的威胁之意。"但是,结合《出关》的上下文来看,这种解释十分牵强,有违小说原意。在《出关》中,孔子第一次来见老子的时候,老子教导他说:"白鴉们只要瞧着,眼珠子动也不动,然而自然有孕;虫呢?雄的在上风叫,雌的在下风应,自然有孕;类是一身上兼具雌雄的,所以自然有

---

① 《毛泽东论文艺》第9页,人民文学出版社(北京),1958年12月。
② 李桑牧《〈故事新编〉的论辩和研究》第162、165页。

孕。性，是不能改的；命，是不能换的；时，是不能留的；道，是不能塞的。只要得了道，什么都行，可是如果失掉了，那就什么都不行。"三个月之后孔子再来见老子，说："没有出门，在想着。想通了一点：鸦鹊亲嘴；鱼儿涂口水；细腰蜂儿化别个；怀了弟弟，做哥哥的就哭。我自己久不投在变化里了，这怎么能够变化别人呢！……"这两段话是鲁迅从《庄子·天运篇》中直接拿过来翻译成白话的，从小说上下文来理解，都是讲世间（自然界与人类社会）的诸种变化与相通。孔子正是从世间的变化与相通之中悟出了只有投在变化里才能变化别人的道理，成其为实行者。"怀了弟弟，做哥哥的就哭"只是世间各种关系与变化中的一种，单独拿出来、解释为孔子威胁老子不合逻辑。

在《出关》中，孔子是勤奋好学、谦恭多礼、积极入世的实干家，未曾威胁或排挤老子。老子西出流沙是其"以柔退走"的人生态度决定的，与孔子无直接关系。他臆测孔子有可能"背地里还要玩花样"并无根据，反而暴露了他的多疑与怯懦。既然如此，鲁迅在《〈出关〉的"关"》中所谓的"孔胜老败"就不能在一般的意义上理解。"胜败"表达的不是冲突关系而是对比关系，是老、孔二者之间的关系更是二者与外在世界的关系。

众所周知，鲁迅长期关注儒教与道教，"五四"时期以来孔夫子在鲁迅笔下是批判对象——即使是在与《出关》同年撰写的杂文《在现代中国的孔夫子》中依然是，道教则被鲁迅看作"中国根柢"。但是，1935年年底的小说《出关》和1936年年初的《〈出关〉的"关"》，却将孔子与老子置于对比关系之中来认识，提出了"孔胜老败"的观点，塑造了正面的、胜者形象的孔子。这两者之间存在着明显错位。因此，必须将《出关》置于鲁迅有关老子、孔子的话语体系之中来认识，以便准确、全面地理解"孔胜老败"。

　　鲁迅对于老子一贯持否定性、批判性认识，这种认识可以追溯到留日时期。他在1907年撰写的论文《摩罗诗力说》中批评老子，曰："老子书五千语，要在不撄人心；以不撄人心故，则必先自致槁木之心，立无为之志；以无为之为化社会，而世即于太平。其术善也。然奈何星气既凝，人类既出而后，无时无物，不禀杀机，进化或可停，而生物不能返本。"①这里对于老子"无为"的认识与《出关》中关尹喜对老子"无为"的讽刺相同，这里的"槁木"在《出关》中则具像化为"一段呆木头"。不同之处在于，《摩罗诗力说》中的"槁木"是"心"，而《出关》中的"槁木"为"形"。从《摩罗诗力说》到《出关》，"心"与"形"的统一将老子彻底"槁木化"。《摩罗诗力说》之后鲁迅没有停止对老子与道教的批判，甚至将道教视为中国思想文化的本质与病根。他在1918年8月写给许寿裳的信中说："前曾言中国根柢全在道教，此说近颇广行。以此读史，有多种问题可以迎刃而解。"②1927年在《小杂感》中又说："人往往憎和尚，憎尼姑，憎回教徒，憎耶教徒，而不憎道士。懂得此理者，懂得中国大半。"③

　　鲁迅对孔子的排斥比对老子的否定更久远。1935年4月（创作《出关》八个月之前）鲁迅撰写名文《在现代中国的孔夫子》，在文中讲述了自己1902年到日本留学、入宏文学院不久发生的一件事，曰：

　　　　这是有一天的事情。学监大久保先生集合起大家来，说：因为你们都是孔子之徒，今天到御茶之水的孔庙里去行礼罢！我大吃了一惊。现在还记得那时心里想，正因为绝望

① 《鲁迅全集》第1卷第67页。
② 《鲁迅全集》第11卷第353页。
③ 《鲁迅全集》第3卷第532页。

于孔夫子和他的之徒，所以到日本来的，然而又是拜么？一时觉得很奇怪。[①]

早在留日之前的青年时代即绝望于"孔夫子和他的之徒"，所以"五四"新文化运动鲁迅时期批判封建礼教的罪恶是必然的——在《我之节烈观》（1918年）中批判"业儒"，在《我们现在怎样做父亲》（1919年）中批判"圣人之徒"。1925年11月章士钊主持的教育部规定小学生读经，鲁迅撰写了杂文《十四年的"读经"》，讽刺说："尊孔，崇儒，专经，复古，由来已经很久了。皇帝和大臣们，向来总要取其一端，或者'以孝治天下'，或者'以忠诏天下'，而且又'以贞节励天下'。但是，二十四史不现在么？其中有多少孝子，忠臣，节妇和烈女？"[②]这种批判一直持续到1935年的《在现代中国的孔夫子》。

比较而言，《在现代中国的孔夫子》全面表达了鲁迅对孔子的批判性认识。此文批判的孔夫子有两个基本特征：一为官方，一为建构。鲁迅在文中说得明白："我出世的时候是清朝的末年，孔夫子已经有了'大成至圣文宣王'这一个阔得可怕的头衔，不消说，正是圣道支配了全国的时代。政府对于读书的人们，使读一定的书，即四书和五经；使遵守一定的注释；使写一定的文章，即所谓'八股文'；并使发一定的议论。""孔夫子到死了以后，我以为可以说是运气比较的好一点。因为他不会噜索了，种种的权势者便用种种的白粉给他来化妆，一直抬到吓人的高度。""总而言之，孔夫子之在中国，是权势者们捧起来的，是那些权势者或想做权势者们的圣人，和一般的民众并无什么关系。

---

① 《鲁迅全集》第6卷第315页。
② 《鲁迅全集》第3卷第127页。

然而对于圣庙，那些权势者也不过一时的热心。因为尊孔的时候已经怀着别样的目的，所以目的一达，这器具就无用，如果不达呢，那可更加无用了。"①这种由官方建构起来、与普通民众无关的孔夫子，可以借用鲁迅的描绘命名为"白粉孔子"。

不过，《在现代中国的孔夫子》中还存在着另一个孔子。文章这样描述：

> 孔夫子的做定了"摩登圣人"是死了以后的事，活着的时候却是颇吃苦头的。跑来跑去，虽然曾经贵为鲁国的警视总监，而又立刻下野，失业了；并且为权臣所轻蔑，为野人所嘲弄，甚至于为暴民所包围，饿扁了肚子。弟子虽然收了三千名，中用的却只有七十二，然而真可以相信的又只有一个人。有一天，孔子愤慨道："道不行，乘桴浮于海，从我者，其由与？"从这消极的打算上，就可以窥见那消息。

这里的孔子是与"权臣"对立的孤独者、求道者、流浪者，与后来"权势者们捧起来的""摩登圣人"不同甚至相反，可以命名为"原孔子"。

《在现代中国的孔夫子》中存在着两个孔子——"白粉孔子"与"原孔子"，由此可见鲁迅撰写《在现代中国的孔夫子》具有双重目的：一方面批判"白粉孔子"，亦即批判给孔子化妆、将孔子捧起来的"政府"和"权势者"；一方面为孔子鸣冤叫屈，力图还原历史上那个被权势者们涂白粉之前的"原孔子"。因此

---

① 本文出自《在现代中国的孔夫子》的引文皆引自《鲁迅全集》第6卷第313—319页。下不另注。

可以认为，鲁迅在撰写此文八个月之后创作的《出关》中肯定的那个孔子，是从"原孔子"延伸出来的。

将鲁迅《〈出关〉的"关"》中所谓的"孔老相争，孔胜老败"置于上述思想背景上来认识，可以明白，"胜败"的价值判断并非在思想与意识形态层面上进行，而是在人格与人生态度层面上进行。所谓"胜败"并非指是否在中国思想文化史上占优势或统治地位，而是指人格（人生态度）孰高孰低。就在中国思想文化史上的地位而言，显然是"老胜孔败"的——鲁迅所谓"中国根柢全在道教"，而孔子不过是被当权者往脸上涂白粉，被当作敲门砖使用、用完之后丢弃。被捧为"大成至圣先师"表面看来是"胜"，但从被利用这一点看则是最大的"败"。鲁迅在《〈出关〉的"关"》中说"孔胜老败"，是说孔子积极进取、执着于现实的人生态度高于（或者说胜于）老子逃避现实、"无为"的人生态度。在此意义上，所谓"孔胜老败"与其说是一种历史描述，不如说是鲁迅个人性的价值判断。总体上看，1935、1936年间鲁迅所谓的"孔胜老败"包含着多层面的内容：是指小说情节，是指在中国文化思想史上的价值，并且是指价值判断。三个层面的"胜"或"败"并无同一性，有时甚至相反。人格评价上是"胜"，在文化史、思想史上却可能是"败"。

不过，鲁迅在《出关》中讲述"孔胜老败"的故事，并不意味着在他这里孔老双方截然分开、完全对立。他深知儒、道二家作为中国文化传统的主要组成部分均对中国传统知识分子发生了影响并塑造其文化性格，因此在1933年8月下旬所作《"论语一年"》中描述中国知识分子的时候说："我们虽挂孔子的门徒招牌，却是庄生的私淑弟子。'彼亦一是非，此亦一是非'，是与非不想辨；'不知周之梦为蝴蝶欤，蝴蝶之梦为周欤？'梦与觉也分不清。生活要混沌。如果凿起七窍来呢？庄子曰：'七日而浑沌死'。"①在这种描述中，中国传统读书人与道教（老庄）、儒教（孔子）二者是"一体两面"的关系。

　　立足于"孔老相争，孔胜老败"这一主题，即须重新认识《出关》的情节结构与叙述方式。如前所述，孔子在《出关》中只出现于前两节。在第二节的后半部分，老子告诉学生庚桑楚自己与孔子的区别，说："我们还是道不同。譬如是一双鞋子罢，我的是走流沙，他的是上朝廷的。"于是，从第三节开始孔子退到幕后，前台只有"走流沙"的老子在那里"徒作大言"。表面看来《出关》开头表露的宏大企图在小说中似乎没有贯穿始终，但其实不然。探讨"孔子"在小说后半部分是以何种方式存在的，就会发现《出关》是一个隐喻性文本。在小说第三节中关尹喜出现，这一形象的功能是呈现、表达对老子的讽刺与否定。老子徒作大言而关尹喜嘲笑他心高命薄、不切实际，于是关尹喜作为老子批判者不仅与孔子、并且与小说作者鲁迅获得了同一性。关尹喜这个人物具有二重性——是实体性的也是比喻性的，在比喻性的层面上他是孔子的喻体，"孔子"借助这个喻体得以在《出关》中贯穿始终、获得完整性。在《出关》中，将孔子由实体转换成喻体、叠影到关尹喜这一形象上的，是老子所言"他的是上朝廷的"一语。关尹喜作为朝廷命官可以理解为"上朝廷"之后的孔子。在历史传说中关尹喜本是老子的同道，《列仙传》甚至说他"与老子俱之流沙之西"，但鲁迅在《出关》中把关尹喜翻转过来放在老子的对立面，让他嘲笑、批判老子。这种改写是小说主题的需要也是叙事结构的需要。总体看来，在《出关》中，鲁迅为了在后半场孔子缺席的情况下表现"孔胜老败"的构

---

① 《鲁迅全集》第4卷第570页。

想，采用了虚实相生的结构和比喻性的叙述方式。在小说后半部分"空谈家"老子被实写而"实行者"孔子被虚写。有的研究者没有理解这一点，因此简单地将小说的前两节与后两节割裂开来，认为"作品的前半截和后半截写成的时间不同，内容不同，主旨不同，风格也不同"。[①]

二 《故事新编》中的"诸子学略说"

章太炎发表论文《诸子学略说》[②]是在1906年，在东京为鲁迅诸人讲诸子学是在1907、1908年间。鲁迅在《〈出关〉的"关"》中谈及此事时显然把时间顺序弄颠倒了。不过这种颠倒无关紧要，重要的是，鲁迅1935年创作的小说与二十六年前章太炎讲诸子学有关，足见《诸子学略说》对鲁迅影响之大。鲁迅晚年怀念并重新认知自己青年时代的恩师章太炎，原因之一应当是因创作《出关》有关《诸子学略说》的记忆被唤起。他的回忆文章《关于太炎先生二三事》写在去世前两周，未完成稿《因太炎先生而想起的二三事》则是写在去世前两天，成为他写作生涯中的最后一篇文章。

因《〈出关〉的"关"》明确提及章太炎及其《诸子学略说》，故研究者在论述《出关》的时候经常引证《诸子学略说》。但是，到目前为止《诸子学略说》与《出关》以及《故事新编》的关系并未得到准确、全面的解释。笔者在此阐述两个问题：其一，鲁迅对于《诸子学略说》中有关孔老关系的论述并非被动地、全面地接受，而是有所选择和修正；其二，《诸子学略说》对《故事

---

① 李桑牧《〈故事新编〉的论辩和研究》第145页。
② 载《国粹学报》第二年（1906）第四册，总第20—21期。

新编》的影响并非仅限于《出关》一篇,而是存在于三篇哲思小说的总体构思之中。

先看第一个问题。如前所引,关于《出关》与《诸子学略说》的关系,鲁迅说"老子的西出函谷,为了孔子的几句话"是他"三十年前,在东京从太炎先生口头听来的",但他本人"并不信为一定的事实"。如何理解这二者之间的转折关系?既然"并不信为一定的事实",那又是如何将章太炎讲的故事写进小说的?

且看《诸子学略说》对孔子与老子关系的论述:

> 《史记》称老聃为柱下史,庄子称老聃为征藏史,道家固出于史官矣。孔子问礼老聃,卒以删定六艺,而儒家亦自此萌芽。〔中略〕虽然,老子以其权术授之孔子,而征藏故书,亦悉为孔子诈取。孔子之权术,乃有过于老子者。孔学本出于老,以儒道之形式有异,不欲崇奉以为本师(亦如二程子之学术出濂溪,其后反对佛老,故不称周先生,直称周茂叔而已。东原之学,本出婺原,其后反对朱子,故不称江先生,直称吾郡老儒江慎修而已),而惧老子发其覆也,于是说老子曰:乌鹊孺,鱼傅沫,细要者化,有弟而兄啼。(见《庄子·天运篇》。意谓已述六经,学皆出于老子,吾书先成,子名将夺,无可如何也。)老子胆怯,不得不曲从其请。逢蒙杀羿之事,又其素所怵惕也。胸有不平,欲一举发,而孔氏之徒,遍布东夏,吾言朝出,首领可以夕断,于是西出函谷,知秦地之无儒,而孔氏之无如我何,则始著《道德经》以发其覆。借令其书早出,则老子必不免于杀身,如少正卯在鲁,与孔子并,孔子之门,三盈三虚(见《论衡·讲瑞篇》),犹以争名致戮,而

况老子之凌驾其上者乎！ ①

将这段论述与《出关》比较，可以发现《出关》的情节结构基本
符合章太炎的叙述，但《出关》中老子与孔子的对话与上面引文
中的不同，《出关》对于老子西出函谷关原因的解释也与上面的
引文不同。

在章太炎的论述中，《庄子·天运篇》中老子对孔子说的那
段话没有出现，被节引的仅仅是孔子的几句话——"乌鹊孺，鱼
傅沫，细要者化，有弟而兄啼"，而紧接着的几句话却被省略。
被省略的几句话是"久矣夫，丘不与化为人；不与化为人，安能
化人"——即鲁迅《出关》中那句"我自己久不投在变化里了，
这怎么能够变化别人呢！"章太炎做出这种取舍无疑是基于自己
的孔子认识，是为了说明孔子竞争心强、好斗、奸诈。但是，参
照《庄子·天运篇》来看，能够发现这种取舍是断章取义，或者
说章太炎并未理解《庄子·天运篇》中老子与孔子对话的真实
含义。如前所述，正是这种取舍、解释，误导了李希凡等人对
《出关》中孔子形象的解读。鲁迅在《出关》中直接地、完整地
借用了《庄子·天运篇》中的对话，因此不仅重新解释了老子出
关的原因（起因于"以柔退走"的人生哲学而非孔子的威胁），
并且通过孔老对话的上下文关系塑造了积极进取的孔子形象。这
种孔子形象与章太炎《诸子学略说》描述的孔子形象相反。所
以，鲁迅所谓的"并不信"是指不相信章太炎对于老子西出函谷
关原因的解释，虽然他是从章太炎那里听来了故事并以之作为
《出关》的基本情节。

---

① 引自《国粹学报》第二年（1906）第四册。句读参照了广西师范大学出版
社（桂林）2010年10月出版的《诸子学略说》，后不另注。

　　这样一来，章太炎《诸子学略说》中所谓的"孔学本出于老"在鲁迅的《出关》中也获得了新的涵义。章太炎所谓的"学"当然不仅是指六经之学，而且包括老子的"权术"——以柔克刚、以弱胜强、以退为进之类，核心内容是"柔"。所以，在《出关》中，当学生庚桑楚主张与孔子斗争的时候，老子张开嘴巴展示自己的牙与舌头，让学生明白"硬的早掉、软的却在"的道理。但是，鲁迅《出关》中的"孔学"至少包括两方面的内容：一是"柔"，二是在自然变化和各种关系之中认识人生，而且后者使孔子取自老子的"柔"发挥了新功能，从而有别于老子的"柔"。用小说中老子的话说就是："譬如同是一双鞋子罢，我的是走流沙，他的是上朝廷的。"此处的"鞋子"即为"学"（柔）的比喻。虽为同一物，但因指向与功能不同而终将变为不同甚至相反之物。鲁迅观点的特殊性即在于：在认识到老子之"柔"与孔子之"柔"相同的前提下，强调二者在指向与功能层面的差异。他在《〈出关〉的"关"》一文中明言"老，是尚柔的"、"孔也尚柔"，但"孔以柔进取，而老却以柔退走"。《说文解字》所谓的"儒，柔也"本是鲁迅的基本认识，鲁迅1918年在《我之节烈观》中、1929年在《流氓的变迁》中均曾引用，但到了1935年这"柔"发生变异、获得了新的价值。而章太炎在《诸子学略说》中主要是着眼于"形式"，认为"儒道之形式有异"，所以孔子不欲奉老子为本师。

　　再看第二个问题，即《诸子学略说》对《故事新编》的系统性影响。将《故事新编》中的哲思小说作为一个系列与《诸子学略说》参照阅读，这种影响即显现出来。

　　关于《故事新编》的构思过程，鲁迅在《故事新编》"序言"中说：

　　直到一九二六年的秋天，一个人住在厦门的石屋里，对着大海，翻着古书，四近无生人气，心里空空洞洞。而北京的未名社，却不绝的来信，催促杂志的文章。这时我不愿意想到目前；于是回忆在心里出土了，写了十篇《朝花夕拾》；并且仍旧拾取古代的传说之类，预备足成八则《故事新编》。但刚写了《奔月》和《铸剑》——发表的那时题为《眉间尺》——，我便奔向广州，这事就又完全搁起来了。①

可见鲁迅从一开始就是将《故事新编》作为一个整体进行构思，而非完成单篇之后汇编成集。就是说，鲁迅在构思《故事新编》之初就决定撰写系列小说《出关》《非攻》《起死》，塑造老子、孔子、墨子、庄子等古代哲学家、思想家形象，阐释、评价他们的哲学思想与人生态度。实际上，鲁迅在离开北京去厦门之前已经怀有此种意识。他在《马上支日记》（1926年6月29日至7月6日写于北京）中说："中国人总不肯研究自己。从小说来看民族性，也就是一个好题目。此外，则道士思想（不是道教，是方士）与历史上大事件的关系，在现今社会上的势力；孔教徒怎样使'圣道'变得和自己的无所不为相宜；战国游士说动人主的所谓'利''害'是怎样的，和现今的政客有无不同；中国从古到今有多少文字狱；历来'流言'的制造散布法和效验等等……可以研究的新方面实在多。"②这里，鲁迅认为值得研究的问题之中已经包含道家、孔教与墨家。在鲁迅的话语体系中"战国游士"即指道家。1929年他在《流氓的变迁》一文中说："孔墨都不满于现状，要加以改革，但那第一步，是在说动人主，而那用以

---

　　① 《鲁迅全集》第2卷第342页。
　　② 《鲁迅全集》第3卷第333页。

压服人主的家伙，则都是'天'。"①《马上支日记》与《流氓的变迁》对相同问题的阐述，表明鲁迅在20年代后期持续思考相关问题。《出关》《非攻》《起死》诸篇的构思与写作，即存在于这一思考过程中。三篇作品构成了鲁迅小说形式的"诸子学略说"，与章太炎论文形式的"诸子学略说"相呼应。在章太炎的论文中"诸子"被作为一个系统论述，在鲁迅的三篇哲思小说中"诸子"同样具有系统性与整体性。

《故事新编》中《出关》《非攻》《起死》三篇哲思小说的排列顺序，与《诸子学略说》论述"诸子"的先后顺序基本一致。三篇小说在《故事新编》中并非按照创作时间的先后顺序排列，否则写于1934年8月的《非攻》应置于1935年12月创作的《出关》和《起死》之前，而现在是被置于《出关》和《起死》之间。现在的排列显然是根据小说内容，具体说是根据小说主人公的身份，呈现为"儒、道（《出关》）→墨（《非攻》）→道（《起死》）"的顺序。应当说明的是，《出关》同时包含着儒（孔子）与道（老子），而《起死》作为以"老庄"中的庄子为题材的作品可以看作《出关》部分内容的同义反复。事实上，《起死》对于庄子空谈的讽刺（庄子理论高深莫测却连死而复生的村汉杨大都对付不了）与《出关》对于老子"徒作大言"的否定具有同构性，《起死》中庄子与巡士的关系和《出关》中老子与关尹喜的关系也很相似。"儒→道→墨"（或者"道→儒→墨"）这种先后关系同样存在于《诸子学略说》之中。《诸子学略说》论述的"诸子"共十家，依次为儒、道、墨、阴阳、纵横、法、名、杂、农、小说。这样排序的主要依据显然是各家对中国思想文化的影响力，即各家在中国思想文化史上的地位。章太炎论述的十家诸

---

① 《鲁迅全集》第4卷第155页。

子之中，只有儒、道、墨三家被鲁迅写成小说，主要原因一是这三家对中国思想文化的影响最大，二是它们与鲁迅的文化价值观、人生观关系最直接。此外，小说创作对于素材、人物有一定的要求，而章氏所论十家中并非每一家都能满足这种要求。

在《故事新编》所收三篇哲思小说中，受《诸子学略说》影响的并非《出关》一篇，《非攻》与《诸子学略说》对于墨家的论述亦有相通之处。《诸子学略说》这样论述墨家：

> 墨家者，古宗教家，与孔、老绝殊者也。儒家公孟言无鬼神。（见《墨子·公孟篇》）道家老子言以道莅天下，其鬼不神，是故儒、道皆无宗教。儒家后有董仲舒，明求雨禳灾之术，似为宗教。道家则由方士妄托，为近世之道教，皆非其本旨也。惟墨家出于清庙之守，故有《明鬼》三篇，而论道必归于天志，此乃所谓宗教矣。兼爱、尚同之说，为孟子所非；非乐、节葬之义，为荀卿所驳。其实墨之异儒者，并不止此。盖非命之说，为墨家所独胜。〔着重号为引用者所加〕

章太炎在这里概括了墨家兼爱、尚同、非乐、节葬、非命的价值体系，并表示认同。对于墨家的“非命”（不信天命），章氏作了尤为详细的解释，曰：“特以有命之说，使其偷惰，故欲绝其端耳。其《非命》下篇曰：今天下之君子之为文学出言谈也，非将勤能其颊舌而利其唇吻也，中实将欲其国家邑里万民刑政者也。今王公大臣，若信有命而致行之，则必怠乎听狱治政矣，卿大夫必怠乎治官府矣，农夫必怠乎耕稼树艺矣，妇人必怠乎纺绩织纴矣。”反其意而言之，“非命”则必执着于现实人生，发挥主动性、积极进取。这正是鲁迅主张的人生态度，亦即《出关》中孔子的"进取"。再看《非攻》中的墨翟，家里的席子上有破洞，穿草鞋，吃玉米面饼子，被骂作"兼爱无父，像禽兽一样"，但依然用积极的态度对待社会与人生，怀着爱心东奔西走，阻止战争的发生。这与章太炎描述的墨家十分相似。

以上分析与对比足以说明，鲁迅以先秦诸子为题材创作系列哲思小说这种构思本身有章太炎《诸子学略说》的投影，《诸子学略说》对《故事新编》的影响是多方面的。

诸子各家的学说虽然不同，但同样形成于中国社会的历史过程之中，相互之间存在着影响和对话关系，具有关联性或相通性。章太炎和鲁迅都清楚这一点，因此面对诸子的时候都通过阐述各家学说的异同或者重组各家学说，以表达自己的倾向性与价值观。鲁迅在用章太炎讲的孔老故事创作《出关》的同时表现出了自己的主动性与特殊性，在对诸子各家进行整体性理解的时候与章太炎依然有明显差异。这主要体现在对待儒家的态度上。章太炎在阐述儒家与其他诸家关系的时候批判性地强调儒家的"热中趋利"，而鲁迅则通过"孔墨融合"提升了儒家学说中的积极入世思想。

章太炎在《诸子学略说》中论述的第一家就是儒家。他认为"儒家之病，在以富贵利禄为心"。在其论述中：儒家与道家有传承关系——"道家老子，本是史官，知成败祸福之事，悉在人谋，故能排斥鬼神，为儒家之先导"，"孔学本出于老"；儒家与纵横家亦有关联——"儒家者流，热中趋利，故未有不兼纵横者"，"儒家不兼纵横，则不能取富贵"；儒家还被杂家所包含——"杂家者，兼儒、墨，合名、法，见王治之无不贯，此本出于议官"；等等。显然，其中儒家与纵横家的关系是通过"利"和"富贵"建立起来的。

不过，儒家在《故事新编》三篇哲思小说中的情形甚为复杂。不仅《出关》中的孔子作为"以柔进取"的实行家被肯定，《非攻》中甚至包含着"孔墨融合"的价值取向。《非攻》中的墨翟虽然与子夏的徒弟公孙高代表的"儒者"不是一路人，但他以义、仁、恭、爱为基本内容的伦理精神与儒者的伦理精神基本一致。公孙高来访、批评墨翟的非战论，"猪狗尚且要斗，何况人……"云云，于是墨翟答曰："唉唉，你们儒者，说话称着尧舜，做事却要学猪狗，可怜，可怜！"这种回答在讽刺儒者的同时，也对儒者进行了理论与行动的分离，即墨翟（也是鲁迅）认为儒者所言与所行相背离、理论高尚而行动丑陋。既然如此，对言与行所做的价值评判必然相反，墨翟用实际行动去实践尧舜的社会理想也就是实践儒者的伦理精神。

《非攻》中的墨翟作为积极进取、坚忍不拔的实行者，与鲁迅在《〈出关〉的"关"》中描述的孔子是同类人物。鲁迅心目中墨子与孔子的一致性已经呈现在《非攻》的具体描写中。且看《非攻》的结尾：

> 墨子在归途上，是走得较慢了，一则力乏，二则脚疼，三则干粮已经吃完，难免觉得肚子饿，四则事情已经办妥，不像来时的匆忙。然而比来时更晦气：一进宋国界，就被搜了两回，走近都城，又遇到募捐救国队，募去了旧包袱；到得南关外，又遭着大雨，到城门下想避避雨，被两个执戈的巡兵赶开了，淋得一身湿，从此鼻子塞了十多天。

不能忘记鲁迅在前引《在现代中国的孔夫子》中描绘的"原孔子"形象："活着的时候却是颇吃苦头的。跑来跑去"，"为权臣所轻蔑，为野人所嘲弄，甚至于为暴民所包围，饿扁了肚子"。而《非攻》结尾处描绘的墨子几乎就是"原孔子"。显然，在鲁迅的潜意识中"原孔子"与墨翟叠影在一起，鲁迅创作《非攻》的时候无意识地把自己想象的"原孔子"投影到墨子形象上去了。

"孔墨融合"是1935、1936年间鲁迅通过论文《在现代中国的孔夫子》《〈出关〉的"关"》与小说《出关》《非攻》等多个文本建构起来的。鲁迅基于自己的价值观去发现并整合描写对象的一致处，或者把自己的人格理想投射到描写对象上去，塑造了墨子式的孔子与孔子式的墨子。对于鲁迅来说，1935、1936年间的作品中出现"孔墨融合"的现象并非偶然。孔墨并论本是鲁迅的思考模式之一，这一模式至少可以上溯到1927年的文章《补救世道文件四种》（下文会论及）。前引1929年的文章《流氓的变迁》的第一节也是孔墨并论，第二节又曰："孔子之徒为儒，墨子之徒为侠。'儒者，柔也'，当然不会危险的。惟侠老实，所以墨者的末流，至于以'死'为终极的目的。"[①]这里提出的问题五年后在《出关》和《非攻》中均有呈现。

在《故事新编》中，"孔墨融合"体现的吃苦耐劳、积极进取的人格精神不仅包含在《出关》《非攻》中，而且已经渗透到《理水》《采薇》等"非哲思小说"中。《理水》中东奔西走、埋头工作的大禹是墨子、孔子式的人物，《采薇》中逃避现实、徒作大言的伯夷和叔齐则是老子、庄子式的人物。在此意义上，"孔墨"与"老庄"的对立是《故事新编》的主题结构之一。

三　子见南子与子见老子

在探讨《出关》的创作与晚年鲁迅孔子观的时候，林语堂（1895—1976）的剧作《子见南子》是另一个必须纳入视野的文

---

① 《鲁迅全集》第4卷第155页。

本。可惜，该文本似乎被忽视至今。

孔子与卫灵公夫人南子见面的故事见于《论语》，亦见于《史记·孔子世家》《淮南子》《盐铁论》等史籍。《论语·雍也》记曰："子见南子、子路不说、夫子矢之曰、予所否者、天厌之、天厌之。"意思是：孔子与南子见了面，学生子路不高兴，于是孔子发誓说：如果是我做了什么不体面的事情，让老天爷抛弃我！让老天爷抛弃我！子路为老师与南子见面不快，是因为南子名声不好。林语堂以此为题材创作了《子见南子》，《子见南子》也是林氏全部作品中唯一的剧作。剧本1928年10月30日完稿，当年12月发表于鲁迅、郁达夫合编的《奔流》月刊第1卷第6期。翌年（1929）6月8日，山东省立第二师范学校（校址曲阜）的学生在学校礼堂演出该剧，引起当地孔氏家族部分人员不满，孔传堉等二十一人以"孔氏六十户族人"的名义上告国民政府教育部，称该剧"亵渎"、"侮辱"先祖。二师学生会不服控告、向各界发《通电》，民国教育部发《训令》，二师校长宋还吾发表答辩书，多家报刊跟踪报道，闹得沸沸扬扬。8月1日山东省教育厅发《训令》宣布"宋还吾调厅另有任用"，屈服于孔族人的压力将宋还吾调离山东二师。林语堂作为剧本作者，对因为排演该剧陷入旋涡的山东二师师生感到抱歉，又受到名为赵誉船者的批评，也写了《关于〈子见南子〉的话——答赵誉船先生》。[①]

鲁迅对这场公案的关注异乎寻常。他搜集相关资料，从中选取公私文字十一篇，撰写"结语"一篇，编成长文《关于〈子见南子〉》，发表在1929年8月27日出版的《语丝》周刊第五卷第二十四期。在鲁迅文章中这篇长文颇为特殊，十二节共

---

① 收入《大荒集》，生活书店（上海），1934。

一万二千余字，仅第十二节"结语"约二百五十字为鲁迅撰写。鲁迅的高明之处在于通过编选、组合各方当事人的言论达到双重目的。一是全方位呈现事实真相、揭露"圣裔"们的谎言与用心，最后在"结语"中指出"'强宗大姓'的完全胜利"这一事实，批评教育当局"息事宁人"、不辨是非。[①] 二是通过多种文本呈现孔子的复杂性与歧义性。宋还吾答辩书曰："本校所以排演此剧者，在使观众明了礼教与艺术之冲突，在艺术之中，认取人生真义。"[②]《华北日报》所载史梯耳文章《小题大做》曰："谈到旧礼教，这是积数千年推演而成，并非孔子所首创，反对旧礼教不能认定是侮辱孔子，况且旧礼教桎梏人性锢蔽思想的罪恶，已经不容我们不反对了！"[③] 宋还吾回答《大公报》记者采访时又曰："自汉以来，历代帝王，为什么单要利用孔子？最尊崇孔子的几个君主，都是什么样的人？他们尊崇孔子的意义是什么？如果孔子没有这一套东西，后世帝王又何从利用起？"[④] 在这些表述中孔子被从不同角度、不同层面认识，呈现出多面性与复杂性。

鲁迅编写并发表长文《关于〈子见南子〉》，显然不仅是支持山东二师的师生，也是支持剧本作者林语堂。将近六年过去之后的1935年，鲁迅在《在现代中国的孔夫子》一文中依然肯定《子见南子》塑造的孔子形象，强调二师学生演出该剧的正当性。1936年10月19日鲁迅去世，远在纽约的林语堂得到消息撰写了《悼鲁迅》，回忆与鲁迅的交往，说："鲁迅与我相得者二次，疏

---

① 《关于〈子见南子〉》，《鲁迅全集》第8卷第297页。
② 引自《鲁迅全集》第8卷第292页。
③ 引自《鲁迅全集》第8卷第290页。
④ 引自《鲁迅全集》第8卷第293页。

离者二次，其即其离，皆出自然，非吾于鲁迅有轩轾其间也。"①
所谓"相得者二次"，一次当然是指在1925、1926年间在女师大
风潮中和"三一八惨案"发生前后林语堂与鲁迅并肩战斗，②而
另一次，笔者认为就是指在《子见南子》引起的冲突中受到鲁迅
的支持。1934年林语堂出版《大荒集》的时候，收录了《子见南
子》，并且将鲁迅的文章改题为《关于〈子见南子〉的文件》，与
自己的《关于〈子见南子〉的话——答赵誉船先生》一并收入。

1935年鲁迅在《在现代中国的孔夫子》一文中谈到《子见
南子》的时候这样说：

> 即使是孔夫子，缺点总也有的，在平时谁也不理会，因
> 为圣人也是人，本是可以原谅的。〔中略〕五六年前，曾经
> 因为公演了《子见南子》这剧本，引起过问题，在那个剧本
> 里，有孔夫子登场，以圣人而论，固然不免略有呆头呆脑的
> 地方，然而作为一个人，倒是可爱的好人物。但是圣裔们非
> 常愤慨，把问题一直闹到官厅里去了。因为公演的地点，恰
> 巧是孔夫子的故乡，在那地方，圣裔们繁殖得非常多，成着
> 使释迦牟尼和苏格拉底都自愧弗如的特权阶级。然而，那也
> 许又正是使那里的非圣裔的青年们，不禁特地要演《子见南
> 子》的原因吧。

这段话表明，鲁迅肯定《子见南子》的根本原因在于剧本塑造的
孔子作为与圣人相对的人是"可爱的好人物"。那么，《子见南

---

① 原载1937年1月1日《宇宙风》第32期，转引自《鲁迅研究资料》第13辑
第230页，天津人民出版社（天津），1984年7月。

② 参阅房向东《相得复疏离，仍是老朋友——鲁迅与林语堂》，《鲁迅与他
"骂"过的人》127页，上海书店出版社（上海），1996年12月。

子》中的孔子是怎样的人？讨论这一问题要回到林语堂的剧本。

《奔流》发表《子见南子》的时候，在当期目录中标明作品体裁为"独幕悲喜剧"，正文部分"子见南子"的剧名下面也标有英文"A One-act Tragicomedy"（独幕悲喜剧）。但实际上剧本并无悲剧内容，而是喜剧色彩鲜明。剧中的孔子"呆头呆脑"，在南子面前手足无措，可爱又可笑。南子光彩照人，热烈、坦诚、浪漫，邀孔子共同组织游园会、一起去兜风，近于现代摩登女郎。四位歌女的歌舞更是热情奔放、美轮美奂。所谓"悲剧"只有在孔子传统的"圣人"形象被颠覆这一点上能够成立，但林语堂是刻意通过这种颠覆制造喜剧效果、展示正面价值、表达自己对孔子的理解。在此意义上这里的"悲剧"一词具有反讽性。对于林语堂来说，"悲剧"与"喜剧"这两个词汇表达的不仅是体裁（戏剧形式），并且是对于孔子思想的价值判断。

《子见南子》对正统孔子形象的颠覆主要是通过重建孔子与女性的关系完成的。《论语》中的孔子因与南子见面引起子路不快而赌咒发誓、"天厌之"云云，而在《子见南子》中，孔子被南子的美貌、性情、见识所征服，忧心忡忡、言不由衷。《论语》中的孔子蔑视女性——《阳货》所谓"唯女子与小人为难养也"，而在《子见南子》中孔子几乎是以女性为师。孔子听南子谈论"人生的真义"之后赞叹不已，曰："南子夫人，我想不到女子也有这样深刻的觉悟与高超的思想。不过你'饮食衣冠'四字，应该改为'饮食男女'。"[①]这里的孔子不仅不歧视女性、谦逊地与女性讨论"人生的真义"，甚至把南子主张的"饮食衣冠"改为"饮食男女"，充分表现了自己的人性。全剧落幕处，孔子为是否留在卫国犹豫不决，与子路进行了如下对话：

---

① 《奔流》第一卷六期第943—944页。

子路　那末，为什么不就在这里？

孔丘　我不知道，我还得想一想……（沉思着，）……如果我听南子的话，受南子的感化，她的礼，她的乐……男女无别，一切解放，自然……（瞬目间现狂喜之色，）……啊！（如发现新世界。）……不（面忽苍老暗淡而庄严，）不！我走了！

子路　走哪里去？

孔丘　不知道。离开卫，非离开卫不可！

子路　夫子不行道救天下百姓了吗？

孔丘　我不知道。我先要救我自己。

子路　真要走了？

孔丘　走！我一定走！（形容憔悴，慢慢的低头，以手托额，靠手膝上，成一团弯形。）

（子路直立于旁，呆看孔丘。静默中微闻孔子长叹——叹声止——静默。）①

这样，孔圣人受到南子的感化，人生观、世界观发生裂变，向往"男女无别，一切解放"的"新世界"而又压抑这向往，心里充满痛苦与矛盾。从剧本的这类描写来看，孔氏族人称"亵渎"、"侮辱"并非没有根据。何况剧本被搬上舞台之后相关描写会变得直观。孔氏族人控告书对演出的描述是："学生扮作孔子，丑末角色，女教员装成南子，冶艳出神，其扮子路者，具有绿林气概。而南子所唱歌词，则《诗经·鄘风·桑中》篇也，丑态百出，亵渎备至，虽旧剧中之《大锯缸》《小寡妇上

---

① 《奔流》第一卷六期第952—953页。

坟》，亦不是过。"① 但是，林语堂塑造崭新孔子形象的目的与这种指责相反，是表现、赞美孔子的"明性达理"。他在《悼鲁迅》中说："鲁迅诚老而愈辣，而吾则向慕儒家之明性达理。"所谓"明性达理"是他对儒家、也是对孔子的基本理解。他1928年创作《子见南子》，1932年在上海创办以"论语"为名称的同人杂志，1938年在美国出版英文著作《孔子的智慧》、向美国人介绍儒家思想文化，皆基于此种理解。

以上描述呈现的基本事实是：鲁迅1929年竭力为《子见南子》辩护，1935年4月在《在现代中国的孔夫子》一文中再次肯定《子见南子》，同年12月创作《出关》描绘了以柔进取、大事小事均努力实行的正面孔子形象。这种时间关系表明《出关》是在《子见南子》的延长线上创作出来的。《子见南子》是讲述"子见南子"的故事，《出关》前半部分则是讲述"子见老子"的故事。《子见南子》中"明性达理"的孔子与《出关》中"以柔进取"的孔子相并列，一个内涵更丰富、形象更丰满、更有立体感的正面孔子形象呈现出来。从20年代后期到30年代前期，林语堂和鲁迅都在创造新型孔子形象。

不过，鲁迅与《子见南子》的关系并非仅限于此。笔者重读鲁迅20年代中后期文章中有关孔子的论述，考察鲁迅与林语堂的交往过程，甚至认为林语堂创作《子见南子》亦与鲁迅有关。

鲁迅1925年2月6日所作《再论雷峰塔的倒掉》一文已经旁涉子见南子的故事，曰：

> 孔丘先生确是伟大，生在巫鬼势力如此旺盛的时代，偏不肯随俗谈鬼神；但可惜太聪明了，"祭如在祭神如神在"，

---

① 引自《鲁迅全集》第8卷第280页。

只用他修《春秋》的照例手段以两个"如"字略寓"俏皮刻薄"之意，使人一时莫名其妙，看不出他肚皮里的反对来。他肯对子路赌咒，却不肯对鬼神宣战，因为一宣战就不和平，易犯骂人——虽然不过骂鬼——之罪，即不免有《衡论》（见一月份《晨报副镌》）作家TY先生似的好人，会替鬼神来奚落他道：为名乎？骂人不能得名。为利乎？骂人不能得利。想引诱女人乎？又不能将蚩尤的脸子印在文章上。何乐而为之也欤？

孔丘先生是深通世故的老先生，大约除脸子付印问题以外，还有深心，犯不上来做明目张胆的破坏者，所以只是不谈，而决不骂，于是乎俨然成为中国的圣人，道大，无所不包故也。否则，现在供在圣庙里的，也许不姓孔。

不过在戏台上罢了，悲剧将人生的有价值的东西毁灭给人看，喜剧将那无价值的撕破给人看。①

这段文字中的"对子路赌咒"即指孔子见南子引起子路不快一事。鲁迅在这里用"伟大"一词盛赞孔子对鬼神的否定。否定鬼神世界即执着于现实世界，亦即孔子所谓"未能事人、焉能事鬼"、"未知生、焉知死"（《论语·先进》）。鲁迅只是对孔子的"深通世故"、不做"明目张胆的破坏者"略有不满。

鲁迅1927年12月编写的《补救世道文件四种》是另一篇较多涉及孔子的文章。此文由甲、乙、丙、丁四节组成，甲为招勉之写给鲁迅的信，请求鲁迅为孔教青年会写"按语"、"序跋"，乙、丙分别为招勉之作为参考材料寄给鲁迅的《筹设孔教青年会宣言》与《上海孔教青年会文会缘起》。《筹设孔教青年会宣言》宣

---

① 《鲁迅全集》第1卷第192—193页。

称因"人心败坏，道德沦亡"，"爰有孔教青年会之设，首办宣讲，音乐，游艺，体育各科，借符孔门六艺之旨。一俟办有成效，再设学校图书馆等，使我国青年皆得了解孔子之道，及得高尚学术之陶熔。"但是，鲁迅历来反对作为官方意识形态的"孔教"，批判其文化保守态度，不会为这种组织撰写"按语""序跋"之类，于是写信拒绝。丁即为鲁迅复信，其中多讽刺之语，云："独惜'艺'有'宣讲'，稍异孔门，会曰'青年'，略剽耶教，用夷变夏，尼父曾以失眠，援墨入儒，某公为之翻脸。"① 等等。

《再论雷峰塔的倒掉》与《补救世道文件四种》均发表于同人刊物《语丝》周刊，前者载1925年2月23日第十五期，后者载1927年12月31日第四卷第三期。林语堂为《语丝》撰稿人，1925年至1927年间与鲁迅关系密切，无疑读过这两篇文章。意味深长的是，《再论雷峰塔的倒掉》发表一个半月之后的1925年4月7日，林语堂给钱玄同写了一封信，信中讨论改造中国人的民族精神，谈及孔子，曰："即如孔子，也非十分呆板无聊，观其替当时青年选必读诗三百篇，《陈风》《郑风》选得最多，便可为证。（说到这个，恐话太长，姑置之。惟我觉得孔子乃一活泼泼的人，由活泼泼的人变为考古家，由考古家变为圣人，都是汉朝经师之过。今日吾辈之职务，乃还孔子之真面目，让孔子做人而已。使孔子重生于今日，当由大理院起诉，叫毛郑赔偿名誉之损失。）"此信以《给玄同先生的信》为题发表于4月20日《语丝》第二十三期。林语堂三年之后创作的《子见南子》与这里表达的孔子认识直接相关。他是在1928年将1925年"姑置之"的孔子问题写成剧本，"还孔子之真面目，让孔子做人"。

---

① 《鲁迅全集》第8卷第197、199页。

　　正是在创作《子见南子》前一个月（1928年9月），林语堂编定评论集《剪拂集》，^①将《给玄同先生的信》收入其中。意味深长的是，原信中的"孔子乃一活泼泼的人，由活泼泼的人变为考古家"这句话，在《剪拂集》中被改为"孔子由活活泼泼的世故先生、老练官僚变为考古家"。这种修改赋予了孔子"世故先生、老练官僚"的身份，正与鲁迅《再论雷峰塔的倒掉》所谓"孔丘先生是深通世故的老先生"相同。显然，林语堂是因为受到鲁迅孔子认识的影响而修改自己的信。将《子见南子》与鲁迅的《补救世道文件四种》参照阅读，又能发现一些微妙的相通或类似。在《子见南子》中，南子见到孔子，说："先生来了，这种千载一时的机会，切切不可错过，所以想要创立一个'六艺研究社'，或是称为'国术讨论会'也行，有先生领导指教，〔后略〕"这里，成立组织这种操作方式与《筹设孔教青年会宣言》所言相似，南子筹建的"六艺研究社"以"六艺"为主要研究对象，几乎就是《筹设孔教青年会宣言》所言"借符孔门六艺之旨"的翻版。在《子见南子》后半部分，孔子与南子的对话基本是围绕"六艺研究社"展开。此外，鲁迅给招勉之的回信中有"然鲜卑语尚不弃于颜公，罗马字岂遽违乎孔教"之语，并且用罗马字与汉字混合书写的方式进行调侃，所谓"N日不见，如隔M秋"、"ABCD，盛读于簧中，之乎者也，渐消于笔下"。而在《子见南子》中，不仅孔子唱"dnm—di, dnm—di, dnm"、"di, dum—di, dum—"这种罗马字标注的歌曲，^②南子情绪激动的时候发出的也是"Oo—ah—oo—ch！"这种感叹。^③这种制造喜剧效果的调侃方式，正是鲁迅在给招勉之的回信中使用的。鲁迅用

---

① 北新书局（上海）1928年12月出版，"序"的写作时间为1928年9月13日。
② 《奔流》第一卷六期第927页。
③ 《奔流》第一卷六期第938页。

回信讽刺孔教青年会，林语堂则是用剧本改写正统的孔子形象。

鲁迅与林语堂不仅在女师大风潮、"三一八惨案"发生前后并肩作战，1926年8月底鲁迅离开北京往厦门大学任教也是受林语堂邀请。1926年年底鲁迅即辞去厦大教职，林语堂在1927年1月1日元旦这一天撰写了送别文章《译尼采〈走过去〉——送鲁迅先生离开厦门大学》。①如前所述，鲁迅构思《故事新编》是在厦门大学任教期间即1926年下半年。从私人关系考虑，鲁迅肯定与林语堂谈过《故事新编》的构思，包括以孔子、老子为主人公的《出关》等哲思小说的构思。林语堂在1928年10月间创作剧本《子见南子》当然是由主客观多种因素促成的，结合上述事实来看，外在因素之中就有来自鲁迅的、以《再论雷峰塔的倒掉》《补救世道文件四种》和《故事新编》中哲思小说为媒介的推动。可以这样假定：本来就对孔子与《论语》怀有独自看法的林语堂，从鲁迅《再论雷峰塔的倒掉》看到了孔子的伟大与聪明、意识到了子见南子故事的重要性，从《补救世道文件四种》获得了部分题材和戏剧风格（悲剧或喜剧）的自觉，从鲁迅的哲思小说构思中获得用文学创作还古代哲人真面目的灵感，最后创作了《子见南子》。这样，鲁迅把《子见南子》发表在自己与郁达夫主编的《奔流》上、在剧本上演引起纠纷之后关注事态发展并坚定地站在剧本作者和演出方一边，就更符合逻辑。遗憾的是目前无法用当事人的陈述来确认这种影响关系。不过，鲁迅与林语堂对待孔子态度的一致性（排斥正统、传统的孔子，重建新的孔子形象）一目了然。1932、1933年间，因林语堂提倡幽默、提倡"以自我为中心、以闲适为格调"的小品文，鲁迅与其渐行渐远，但

---

① 收入《剪拂集》。

二人在重建世俗化、常人化孔子形象这一点上依然是一致的。

将鲁迅本人的孔子认识、孔子建构作为一个过程来看，能够发现《再论雷峰塔的倒掉》《补救世道文件四种》两文与《出关》之间亦有源流关系。前文通过赞扬孔子不信鬼神间接表现的执着于现实人生的态度属于鲁迅本人，并且被表现在《出关》中"以柔进取"的孔子形象之中，后文第四节（鲁迅复招勉之信）中所谓的"援墨入儒"，经过前述1929年《流氓的变迁》中的孔墨并论，到《故事新编》中则呈现为"孔墨融合"。从1925年在《再论雷峰塔的倒掉》中称"孔丘先生确是伟大"与在《子见南子》公案中所持的立场及其对《子见南子》的解读来看，鲁迅1935年创作《出关》塑造正面孔子形象并在《〈出关〉的"关"》中加以强调是必然的。

结语　"后五四时代"孔子归来

"打倒孔家店"成为"五四"新文化运动的口号，根本原因在于"孔家店"与当时新文化阵营中建设国民国家的理想、个性解放的时代精神相冲突。1916年前后陈独秀的相关论述完整而又精炼地表达了这种冲突。其《一九一六年》（1916年1月作）曰："儒者三纲之说，为一切道德政治之大原：君为臣纲，则民于君为附属品，而无独立自主之人格矣；父为子纲，则子于父为附属品，而无独立自主之人格矣；夫为妻纲，则妻于夫为附属品，而无独立自主之人格矣。率天下之男女，为臣，为子，为妻，而不见有一独立自主之人者，三纲之说为之也。"[①]《宪法与孔教》（1916年11月作）则曰："孔教之精华曰

---

① 《独秀文存》第34页，安徽人民出版社（合肥），1987年12月。

礼教，为吾国伦理政治之根本。"①鲁迅一生对于"孔夫子和他的之徒"的批判，都是在同一框架之内进行的，即针对作为社会意识形态的"孔教"进行的。

问题是，"孔家店"在中国有悠久的传统和坚实的社会基础，其"货物"亦十分丰富、繁杂。在《论语》中"君子儒"与"小人儒"的分别业已存在（《雍也》），孔子死后则"儒分为八"（《韩非子·显学篇》）。因此，新文化运动者可以并且必须把"打倒孔家店"作为建设新文化的途径，但不可能真正"打倒孔家店"。如同孔子研究者钟肇鹏指出的：即使是在"五四"新文化运动初期，对孔子的批判也是相对的。②钟肇鹏举易白沙和李大钊的观点为例对此进行说明。易白沙在《孔子评议上》中说："国人为善为恶当反求之自身，孔子未尝设保险公司，岂能替我负此重大之责。国人不自树立，——推诿孔子，祈祷大成至圣之默祐，是谓惰性。不知孔子无此权力，争相劝进，奉为素王，是谓大愚。"③李大钊则云："余之掊击孔子，非掊击孔子之本身，乃掊击孔子为历代君主所塑造之偶像的权威也；非掊击孔子，乃掊击专制政治之灵魂也。"④李大钊的表述中包含着自觉的区分，这种区分本质上是对于作为诸子学派的儒家与作为封建社会意识形态的儒教的区分，意味着当时一般意义上的批孔是一个可以被孔子自身的复杂性解构的问题。"五四"时期保守派的存在、1925年官方倡导的"读经"、1927年孔教青年会的筹建等等姑且不论，在"后五四时代"（从"五四"新文化运动进入落潮期开

---

① 《独秀文存》第73页，安徽人民出版社（合肥），1987年12月。
② 钟肇鹏著《孔子研究》第10页，中国社会科学出版社（北京），1983年4月。
③ 文载1916年2月《青年杂志》一卷六号。原文为旧式句读。
④ 《自然的伦理观与孔子》，原载1917年2月4日《甲寅》日刊，引自《李大钊全集》第1卷第247页，人民出版社（北京），2006年3月。

始），新文化阵营内部也出现了重新认识孔子的自觉意识，这种意识同时表现在社会批评与文学创作等不同领域。

在新文化倡导者由反孔向重新认识孔子转换的过程中，1925年是个重要年份。当年2月鲁迅在《再论雷峰塔的倒掉》中把"伟大"一词送给"孔丘先生"，4月林语堂在《给玄同先生的信》中提出"还孔子之真面目，让孔子做人"，11月郭沫若创作了短篇小说《马克思进文庙》。① 仅从这几个例子即可看出，孔子再认识是在传统与现代、本土与西方两个维度同时进行的。

在新文学作家以孔子为题材的文学作品中，郭沫若的《马克思进文庙》是十分重要并且可能是最早的一篇。这篇小说不仅形象地探讨孔子思想与马克思主义的一致性，并且把孔子塑造成搞恶作剧的老顽童。孔子在与马克思谈话的时候，听说马克思已经结婚，居然说："我是老吾老以及人之老，幼吾幼以及人之幼，妻吾妻以及人之妻的人，所以你的老婆也就是我的老婆了。"1935年6月郭沫若复取材于孔子故事，作短篇小说《孔夫子吃饭》，② 通过一个小故事描绘了人性化的孔子形象——诚实、自省而又有几分虚荣心。同年12月鲁迅撰写了《出关》。这样，孔夫子1936年年中在郭沫若笔下"吃饭"，年末又跑到鲁迅笔下去与老子见面。③ 上述新文学作家笔下的孔子，都在从"圣人"向人性化、个性化的方向转换。这种转换当然是作者们孔子认识转变的对象化。

---

① 1925年11月作。初载同年12月16日上海《洪水》半月刊第一卷七号，收入《郭沫若全集》"文学编"第10卷，人民文学出版社（北京），1982。

② 初载1935年7月15日东京《杂文》杂志第2期，收入《郭沫若全集》"文学编"第10卷。以孔子为题材的作品之外，1923年至1935年间，郭沫若还创作了以庄子、老子、孟子为题材的《鹓雏》（1923年）、《函谷关》（1933年）、《孟夫子出妻》（1935年）等作品。这些都属于本文开头所言"哲思小说"。

③ 有研究者指出郭沫若写《孔夫子吃饭》是为了与鲁迅的《在现代中国的孔夫子》呼应、对话。参阅杨华丽《论郭沫若两篇历史小说与新生活运动的关系》，《现代中文学刊》，2012年第5期。

　　青年时代即"绝望于孔夫子和他的之徒"的鲁迅，"五四"时期在小说中揭露礼教"吃人"本质的鲁迅，在"后五四时代"重构孔子形象乃顺应时代潮流之举。在此转折过程中，1925年他把"伟大"一词用在"孔丘先生"头上是标志性的。总体看来，晚年鲁迅是将孔子从历代统治者建构的"白粉孔子"中剥离、恢复"原孔子"的形象，在坚持对作为封建制度、封建意识形态代言人的"白粉孔子"进行批判的同时，将"原孔子"置于先秦诸子之中，通过褒孔贬老、援墨入儒建立了"人格孔子"。换言之，晚年鲁迅的"孔子"是具有内部分裂性与二元性的人物，两种"孔子"（儒教的孔子与儒家的孔子）的对立构成了晚年鲁迅孔子观的基本框架。在把"伟大"一词送给"孔丘先生"八年之后的1933年，他在《关于妇女解放》一文中依然毫不留情地攻击作为封建伦理观宣扬者的孔子，曰："孔子曰：'唯女子与小人为难养也，近之则不逊，远之则怨。'女子与小人归在一类里，但不知道是否也包括了他的母亲。"①在创作《出关》的1934年，他依然在《儒术》一文中尖锐地批判"儒者之泽深且远"、"儒术"与"儒效"，②在《不知肉味与不知水味》一文中批判民国政府热衷于尊孔盛典而置苦于旱灾的百姓于不顾。③如果把"孔子"分为政治、道德、人格三个层面来认识，那么鲁迅重构并表示认同的"孔子"主要是第三层面即人格层面的。这种孔子观与鲁迅早年建立并一生坚持的"立人"思想一脉相承。鲁迅批判的是扼杀个性、侵犯个人权益的儒教思想与儒教制度，肯定的是有助于张扬个性、符合现代人格的儒家现实主义精神与进取精神。对于鲁迅来说，重构孔子的过程也是重新认识中国文化传统、政治传统乃

---

① 收入《南腔北调集》，引自《鲁迅全集》第4卷第597页。
② 收入《且介亭杂文》，引自《鲁迅全集》第6卷第33页。
③ 收入《且介亭杂文》，见《鲁迅全集》第6卷第111—112页。

至中国传统知识人本质的过程。需要注意的是，即使是在政治层面上，作为《故事新编》作者的晚年鲁迅对于"走朝廷"似乎并不完全排斥。《出关》中的关尹喜和《起死》中的巡士都是国家权力（朝廷）的符号并且都处于空谈者的对立面，《理水》中的禹和《非攻》中的墨子都是出入于朝廷的，而《采薇》中逃避朝廷、饿死在首阳山的伯夷、叔齐则受到讽刺。这种情形的发生与鲁迅晚年政治意识的增强有关。在"文学"的功能被"革命"相对化之后，政治操作离不开以"朝廷"为核心的权力机构。

1937年10月鲁迅逝世一周年的时候，毛泽东在讲演《论鲁迅》中说："鲁迅在中国的价值，据我看要算是中国的第一等圣人。孔子是封建社会的圣人，鲁迅则是现代中国的圣人。"[①]鲁迅晚年建构的孔子形象，使后人能够不仅在比喻性层面并且在实体性层面理解毛泽东的概括。

2014年4月16—28日一稿，5月22日改定

（原载《现代中文学刊》2014年第5期）

---

① 《六十年来鲁迅研究论文选》（上）第221页，李宗英、张梦阳编，中国社会科学出版社（北京），1982年9月。

"日本鲁迅"的另一面相

——霜川远志的《戏剧·鲁迅传》及其周边

引言 "学院鲁迅"与"民间鲁迅"

鲁迅是中国人而非日本人，但因其作为作家的诞生、成长与日本关系密切，故日本人将其作为"国民作家"来接受。藤井省三指出："鲁迅1902年留学日本、在日本度过了七年漫长的青春岁月。而且，作为作家一登上文坛即受到日本文化界的注目。全集的日语译本亦已刊行，其作品被所有的中学国语教科书收录。可以说，日本人基本上一直是将鲁迅作为国民作家来接受的。"①这里所谓的"国民作家"显然是与"外国作家"相对的概念，至少包含着文化的亲近感与阅读的普遍性两个方面的内容。

鲁迅在日本享受"国民作家"待遇的表征之一，是其在日本的现代文化制度和学术体系之中占有重要位置。鲁迅研究是现代日本中国学研究的重要课题，从战前到战后，日本出现了大量鲁迅研究成果。其中有代表性的如"竹内鲁迅"、"丸山鲁

---

① 《鲁迅事典》"前言"，藤井省三著，三省堂（东京）2002年4月初版。引用者翻译。

迅"等，[①]甚至对中国的鲁迅研究发生了影响。这里，笔者将日本学者在日本的学术体制、教育制度之内研读、阐释的鲁迅称作"日本学院鲁迅"。近年已经成为学术研究对象的"日本鲁迅研究史"，面对的主要就是"日本学院鲁迅"。不过，如同藤井省三的描述显示的，鲁迅借助日本的出版制度与教育制度，在日本国民之中获得了众多读者。这些读者遍布日本社会的许多阶层，远远超出了学院的范围。他们同样在接受、理解鲁迅，甚至在想象、创造"鲁迅"。由于职业、教养、阅读目的的差异，他们的"鲁迅"不同于"日本学院鲁迅"，呈现出更为复杂的形态。笔者将这种学院之外的日本读者所接受、理解、想象的鲁迅称作"日本民间鲁迅"。这种"鲁迅"可以是日本名作家太宰治、大江健三郎理解的鲁迅，也可以是不知名的公司职员、家庭主妇理解的鲁迅。"日本学院鲁迅"与"日本民间鲁迅"相结合，构成的才是相对完整的"日本鲁迅"。遗憾的是，到目前为止，"日本民间鲁迅"并未引起研究者的足够重视。

本文论述的日本剧作家霜川远志（1916年—？）通过改编《阿Q正传》、创作《戏剧·鲁迅传》呈现的"鲁迅"，即为"日本民间鲁迅"之一种。不言而喻，这里的"鲁迅"是作为作家的鲁迅，由作者与作品两个主要层面构成。

一　霜川远志"民间鲁迅"的成立

早在1977年，霜川远志即已列名《日本近代文学大事典》。该"大事典"中的相关条目为：

---

① "竹内鲁迅"即竹内好（1910—1977）阐释的鲁迅，"丸山鲁迅"即丸山昇（1931—2006）阐释的鲁迅。

霜川远志（shimokawa-enji）　生于大正五年四月十日
（1916—　　），剧作家。福冈县人，本名下川敏喜。1941年
毕业于日本大学国文科，投到伊马春部门下。1942年进入
红风车文艺部，1951年就职于明治制果公司，辞职之后为
自由职业者。战后主要创作新国剧剧本，鲁迅原作《阿Q正
传》的改编（1954年公演）之外，有《藤野先生》（《现代
剧》1956年10月号）、《无花的蔷薇》（1967）、《我要骗人》
（1968）。作品具有人性化风格。①

　　不过，大概是因为并非著名作家、相关研究没有展开，所以后来
没有太多的霜川远志传记资料出现。这里引用的条目之外，笔者
查阅到的仅有两种：一是两幕五场话剧《阿Q正传》的演出手册
（1977年），二是《新订／作家·小说家人名事典》（2002年）中的
条目。②根据前者可做补充的是：霜川少年时代在故乡曾经是自行
车赛的优秀运动员；“霜川远志”的笔名是1942年在东京进入红
风车文艺部时老师伊马春部（1908—1984）为其所取；进入红风
车的第二年即1943年他应征入伍，当了一名伍长。1944年战争进
入白热化状态，熊本的第六师团报道部为鼓舞士气，组织了剧团
“熊本演剧挺身队”，队长即为霜川远志。③根据后者可以补充的是：
1951年霜川进入明治制果公司之后是在公司宣传部工作，辞职时
间是1955年；1974年他创作的剧本《孙文》因受到中国驻日本大

　　①　《日本近代文学大事典》第二卷第189页，日本近代文学馆编，讲谈社，昭
和五十二年（1977）十一月十八日，第1版。这里的红风车并非巴黎的剧院，而是战
前在东京出现于新宿的剧团、剧场。1931年创立，主要演出城市风格的轻喜剧、讽
刺剧。1951年解体。明治制果是一家食品公司。
　　②　日外アソシエーツ（东京），2002年10月25日第一版。
　　③　见“演出手册”中的四篇文章：加藤正夫《来自香月之风土》；伊马春部
《德不孤》；户板康二《霜川先生的〈鲁迅传〉》；河野八重《熊本演剧挺身队的回忆》。

使馆的抗议而终止演出（具体情况该条目没有说明）；1979年在当夜警（一般工厂、写字楼的夜班保安人员）的时候创作的《第八代团十郎之死》荣获"历史文学奖"。《新订／作家·小说家人名事典》没有注明霜川远志的卒年，可见2002年霜川依然健在。

由于缺乏传记资料，所以无从了解霜川远志是何时、通过何种途径接触到鲁迅并对鲁迅感兴趣。不过，1954年他改编的剧本《阿Ｑ正传》的公演，无疑是他鲁迅传播活动的第一个里程碑。舞台演出这种以民众为主要对象的传播方式，使"霜川鲁迅"从一开始即具有鲜明的民间性。——为了论述的方便，本文把霜川远志理解、创造的鲁迅称作"霜川鲁迅"。从这一年开始，霜川一直对鲁迅保持着不衰的热情，1956至1968年间先后完成的剧本《藤野先生》（1956）、《无花的蔷薇》（1967）、《我要骗人》（1968）被《新订／作家·小说家人名事典》称作"鲁迅三部曲"。1977年，他出版了鲁迅传记的集大成之作《戏剧·鲁迅传》五部曲。① 而且，该书的出版促成了《阿Ｑ正传》的再一次东京公演。这场图书出版与戏剧演出相结合的综合性鲁迅传播活动，调动了多方面的社会资源，有多阶层的日本人参与，因此"鲁迅"获得了更为完整的民间存在方式。

《戏剧·鲁迅传》五部曲是由东京的而立书房出版的。为了宣传该书，霜川远志的师友、支持者们在东京组织了"霜川远志出版纪念观剧会"，演出剧目即为霜川远志改编的两幕五场话剧《阿Ｑ正传》。演出者是名为"剧团世代"的演出团体，演出时间为1977年7月19日（下午、晚上共演两场），演出地点是东京新桥的雅库鲁特大厅（ヤクルト·ホール）。《戏剧·鲁迅传》是精装本，印制精美，硬纸板封面之外另有硬纸板套盒。套盒正面写

---

① 而立书房（东京），1977年6月30日，第1版。

有"霜川远志出版纪念观剧会"的大字以及演出时间等，背面即为出版、演出活动的说明以及发起人名单。说明文是这样的：

> 剧本没有销路。霜川出版了没有销路的剧本《戏剧·鲁迅传》。既然出版了，总须做点什么。所以，决定举办这场观剧会。
>
> 就是说，是想向花两千日元入场费光临剧场观看演出的各位赠送《戏剧·鲁迅传》（五部曲，定价两千日元）。不过，这样不是连本钱都回不来吗？是的，本钱要通过剧团世代的免费演出补回来。这是基于剧团世代与霜川君的深厚友情，并非谁都能做到。而且，剧团世代的《阿Q正传》这三年间吸引了全国百所高中的学生（约十万人），并且被NHK演播室等介绍，现在只待在东京公演，是非常成熟的舞台制作。
>
> 全体发起人　昭和五十二年（1977）六月吉日[①]

列名"发起人"者多达四十四名，其中包括霜川远志的老师伊马春部，演艺界知名人士森繁久弥、绪形拳等。发起人之外另有"世话人"（干事、联络者）十八名，主要是剧团、出版社、电视台以及来自霜川故乡的人员。

作为而立书房出版物的不仅是《戏剧·鲁迅传》，还有作为《戏剧·鲁迅传》附册、厚度达到五十页的演出手册。演出手册包含的信息十分丰富。封二、封三印的是鲁迅的年谱、素描肖像、诗歌手迹，这显然是为观众观看话剧《阿Q正传》、了解鲁

---

① 本文中出自《戏剧·鲁迅传》和话剧《阿Q正传》"演出手册"中的引文均为引用者翻译，不再另注。

迅提供背景知识。更重要的是，演出手册中的统计资料、观众来信、剧团成员自述以及相关文章，表明了鲁迅与《阿Q正传》在日本社会、尤其是在日本青年中的广泛影响。该演出手册因此成为认识"日本民间鲁迅"的宝贵资料。

据《〈阿Q正传〉全国巡演高校一览表》，剧团世代第一次演出《阿Q正传》是1974年5月在全国劳音会馆，从那以后至1977年的三年间，在日本的一百一十所高中进行了演出。①北至本州岛最北端的青森县，南至九州岛南部的鹿儿岛县。演出给予青年学生的深刻影响，从萩女子短大的学生藤田真弓的文章《来自萩的信——观〈阿Q正传〉》可见一斑。②这种影响不仅是知识性的，即不仅使青年学生了解了阿Q时代的中国，而且影响到青年学生的世界观与人生观。藤田真弓从阿Q的"革命"与悲惨命运中受到启发，对"革命"有了深入的理解。她在信中说："真的革命，必须真正从自身内部的、根深蒂固的问题、人性的弱点、挫折、罪的自觉等等出发。从今以后，社会绝对不能再制造阿Q那样的人物。"她通过《阿Q正传》重新认识自己生活的日本社会，说："我们的现实、我们的社会也许并不像阿Q生活的那个时代那样悲惨，但是，《阿Q正传》所表达的，并非与我们的生活、与这种日常完全无关。"演出开始之前霜川远志在致辞中宣传的鲁迅的"痛打落水狗"精神，也引起了她的思索。福冈县立嘉穗东高级中学教师、剧作家林黑土，在其文章《阿Q与高中生》中则从总体上介绍了其所在学校的

---

① 根据鲁青的文章《"为写鲁迅而豁出生命"——介绍日本剧作家霜川远志先生》，霜川远志与剧团世代结缘始自1974年年初霜川与剧团世代负责人津田忠彦在东京神田某书店的相遇。津田爱读鲁迅作品，主动提出排演霜川的剧本。文载《鲁迅研究动态》，1985年第5期。

② "萩"为城市名。"藤田真弓"的"真弓"日语原名是写作平假名"まゆみ"，这里译为"真弓"。

学生对话剧《阿Q正传》的理解。他通过对学生提交的观后感、学生在鲁迅研究读书会上的发言进行统计、归纳，得出结论：约90%的学生认为话剧《阿Q正传》"有意思，值得一看"，并且对存在于自己身上的精神胜利法、奴隶根性进行了反省，但是，阿Q的悲惨结局对"革命"之残忍性、欺骗性的揭示，似乎并未被学生理解。在林黑土看来，"鲁迅的'阿Q'并非生活在中国辛亥革命时期的民众的典型，而是一直生活在世界革命历史中的民众的典型，也是当今日本高中生的典型"。他批评高中生对于作为"社会通行证"的考试成绩、名次的迷信，因此认为"日本的文化革命尚在十分遥远的彼岸"。

《阿Q正传》的演出不仅影响了观众，并且直接影响到演出这一剧目的剧团世代自身。剧团代表津田忠彦在演出手册的最后一篇文章《〈阿Q正传〉与剧团世代——代编后记》中说："'学校巡演'对于'剧团世代'来说是未知的剧场，营造此种剧场并非易事。我并不是说因为未知才困难，而是说获得完善的演出空间总是困难的。因为曾经经历过的'剧场'营造也一直面对同样的困难。而剧团世代借助与《阿Q正传》的相遇，得以体验一个新的'剧场'。""将《阿Q正传》舞台化的工作还给了剧团世代另一影响。那就是通过鲁迅的作品和人生态度进行的、作为戏剧演出的自我表白，也是对于戏剧活动认识的变革。鲁迅面对'通过文学进行革命'这一过大命题时坚韧的生活方式值得惊叹，那种强烈的印象对于各位团员来说包含着无法简单忽视的性质。"演出手册所收阿Q扮演者岛田正吾、熊野隆司的文章，可以看作津田忠彦这种表述的注脚。岛田正吾并非剧团世代的成员，而是1954年霜川版《阿Q正传》最初上演时阿Q的扮演者。他对阿Q有独到的理解，在《阿Q的回忆》一文中指出："这个角色并非单纯的傻子或笨蛋，所以扮演的时候需要注意。而且，还必须演得从表面看来让人觉得依然是滑稽、愚蠢的家伙。难。"他非常喜欢二十年前舞台上的歌曲,说是唱的时候感觉到了自己真正成为阿Q的那种痛切之情。熊野隆司是剧团世代的演员,为《阿Q正传》的东京公演撰写了文章《阿Q与扮演阿Q的男子》。他在文中机智、诙谐地从因为贫穷而未婚、胡乱向陌生女子求爱闹笑话、精神胜利等方面将自己与阿Q类比并将自己阿Q化,声称公演已经进行五十场,随着扮演阿Q次数的增多喜欢上了阿Q。该剧导演伊藤胜昭在文章《作为喜剧的〈阿Q正传〉》中,不仅对阿Q与辛亥革命的关系、阿Q的本质与象征性进行了符合原作本意的解释,并且表示要把《阿Q正传》中鲁迅的讽刺性视角与戏剧性的轻妙笔致转换为舞台形式。显而易见,剧团世代这个演出团体被鲁迅及其《阿Q正传》改变了。这种改变同时发生在世界观、人生观、舞台美学等不同层面。

演出手册中另外一篇值得注意的文章,是村山知义(1901—1977)的《〈阿Q正传〉是怎样的戏剧?》。此文的重要性主要不在于对鲁迅原作及相关背景的准确解释,而在于它建立了至少两种历史联系。一是霜川版《阿Q正传》1977年的公演与1954年的公演之间的联系。此文是村山1954年为霜川版《阿Q正传》公演而作,最初刊登在1954年1月新国剧的演出手册上。① 就是说,此文是在相隔二十三年之后再次出现于霜川版《阿Q正传》的演出手册,向另一时代的观众发出声音。二是村山知义本人作为著名剧作家、导演,是20世纪20年代后期日本普罗文艺运动(无产阶级文艺运动)的重要人物,他对霜川版《阿Q正传》的解说不仅表明了日本左翼文学与中国新文学的关系,并且表明霜川版《阿Q正传》在某种意义上延续了日本普罗文艺的传统——从20

---

① "新国剧"为1917年创立的剧团,倡导"国民戏剧",1979年解散。

世纪50年代延续到70年代。意味深长的是，20世纪30年代初《阿Q正传》被松浦圭三、山上正义（林守仁）等人翻译为日文时，都是被看作"中国无产阶级小说"或者"国际无产阶级文学"。①

1977年东京的这场精心策划的出版与演出互动的鲁迅推介活动，对于认识日本"民间鲁迅"具有重要意义。《阿Q正传》的改编者即《戏剧·鲁迅传》的作者霜川远志本人是一位没有固定职业的业余作家、民间人士，熊野隆司等演员是普通民众，观看演出的人们自然也是来自不同的社会阶层。观众们在雅库鲁特大厅观看了舞台上的《阿Q正传》之后，回到家中还可以阅读《戏剧·鲁迅传》。在这一过程中，非学院的（当然也可以包括学院人士）日本民众对鲁迅与鲁迅作品的接受是完整的，鲁迅可以多方位地走进日本社会。——不言而喻，这里的鲁迅和鲁迅作品都经过了霜川远志的改造。

在日本人接受鲁迅及其《阿Q正传》的历史上，霜川远志通过戏剧形式向民间的推广无疑具有特殊意义。20世纪70年代中期霜川版《阿Q正传》的演出活动当时就引起了中国学者的注意。李菁在《鲁迅的〈阿Q正传〉和它在日本的影响》一文中指出："近年，由霜川远志先生编剧，'剧团世代'演出的二幕五场的《阿Q正传》话剧同日本观众见面了。它的演出对象主要是高中学生。这个剧，联系到当前日本的社会实际，对日本人民颇有教育和启发。""鲁迅的《阿Q正传》在日本的影响越来越大。这是一个可喜的现象，它说明中日两国的文化交流正在深入和发展。"②

---

① 参阅薛绥之的文章《鲁迅研究在日本》，收入《鲁迅在日本》（"鲁迅生平资料丛抄"第五辑），山东师范学院聊城分院1978年12月印行。

② 原载《吉林师大学报》1977年第二、三期合刊，引自《鲁迅在日本》（"鲁迅生平资料丛抄"第五辑）。

从"演出手册"所收霜川远志撰写的《阿Q正传—两幕五场—代故事梗概》（附有阿Q扮演者熊野隆司画的漫画插图）来看，其改编基本上是忠实于鲁迅原著的结构。但是，《祝福》中的祥林嫂、《在酒楼上》中的吕纬甫等小说人物已经被移植进来。这表明了霜川远志对于鲁迅的主动性。在《戏剧·鲁迅传》中，霜川更充分地发挥自己的主动性，在呈现鲁迅与相关人物、事件的过程中进行了更多的虚构。

二　另类藤野先生与多情鲁迅

总体看来《戏剧·鲁迅传》具有两个显著特征。一是尺度宏大，二是虚构性强。

《戏剧·鲁迅传》尺度的宏大是空前绝后的。这种宏大性的构成主要是得力于三种元素。其一是时间与空间的巨大。作品为"五部曲"，"五部"分别是：第一部《藤野先生——仙台的鲁迅》；第二部《影的青春——东京的鲁迅》；第三部《忘却阿Q——绍兴的鲁迅》；第四部《无花的蔷薇——北京的鲁迅》；第五部《我要骗人——上海的鲁迅》。一目了然的是，这五幕之中包含着巨大的空间转换与三十多年的时间跨度。其二是人物系谱的巨大与完整——历史人物、鲁迅小说中的人物、霜川虚构的人物同时登上舞台。《戏剧·鲁迅传》中的出场人物超过一百人，其中有藤野先生、许寿裳、周作人、梁启超、秋瑾、陈天华、汪精卫、瞿秋白、柔石、高长虹、许广平、羽太信子、宫崎滔天、内山完造、奥田杏花等众多与鲁迅有关的历史人物，有阿桂（阿Q）、孟夫子（孔乙己）、单妈妈（祥林嫂）之类鲁迅小说中的人物（略有变形），还有霜川远志自己虚构的人物，如清吾、定吉等日本下层百姓，松原乔一、大贯大五郎等仙台医专的学生，胡用卿、刘小姐等中国平民。其三是时代背景的开阔。第一幕藤野先生的故事是始于1936年夏天，序幕开始，收音机正在播报正午新闻：参与"二二六"政变的十七名军官被判处死刑。1936年2月26日发生的未遂政变是现代日本历史上的划时代事件，与第一部中鲁迅与藤野先生的故事并无直接关系，但霜川却将其作为故事的背景。这种对于时代背景的注重，贯穿了整部《戏剧·鲁迅传》，作品对于仙台、东京、绍兴、北京、上海等不同时期鲁迅故事的叙述，都强调了日俄战争与中国革命的大背景，以及"三一八"惨案之类的重大历史事件。霜川远志雄心勃勃地力图对鲁迅与鲁迅时代的中国历史进行整体把握。

虚构问题对于《戏剧·鲁迅传》来说之所以是重要的，不在于剧本虚构了清吾、定吉、大贯大五郎、胡用卿、刘小姐这种次要人物，而在于作品通过虚构故事对藤野先生、鲁迅、秋瑾、陈天华、柔石等重要历史人物进行了再创造。此类虚构并非仅仅是为了满足舞台对于戏剧性的要求，而是取决于并体现了霜川远志对于虚构对象的理解、期待，取决于并体现了霜川远志的价值观、美学观。《戏剧·鲁迅传》的虚构所涉历史人物太多，逐一进行论述是一个过于庞大的工程，故这里仅就藤野先生和鲁迅这两个最重要的人物进行论述。

鲁迅的散文《藤野先生》描绘的藤野先生是一位严谨、朴讷的学究。在鲁迅仙台医专的同学铃木逸太、薄场实、半泽正二郎等人的记忆中，藤野先生同样是以严谨、认真、让学生畏惧而著称。[1]1936年鲁迅去世后藤野先生写的文章《谨忆周树人君》，[2]呈现的也是一位朴实、严谨的老者形象。就是说，鲁迅《藤野先

---

① 参阅《仙台鲁迅的记录》第四章《藤野先生》的第二节《仙台医专的藤野先生》，引自《仙台鲁迅的记录》，第261页，平凡社（东京），1978年2月。
② 发表于昭和十二年（1937）三月号《文学案内》。

生》一文的描写符合实际。然而,《戏剧·鲁迅传》第一部《藤野先生——仙台的鲁迅》呈现的藤野先生却非常"另类"。这"另类"表现在思想、性格、行为方式等诸多方面。其一,这位藤野先生特具幽默感、热心服务民众。本部序幕第一场的故事发生在1936年夏天,八十二岁高龄的藤野先生正在福井县某"寒村"(剧本的设定)的小坂诊疗所给百姓看病。现实生活中的藤野先生1874年出生,1936年是六十二岁而非八十二岁。剧本虚构"高龄"显然是为了表现藤野先生的热心、鞠躬尽瘁。事实上该场中藤野先生确有"把自己虽然已经很少的余生贡献给穷人"的台词。出诊的时候诊疗所的雇工要用平板车送他,他不同意,坚持自己骑自行车,说:"平板车还是等到送我去火葬场的时候再用吧。"前来就诊的有农民、帮工、寡妇、小偷。定吉和清吾两位青年农民等待就诊的时候,收音机正在播放有关"二二六"政变的新闻,定吉听了兴高采烈,道:"日本越来越强大,我特别喜欢战争!"并对清吾说要到中国、蒙古、西伯利亚去打仗。定吉是来看腿疼病的,藤野先生检查之后说是要从膝盖截肢。定吉问有没有不截肢的治疗方法,藤野先生答道:"刚才你不是说特别喜欢战争吗?要是去打仗的话,不光是腿,连脑袋都得掉!你做好思想准备吧!"说着让助手把锯子拿来。定吉见状惊恐地哀号起来,藤野先生哈哈大笑,道:"你还喜欢战争吗?哈哈!我这是在演戏啊。"藤野先生用这种幽默、顽皮的方式对定吉进行了反战教育。清吾嗜酒,戒酒戒不掉,于是同样喜欢喝酒的藤野先生主动陪他戒酒——拿来两张纸,同样写上"誓禁酒 昭和十一年七月七日",一张贴在自己桌前的墙上,一张让清吾拿回家贴在神龛上。其二,这位藤野先生有独立的思想。在仙台医专执教期间适逢日俄战争,他公开表明自己的超国家立场与对科学的尊重,与日俄战争保持距离。他对以"风流才子"自命的学生松原乔一说："战争是战争，学习是学习。""在做日本人之前，我想首先做人。……对于现在的你来说，霍乱菌是怎样的细菌组织，白血球怎样攻击霍乱菌，也许都不重要。但是，松原，听好了啊。大家正在学习！这一点是真实的。不过……（指着窗外唱着军歌走过的队伍）那些凯旋游行只是单纯的现象。这种时候我想明确地告诉大家！可以吗？——霍乱菌这种东西，日本或者俄国的士兵们即使用几十万吨的子弹、炮弹去打，都不能简单地打退！"①其三，这位藤野先生勇武、豪迈。班里的大贯大五郎是"落第生"（留级生），身材高大，学习成绩不好但军国主义思想严重，朗诵日俄战争名将乃木希典的征战诗《金州城》劲头十足。他欺侮周树人，说周树人是"俄探"。藤野先生了解了情况之后，把大贯和几名学生喊到舍监室，警告说："如果再有欺侮周君的家伙，我就这样放倒他！"说着揪着胸前的衣服把大贯提起来，一个背挎摔倒在地，然后若无其事地回到桌子前继续读书。周树人写出了论文，他高兴地请客喝酒，还劝周树人喝，为周树人唱起日本民谣。②

霜川远志何以虚构这样一位幽默、热情、思想独立、勇武豪迈的藤野先生？答案在这一部的"附记"中。《藤野先生——仙台的鲁迅》"附记"的写作时间是1956年10月，霜川写道：

鲁迅去世至今整整二十年。昭和十一年十月十九日，鲁迅在上海的寓所里，在许广平和长期以来亲密相处的日本书店老板、日本医生的看护下去世。在此意义上，鲁迅是与日本有着非常强韧的纽带的文学家。今年八月，前来参加禁止

---

① 见第一部《藤野先生——仙台的鲁迅》"尾声"第一场。
② 见第一部《藤野先生——仙台的鲁迅》"序幕"第三场和"尾声"第二场。

原水爆世界大会的许广平，在虎门霞山会馆的座谈会上也谈
起藤野先生。亲耳聆听她说鲁迅终生将仙台医专时代的恩师
藤野先生作为道德楷模，我受到感动。许广平总结说：鲁迅
从藤野先生那里学到了超越国界的人类爱精神，以这种精神
为基础，鲁迅的文学诞生了。

　　总之，我为这部小小的作品在值得纪念的鲁迅去世二十
周年并且是在值得纪念的月份发表感到高兴，而且我觉得，
该剧在鲁迅去世的十月、作为明治座的十月公演节目由新国
剧演出，是不可思议的因缘。①〔后略〕

就是说，霜川远志是用《藤野先生——仙台的鲁迅》表现鲁迅与
日本（日本人）的密切关系以及超国界的人类爱精神。这样，作
品的主题对"藤野先生"这一角色提出了要求——"藤野先生"
应当是一位典型日本人。现实生活中严谨、朴讷的藤野先生难以
满足这种要求，于是霜川远志用虚构将其改变。对于霜川来说，
幽默、热情、思想独立、勇武豪迈的藤野先生才能够代表日本
人。不仅如此，霜川笔下这位作为日本人的藤野先生某种程度上
也是日本传统的武士道精华的体现者。②在序幕第一场，霜川对
藤野先生形象的设计就是谢顶、须发斑白、风貌具有"线条分明
的古代武士的面影"。在序幕第三场，藤野先生训斥那些欺侮周
树人的日本学生的时候，明确提及武士道，曰："确实，十年前
清国败给了日本。但是——你们听好了！正因为败了、想重新站

---

① 引自《戏剧·鲁迅传》第64页。"明治座"是东京新桥的剧场，1873年建造，
名喜升座，1893年改名"明治座"。
② 日本军国主义的恶劣影响，造成了普通中国人对于武士道的误解。实际
上"武士道"的"道"并非"空手道""剑道""无间道"的"道"，而是"道德"的
"道"。武士道即日本武士阶层的道德规范，是一套以儒教为基础的伦理思想体系，
强调对君主的忠诚以及礼仪、朴素、信义、尚武、牺牲、悲悯，等等。

起来，才不停地往日本派遣留学生！尤其是周君，明白了日本的维新是发端于西洋医学、只有科学才能救中国，所以来到遥远的日本。你们为何不帮助这样一位周君？听好了！并不是救一个周树人，而是通过周君救中国！你们为何没有这种胸襟？反而怀着偏见和蔑视，毫无根据、随心所欲地虚言妄想，欺侮弱者。难道这就是日本武士道的精华吗？"换言之，在霜川远志的叙述中，藤野先生的敬业、热情、勇武、侠义可视为日本武士道的精华。不过，藤野先生式的思想独立，显然已经是有别于传统武士之"忠诚"的现代意识。

因为"藤野先生"对于鲁迅来说是作为日本人存在的，所以他才不仅存在于《戏剧·鲁迅传》的第一部《藤野先生——仙台的鲁迅》之中，并且在第四部《无花的蔷薇——北京的鲁迅》中被唤回。在北京西三条胡同鲁迅的寓所里，来访的孙伏园问起墙上挂着的藤野先生照片，于是鲁迅谈起藤野先生，陷入回忆。1926年"三一八"惨案发生后，鲁迅因遭北洋政府通缉先后到莽原社、山本医院、德国医院、法国医院避难，《无花的蔷薇——北京的鲁迅》亦写及此事。不过，这里只剩下"某日本医院"。在此避难的鲁迅和许寿裳穿着和服，用熟练的日语与日本院长交谈，因此骗过前来追捕的便衣警察。和在仙台作为日本人的藤野先生曾经保护青年鲁迅一样，这里又是日本人保护了鲁迅。意味深长的是，这位日本医院的院长被设计成仙台医专的毕业生，并且外貌酷似藤野先生。来此避难的鲁迅怀里揣着藤野先生的照片，对院长的外貌感到惊奇，便从怀里拿出藤野先生的照片来观察。在这种虚构中，藤野先生回到了鲁迅身边，并且来到了北京。不过，这种虚构并非毫无根据。鲁迅正是在1926年10月，即避难生活过去大约半年之后，撰写了散文《藤野先生》。

在霜川远志笔下，鲁迅与藤野先生的关系不是私人关系，而是与日本人之间的"非常强韧的纽带"。在此意义上,《戏剧·鲁迅传》第五部《我要骗人——上海的鲁迅》的最后一场把鲁迅病危安排在内山书店并非偶然。在这一场中,鲁迅的病床前除了许广平等人,更多的是日本人:内山完造夫妇和日本医生奥田杏花、须藤五百三。在这里,内山书店成为"日本"的符号,诸位日本人则是另一种意义上的"藤野先生"。于是,在霜川远志笔下,鲁迅在生命的最后时刻完成了向日本的回归。

《戏剧·鲁迅传》对鲁迅的虚构,集中在婚恋、感情生活方面。其中除了鲁迅留日时期住在"伍舍"的时候对羽太信子有好感的故事之外,最大的虚构在第二部《影的青春——东京的鲁迅》和第三部《忘却阿Q——绍兴的鲁迅》之中。前者虚构了东京时期周树人与革命女杰秋瑾的爱情故事,后者虚构了绍兴时期周树人与茶馆女店员刘小姐的恋情。

先看与秋瑾的爱情故事。主要情节在《影的青春——东京的鲁迅》第二幕第一场,场景是东京小石川后乐园。秋瑾即将回故乡绍兴发动革命,周树人与她坐在亭子里讨论文学与革命问题。周树人说要办《新生》杂志、拯救四亿中国人的人性,于是——

> **秋瑾** 那就是文学吧。但我不那样认为啊。一切都是力量!靠力量啊!政治也是革命也是……要行动!
>
> **树人** 不!是心。政治也罢革命也罢,改革如果不是从心灵改起,即使能够取得暂时的成功,也一定会回到原来的样子。
>
> **秋瑾** 你是怎么也不会为了我而改变想法啊?……(说着伸出双手紧握住树人的一只手。)说到"爱",对于像男子一样的我,而且是随时准备去死的我,你绝对不会有那种感情的。可是,你难道就不能可怜我,到绍兴来吗?

树人　……

秋瑾　不。不是出于爱也行。作为朋友，在我投身革命的时候，即使是从遥远的地方，关注我……不行吗？（不知不觉中言辞与态度流露出女性的感情。）

树人　（突然起身，走出亭子。）

秋瑾　（坐着未动，垂下头，一会儿伏在了石桌上）呜……呜……（强忍哽咽的声音。）

树人　（心被牵动）我也……那时候，也有过想着你的事情失眠的夜晚。也许那就是恋爱吧。可是，我们的想法差距太大了。

秋瑾　（抬起脸来使劲儿摇头。）不。树人……你看过我的——不，中国女性的丑陋的小脚吧。（说着脱下一只脚的鞋子，把脚放在凳子上，开始解绷带一样的裹脚布。）

树人　别！（去按秋瑾的手。）

秋瑾　男人……男人不知道中国女性的这种屈辱和悲惨啊！（说着继续解。）

树人　别！别！（争执。两人倒在地上。）

秋瑾　（就那样倒在地上没起来。"哇"地大哭起来。）

（异样的状态持续良久。一会儿，树人小心翼翼地把秋瑾的脚拿起来放在自己膝上，裹上解开的布，给她穿上丝棉鞋。）

树人　就像你是怀着对自己小脚的憎恨成长为女人，我们男人，也是带着头上丑陋的辫子长大的。

秋瑾　树人，谢谢你！……可是，在我心底，那憎恨变为革命的火种，一直在燃烧。虽然是生为女儿身，但我未曾觉得自己是女人。只是作为一个革命者专心走这条路。偶尔也曾想过，所谓女人的幸福是什么呢？那时候，树人，你清

澈的眼睛在俯视我。刚来日本的时候，大家在留学生会馆尽
情跳舞，你总是一个人走到院子里，站在樱花树下。那身影
弥漫着忧愁，我忘不了那身影……。①

接下来还有秋瑾拔刀割破自己左手手腕、让周树人啜血的情节。
秋瑾以钢笔和扇子作为分别礼物相赠，周树人接过来之后在扇子
上写下"秋风秋雨愁杀人"，还给秋瑾。

　　刘小姐是《忘却阿Q——绍兴的鲁迅》中的虚构人物，并且
被隐喻成中国民间传说《白蛇传》中的白娘子。在与周树人相恋
的时候，她才是"刘小姐"。她曾经沦落风尘，现在带着五岁的
女儿香玉生活。香玉生病，阿桂介绍她们来请曾在日本学医的周
树人诊治，周树人被刘小姐的美貌吸引，并且喜欢香玉，于是由
阿桂帮忙，开始与刘小姐幽会。时在宣统二年（1910），二人的
恋情从秋天开始，持续了三个多月，至春节结束。春节前的一场
是高潮。这一年（庚戌）的年末祭祀是"兴房"的值年，周树人
作为"兴房"的长孙却在祭祀的五天前逃走，去与刘小姐幽会。
刘小姐问再婚的女人死后身体是否会被锯成两半，于是二人有这
样一段对话：

>　**树人**　那种迷信中国有很多。都是从儒教思想来的。
>
>　**小姐**　那么，孔圣人是坏人啊。
>
>　**树人**　是的。孟子也同罪。
>
>　**小姐**　呵呵。这样说来我死后也会被锯成两半。
>
>　**树人**　我也一样。（说着，深深地叹息。）
>
>　**小姐**　唉！太夸张了。呵呵……这五天，你把心思放在

① 《戏剧·鲁迅传》第99—100页。

了我的身子上，这样说来却……

　　树人　（腼腆地、甚或说诙谐地）人的方方面面都很完美，只是有两个缺点。

　　小姐　嗯？什么缺点？

　　树人　肚子饿与渴望异性。那就是"革命"与"恋爱"。

　　小姐　噢……"革命"与"恋爱"吗？仔细想想是可怕的词。不过，怪好听的。哈哈，革命……恋爱。

　　树人　不想分手。（把刘小姐推倒在床上，紧紧拥抱。）

　　小姐　……我也是。①

接下来还有二人关于中国女性命运的对话。刘小姐说："我走过的路……这中国女性的悲惨的路，不想再让香玉走。"周树人说："从古至今，对于中国女性来说，真的存在过爱的喜悦吗？"等等。

　　与作为"五四"新文化运动旗手、文学家、思想家、革命家的鲁迅相比，《戏剧·鲁迅传》虚构的"多情鲁迅"是惊世骇俗的，甚至是荒谬的、会被认为带有侮辱性。笔者第一次读到上述文字的时候，立刻感到一种精神偶像被亵渎的愤怒。但是，从《戏剧·鲁迅传》"自序"以及演出手册所收伊马春部、户板康二、草壁久四郎等人的文章②可知，霜川远志热爱、痴迷于鲁迅，在二十多年的时间里阅读、宣传鲁迅，是把《戏剧·鲁迅传》的创作作为毕生的工作来做的。作为视鲁迅为日本人之友的日本剧作家，他无须通过虚构"多情鲁迅"来侮辱鲁迅。更重要的是，在日本人的伦理观念中，"多情鲁迅"式的行为并不构成

---

　　①　《戏剧·鲁迅传》第188—189页。

　　②　参阅伊马春部的《德不孤》、户板康二的《霜川君的〈鲁迅传〉》、草壁久四郎的《与霜川君的相遇》等文。

罪恶。在近现代日本的作家群体之中尤其如此。永井荷风、谷崎润一郎、佐藤春夫、太宰治等著名作家的生活中都有颓废、多情的一面，这种颓废与多情并不影响他们的社会评价，而且往往成为他们文学创作的动力或素材。因新村运动和反战剧本《一个青年的梦》给予中国"五四"新文化运动以巨大影响的武者小路实笃（1885—1976），也曾在新村运动开始的第五年（1922）在村里与妻子离婚，另与年轻的安子结婚。与安子结婚之后又长期与女作家真杉静枝（1901—1955）保持婚外情。①

超越中日两国伦理观念的不同造成的道德判断落差，将《戏剧·鲁迅传》虚构的"多情鲁迅"作为一个认识对象，才能理解"多情鲁迅"的本质及许多相关问题。

从根本上说，"多情鲁迅"形象的塑造是取决于《戏剧·鲁迅传》的基本构思。因为作品是以革命与恋爱两大主题为焦点来认识、展示鲁迅的文学、思想与人生。这种基本构思的形成，一方面与下文将会论及的日本作家太宰治（1909—1948）的影响有关，一方面是基于霜川本人对生活、对鲁迅的理解。上面的引文中周树人的那句台词很重要——"肚子饿与渴望异性。那就是'革命'与'恋爱'。"此前，留日时期的周树人与许寿裳等人住在伍舍的时候，许寿裳也对周树人说："对于青年来说，'革命'与'恋爱'具有相同的重量。"②这意味着，在霜川远志看来"革命"与"恋爱"是鲁迅（并且是许寿裳）世界观、人生观中的根本问题。那么，霜川这样理解鲁迅是否有根据？答案是肯定的。鲁迅1933年的文章《听说梦》即强调"吃饭"的重要性，并涉及弗洛伊德的泛性论，指出："食欲的根柢，实在比性欲还要深，

---

① 中国新文学作家崔万秋的长篇小说《新路》写及武者小路实笃与真杉静枝的故事，四社出版部，1933。

② 见第二部《影的青春——东京的鲁迅》第三幕第三场。

在目下开口爱人，闭口情书，并不以为肉麻的时候，我们也大可
不必讳言要吃饭。"① 在此意义上，霜川远志在《戏剧·鲁迅传》
中是用鲁迅的观念来理解、塑造鲁迅。只是他对鲁迅的观念进行
了延伸，在食欲与革命、性欲与恋爱之间建立起直接联系。

"革命"作为《戏剧·鲁迅传》的两大主题之一，在第一
部《藤野先生——仙台的鲁迅》中已经出现。——东京的中国
留学生即将在孙中山的指导下成立"中国革命同盟会"，孙中山
方面的革命党人许寿裳专程从东京来到仙台，请鲁迅回去。从
第二部《影的青春——东京的鲁迅》开始，"革命"即成为故
事主体。这一部中的三十四个出场人物（无名的警察、侦探、
小贩不计）中，除了羽太三姐妹等人之外，大都与"革命"有
关——或者是光复会、华兴会、兴中会的革命家如章太炎、徐
锡麟、陈天华、廖仲恺等人，或者是保皇派人士如梁启超，或
者是镇压革命、杀害秋瑾的绍兴地方官贵福。与孙中山关系密
切的宫崎滔天（1871—1922）的身份也是"日本人、中国革
命家"。第二部一开场（第一幕第一场），就是明治三十八年
（1905）夏天陈天华与宋教仁在东京新小川町的"二十世纪之
支那社"讨论革命问题。宫崎滔天抱着大屏风进来，屏风上是
孙中山亲笔书写的大字："驱除鞑虏，恢复中华，创立民国，平
均地权"。这种"革命"主题通过第三部中阿Q等人的"革命"，
到第四部中以"三一八"惨案为高潮的北京知识界的革命，再
到第五部中瞿秋白等革命志士的革命，贯穿了整部《戏剧·鲁
迅传》。鲁迅对于人的革命、文学革命、资产阶级革命乃至阿
Q式"革命"的认识，均得到了展现。作品较多流露的暴力倾
向，亦当视为"革命"主题在情节和舞台美学层面的体现。前

---

① 引自《鲁迅全集》第4卷第469页，人民文学出版社（北京），1981。下同。

述秋瑾割破手腕让鲁迅啜血的虚构，就是基于霜川远志对中国会党"歃血盟誓"仪式的理解。该场面是出现在第二部《影的青春——东京的鲁迅》的第二幕第一场，而在前一场（第一幕第二场）陈天华自杀的情节中，霜川对于暴力的偏好有更充分的体现：在东京大森海岸，宋教仁、陶成章、汪精卫等人组织的清国留学生们为了回国革命，正在进行射击练习，担任指导的是日军骑兵少校小室友次郎。旁边的山崖上陈天华正要自杀。他计划偷射击队的手枪自杀而未得，只好跳海。担心自己擅长游泳、跳海之后意志不坚强会游上来，便请前来寻找他的秋瑾割断他两只手腕上的筋。秋瑾被说服，拔刀成全了他，他就那样两手伤残纵身跳海。这样看来，医学教授藤野先生被虚构为柔道高手，体现的也是霜川对暴力的偏好。无独有偶，在后乐园周树人与秋瑾对谈的那一场中，周树人用藤野先生式的动作把与他开玩笑的范爱农摔倒在地。

　　从"革命"主题的巨大来看，在结构的层面上，《戏剧·鲁迅传》创造"多情鲁迅"是为了使"恋爱"主题与"革命"主题保持平衡，以达到舞台结构的完整。由于在许广平（1898—1968）出现之前鲁迅从青春期到中年的恋爱史是漫长的空白，所以《戏剧·鲁迅传》在创造"多情鲁迅"的时候必须借助于虚构。这种虚构在作品的第一部《藤野先生——仙台的鲁迅》中已经开始。在这一部的第二幕第一场、第二场，下宿屋的女儿美津被写成亲近周树人的日本女子。[①]周树人的手被日本学生打伤，美津给他包扎，日本学生多田俊一郎在旁边看了，道："好一幅日中亲善的风景啊！"前述周树人与秋瑾的恋爱故事、与刘

---

① "下宿屋"即提供膳食的家庭式出租房。原作中下宿屋的女儿名"おみつ"，这里译作"美津"。

小姐的恋情，都是在这种虚构的延长线上出现的。不过，相对于20世纪20年代后半期的鲁迅生活实态而言，"革命"与"恋爱"的结构是符合实际的。那时候鲁迅不仅对革命（及相关的革命文学）抱有强烈的关心，而且正与许广平恋爱。

"恋爱"这一主题对作品的要求，导致在《戏剧·鲁迅传》中鲁迅的婚姻生活、感情生活被推到前台，朱安、许广平亦必然地登场，鲁迅因此成为世俗性、日常性的鲁迅。对于鲁迅与朱安的婚姻，霜川远志是作为封建童养媳制度的结果进行否定。在前引周树人与秋瑾对话的那一场，二人单独对话之前许寿裳和范爱农也在场，秋瑾要与周树人单独交谈，许寿裳明白她的心思，便说："不行啊，秋瑾。树人是去年夏天回故乡娶了老婆回来的。"于是秋瑾立刻问周树人："为什么？是比你年长的童养媳吧。嗯？周君？"范爱农退场的时候则唱着那首调侃童养媳制度的民歌《十八岁的老婆三岁的郎》。鲁迅与朱安的不幸婚姻太漫长。从1906年结婚到1926年鲁迅带着比自己年轻十七岁的许广平离开北京南下，整整二十年。那是鲁迅二十六岁至四十六岁的二十年。畸形的婚姻无疑给鲁迅的心理和生理造成了巨大创伤、对鲁迅的人生产生了深远影响，但这种过于私人性的事情不为外人所知，实际上成了鲁迅人生中的"黑洞"。对于鲁迅寂寞的青春，霜川远志是怀着悲悯。《戏剧·鲁迅传》第二部的题目"影的青春"是对鲁迅散文《影的告别》一文题目的模仿，这一部落幕的时候使用"树人的心声"作为幕后独白，"树人的心声"也是改写《影的告别》，曰："我未曾有过青春。如果有，那是影的青春……我仅仅是影。告别你沉入黑暗之中吧。然而，黑暗也许会将我吞没，光明也许会使我消失。然而我不愿彷徨于明暗之间，我不如在黑暗里沉没。"在此意义上，可以认为霜川远志在《戏剧·鲁迅传》中是怀着悲悯的心情，通过虚构"多情鲁迅"以填补鲁迅人生中的"黑洞"，在想象的世界给鲁迅以补偿。不过，对于同为封建婚姻制度牺牲品的朱安，霜川同样是怀着同情。《戏剧·鲁迅传》中的许寿裳批评周树人，道："你也许认为自己连妻子的身体都没有碰过，所以没有责任。但这是大罪！对于女人来说，没有比这更大的侮辱了！我也觉得这是罪孽深重！就这一点，你再想想吧！"① 朱安在《戏剧·鲁迅传》中多次出现，寂寞而又痛苦。在绍兴，过年的时候，丈夫和别人一起出门喝酒，月光下她偷偷地站在树影里看着，用袖子抹眼泪。婆婆看到了，搂着她陪她抹眼泪、安慰她；② 在北京西三条胡同的家里，她看到许广平的桌子和自己丈夫的桌子摆在一起（剧本中许广平在给鲁迅当助手），郁郁寡欢，把许广平桌子上的吉祥猫扔到门外。③

　　从叙事功能的角度看，"多情鲁迅"的虚构则成为《戏剧·鲁迅传》整合、阐释鲁迅思想的一种方式。一目了然的是，在周树人与秋瑾的爱情故事中，周树人是"文学"、"辫子"的符号，秋瑾是"革命"、"小脚"的符号。这些均与鲁迅对中国社会的改造、对中国文化传统的思索有关，正是通过虚构的周树人与秋瑾的爱情故事才得以集中展现在同一场景中。在周树人与刘小姐的故事中，问题变得更加复杂。《戏剧·鲁迅传》通过这种虚构将周树人植入绍兴的庶民生活之中，周树人直接面对中国女性讲述自己对女性问题的看法。事实上女性问题正是鲁迅长期思考的问题之一。而且，这种私情被设计成一种反抗封建伦理的方式。在虚构周树人与刘小姐故事的第三部《忘却阿Q——绍兴的鲁迅》中，霜川远志将鲁迅南京时代的同学丁耀卿、胡韵仙与鲁

---

① 第四部《无花的蔷薇》第三幕第二场，《戏剧·鲁迅传》，第293页。
② 第三部《忘却阿Q》第一幕第二场，《戏剧·鲁迅传》，第174—175页。
③ 第四部《无花的蔷薇》第三幕第一场，《戏剧·鲁迅传》，第280—281页。

迅小说《孤独者》的主人公魏连殳糅合在一起，制造了悲剧人物"胡用卿"。周树人眼中的胡用卿是过急论者、中国灭亡论者，他斥责周树人说："你也是中国人！""你对待长辈的态度，不是一步都没有走出儒教和儒学的影响吗？"周树人问他如何改造中国，他的回答是"首先从打破祭祀开始！"而前述周树人在祭祀的五天前逃走、与刘小姐幽会，正是对祭祀的回避与否定。因周树人忽然失踪，叔父玉田只好让三弟建人代读祭文。于是在祭祀这一场（第一幕第四场）出现了场景叠现——周建人读祭文的时候，透过悬挂孔子像的纱幕，看到的是周树人与刘小姐幽会的房间。周树人与刘小姐就是在那个房间里进行了前文引用的对话。这种舞台设置表明"多情鲁迅"因其与"祭祀"的对立而具有批判封建伦理的意义。

不仅如此，《戏剧·鲁迅传》还将刘小姐与其女儿香玉设计成亦真亦幻的人物。在第三部《忘却阿Q——绍兴的鲁迅》的第二幕第二场，与刘小姐的恋情结束之后，周树人与胡用卿在西湖边上的茶馆喝茶，此时一只画舫从湖面驶来，画舫里走出刘小姐和香玉，恭敬地对周树人施礼、作自我介绍。她们是胡用卿失散多年的妻子、女儿，刚回到胡用卿身边。周树人见状大惊。刘小姐真名明翠，香玉真名小映，原来与周树人的恋情是明翠的设计。小映拉着明翠的手要回家，于是这一幕结束，大幕落下。剧本对落幕的设计是："远处雷峰塔无声地坍塌。远寺的钟声越过湖面传来……"这样，鲁迅《论雷峰塔的倒掉》（1924年）一文的主题被纳入剧本《戏剧·鲁迅传》，文章涉及的民间传说白蛇传的故事也给剧本增添了一层魔幻色彩，使从"刘小姐"和"香玉"还原到明翠与小映的两个人物有了隐喻的性质。

三 "霜川鲁迅"与太宰治、竹内好

霜川远志作为剧作家和自由职业者阅读鲁迅、理解鲁迅、创造鲁迅，但是这一过程并非与同时代日本人的鲁迅论、中国论无关。《藤野先生——仙台的鲁迅》的写作受到了太宰治《惜别》（1945年）的影响，《影的青春——东京的鲁迅》第二幕第二场（讲述秋瑾在绍兴起义被杀的故事）受到了武田泰淳（1912—1976）《秋风秋雨愁杀人》（1967年）的影响，[①]霜川在改编《阿Q正传》、创作鲁迅题材作品的过程中也一直向鲁迅研究专家竹内好（1910—1977）请教。这样，"霜川鲁迅"依然是存在于现代日本鲁迅认识、中国认识的整体脉络之中。武田泰淳的影响主要集中在对于秋瑾与鲁迅之关系的理解方面。周作人在《秋瑾》[②]一文中曾经讲述秋瑾留学日本时抗议取缔规则的故事：她在集会上主张全体回国以示抗议，鲁迅看到她把刀子扔在桌子上威吓不愿回国者。武田在《秋风秋雨愁杀人》第六章开头引用了周作人的叙述，表示："如果我创作以她为女英雄主人公的剧本，一定要展示女志士在讲台上呐喊、立志学医的文学家沉默地坐在台下的场面。"并指出："如果让我说一句更大胆的话，那么，秋瑾虽然是以绍兴作为革命根据地，在绍兴被捕、在绍兴被处死，但是关于绍兴出身的周树人这位留学生，她至死都没有什么特殊的记忆。纵使在浙江同乡会与其他场合如以陶成章为中心的集会上曾经相遇，她的形象确实刻在了鲁迅的脑海里，但我想，在她这一方，绝对没有记住冷淡的、深恶豪言壮语的男子周树人的名

---

① 霜川远志在该场最后有说明："限于本场而言，多有依赖武田泰淳先生所著《秋风秋雨愁杀人》之处。"《戏剧·鲁迅传》，第110页。

② 收入《鲁迅的故家》。

字。"① 显然，霜川远志的《戏剧·鲁迅传》借鉴了武田泰淳的构思，让秋瑾与鲁迅出现在同一场景中，但颠覆了武田泰淳对于二人关系的理解，在二人之间虚构了恋爱关系。武田的影响虽然涉及鲁迅，但与鲁迅观问题关系不大，所以这里从略。下文主要讨论"霜川鲁迅"与太宰治、竹内好的关系。

关于阅读太宰治《惜别》的情形，霜川本人在《藤野先生——仙台的鲁迅》"附记"中有说明。如前所引，霜川在"附记"中说该剧在鲁迅去世的10月、作为明治座的"十月公演"节目由新国剧演出是不可思议的因缘，接着说："这绝非我按照相关月份的刻意安排。前年《阿Q正传》被搬上舞台以来我就想写，后来阅读筑摩书房版《太宰治全集》第七卷中的《惜别》，写作愿望越发强烈，于是今年十月发表了这部作品。"可见，太宰治的《惜别》直接促成了霜川远志《藤野先生——仙台的鲁迅》的写作。霜川阅读太宰治《惜别》的原因除了他对鲁迅的兴趣之外，还应当与其老师伊马春部有关。伊马春部作为现代日本著名的歌人、广播作家，曾与太宰治交往，其小说《樱桃记》②即写到太宰治。

霜川远志的《藤野先生——仙台的鲁迅》是在太宰治《惜别》的延长线上出现的。太宰在太平洋战争末期受日本文学报国会的委托创作《惜别》，用藤野先生与鲁迅的故事表现"大东亚之亲和"，③霜川则是在战后创作《藤野先生——仙台的鲁迅》，用同一故事表现"超国界的人类爱精神"。两部作品同样具有意

---

① 引自《秋风秋雨愁杀人》第240—241页，筑摩书房（东京），1976年12月。
② 1967年10月筑摩书房（东京）出版。
③ 关于太宰治《惜别》的内容，可参考拙著《"国民作家"的立场——中日现代文学关系研究》第五章《自画像中的他者——太宰治〈惜别〉研究》中的论述，生活·读书·新知三联书店（北京），2006年5月。

识形态属性。就把握、表现鲁迅的方式而言，在日本，用文学性、主观性的虚构再造鲁迅及其关联人物的写作方式，应当是从太宰治的长篇小说《惜别》开始的。这种文学性的处理方式在日本鲁迅接受史上具有某种"革命"性，显然为霜川远志所承袭并被发扬光大。在对鲁迅某些生活侧面的具体理解和展现方面，两部作品也有一致处。比如，太宰治在阐述《惜别》基本构思的时候说："作者打算着力于周树人在仙台与日本人的令人怀念的、美好的交往。打算让各种各样的日本男女以及幼童（周树人曾经非常喜爱儿童）出场。"①为了表现周树人喜爱儿童，太宰在《惜别》中虚构了一个十岁女童。周树人给女童修改写给她伯父的慰问信，在周树人离开仙台的送别会上女童也出现了。②《戏剧·鲁迅传》虚构五岁的女童香玉（小映），也有表现鲁迅喜爱儿童的意图。作品中的周树人明确地对刘小姐说："也许是因为有香玉在，我才被你吸引。"③喜爱儿童与鲁迅的幼者本位思想有关，这种思想在鲁迅的小说、杂文中均有体现，其实是个很大的问题。《惜别》与《戏剧·鲁迅传》的差异主要有两点：一是情节、人物形象相去甚远。这是因为与太宰治《惜别》那种瞻前顾后、缩手缩脚的虚构相比，《藤野先生——仙台的鲁迅》（以及整部《戏剧·鲁迅传》）的虚构更多、更大胆。二是对待中国传统儒教的态度相反。太宰在《惜别》中通过鲁迅的口赞美中国传统的儒教伦理，而霜川用大胆的构思讽刺、否定了中国传统儒教。

太宰治对霜川远志的影响并不限于《惜别》与《藤野先生——仙台的鲁迅》之间某种程度的一致。更重要的是，太宰的人生态度与文学主题广泛而又深刻地影响了整个"霜川鲁迅"。

---

① 《〈惜别〉之意图》，见《"国民作家"的立场》"附录二"。
② 参阅《"国民作家"的立场》第五章第三节的相关论述。
③ 《戏剧·鲁迅传》第185页。

《戏剧·鲁迅传》中周树人那句有关"革命"与"恋爱"的台词，
正是来自太宰治的名作《斜阳》(1947年)。《斜阳》的主人公和
子的名言就是："我想确信。人为恋爱与革命而生。"就是说，霜
川笔下的"周树人"在重复《斜阳》主人公和子的名言。如前
所述，这种人生观、世界观决定了《戏剧·鲁迅传》的主题结
构，由此可见霜川远志所受太宰治影响之深刻。这样看来，《戏
剧·鲁迅传》(特别是第三部《忘却阿Q——绍兴的鲁迅》)塑造
"多情鲁迅"还应有另一重原因，那就是太宰治的影响。太宰治
就是一位不停地恋爱、多次自杀，最后抛下妻子、孩子与情人投
河而死的特异作家。或者说，霜川远志笔下的"多情鲁迅"是太
宰治的变形，是"太宰治化"的鲁迅。

关于与竹内好的关系，霜川远志本人在《戏剧·鲁迅传》
"自序"中有说明。他在"自序"开头声称从来不给自己的作品
写序文、跋之类，这次之所以破例，"完全是因为竹内好先生在
三月(1977年)突然去世"。接着说：

> 限于《戏剧·鲁迅传》而言，我曾经决定请竹内先生写
> 序。这是因为五部曲均诞生于与竹内先生的关联。本来，我
> 既非中国文学研究者亦非鲁迅研究专家，仅仅是因为喜爱鲁
> 迅而将其戏剧化，因此，自知根本之处不可有误，所以每次
> 正式发表之前都将文稿呈竹内先生过目，竹内先生也不厌其
> 烦地阅读并提出批评。想来，发表《藤野先生》是在鲁迅
> 逝世二十周年，去年又是鲁迅逝世四十周年，所以，在长
> 达二十年的时间里(从请他看《阿Q正传》的公演算起则是
> 二十三年)他一直是我的后盾。不过，第二部《东京的鲁
> 迅》和第三部《绍兴的鲁迅》是去年年末到今年新写的，由

于竹内先生去世而未能呈阅。① 〔后略〕

"自序"中的这种说明之外,《戏剧·鲁迅传》所附"演出手册"也收了竹内好的文章《鲁迅与戏剧》。这些事实足以证明"霜川鲁迅"与"竹内鲁迅"之间存在的对话、交流关系。

意识到上述关系再看《戏剧·鲁迅传》,能够发现:该作品在对待中国儒教伦理的态度方面与太宰治《惜别》的对立,是受了竹内好的影响。竹内好曾经严厉批评太宰治的《惜别》,1946年在讨论《藤野先生》一文的时候指出:"《惜别》中的鲁迅是太宰治式的饶舌者,而且是散播'孔孟之教'这种与鲁迅思想完全相反、只存在于部分日本人头脑中的低级常识性观念的'忠孝'礼赞者。——本来他理应是嘲笑者。"② 这种思想本质问题大概就是霜川"自序"中所谓的"根本之处"。霜川接受了竹内的这种认识,并通过虚构的"多情鲁迅"用直观的方式将这种认识呈现在舞台上。换言之,"竹内鲁迅"的影响使霜川远志对太宰治影响的接受相对化了。或者说,霜川是用自己的方式阅读、理解鲁迅,同时整合了"太宰鲁迅"和"竹内鲁迅",从而建构起自己的"鲁迅"。

竹内好没有写过评论霜川作品的文章,因此不知道他如何评价"霜川鲁迅"。不过,现存的一段相关文字表明他不仅注意霜川作品,并且试图向日本鲁迅研究界介绍。1968年年初,他在为同年3月发行的《鲁迅友之会会报》(第41号)写的《备忘录》(おぼえがき)结尾处谈到霜川的作品,说:

---

① 《戏剧·鲁迅传》第1—2页。
② 引自《竹内好全集》第1卷第194—195页,筑摩书房(东京),1980年9月20日。引用者翻译。

　　研究者的联络机构，也许将何处的研究室改为中心来承担为宜。不过，那另当别论，还有与友之会本来的业务有关但没有着手的工作。那就是处理以鲁迅为素材的文学作品。实例可以举剧作家霜川远志等人。霜川先生写了《藤野先生》之后，尝试创作直接取材于鲁迅的系列作品，其第一部《无花的蔷薇》已于去年在《剧场》上发表。现在第二部《我要骗人》正在推敲之中。大概不久就会发表。顺便补充一句，同样是以藤野先生为主人公的剧本，贵司山治先生的《惜别》去年已经在《暖流》上发表。我觉得，这些都是不成其为文艺时评之对象的作品，适合友之会来处理。①

竹内是将霜川的《藤野先生》等界定为"以鲁迅为素材的文学作品"，指出其在日本文坛"不成其为文艺时评之对象"，并建议鲁迅研究者给予关注。对于曾经严厉批评太宰治《惜别》的竹内好来说，这种积极的态度不可等闲视之。因为这种态度涉及他对鲁迅真实性、鲁迅意识形态性的理解。竹内好虽然未能读到虚构了"多情鲁迅"的《戏剧·鲁迅传》第二部《影的青春——东京的鲁迅》、第三部《忘却阿Q——绍兴的鲁迅》，但阅读了五部曲中的另外三部。那三部中已经存在着大量的虚构。前述另类藤野先生、仙台医专毕业的日本医院院长之外，"柔石"的朋友沈雷甫、沈和琴兄妹当特工、在革命与反革命阵营之间选择的故事等等都是虚构。但是，此类虚构并没有影响竹内好对霜川作品的推介。由此可见，当年他在批评太宰治《惜别》的时候强调的真实并非情或细节的真实，而是思想本质的真实。或者说，与二十年前

---

　　① 引自《竹内好全集》第13卷第477页，筑摩书房（东京），1981年9月20日。引用者翻译。

相比，1968年的竹内好已经具有了明确的"以鲁迅为素材的文学作品"的范畴意识，这种意识使他关注相关作品并持宽容态度。1946年竹内好在前引文章中批评太宰治《惜别》的时候还否定了"将'藤野先生'制作成日本人的代表以歌颂'文化交流'的残酷意图"，[①]但霜川通过藤野先生与鲁迅的故事表现"超国界的人类爱精神"的《藤野先生——仙台的鲁迅》并未被他否定。这至少意味着1968年的竹内好已经默认了中日关系史上的鲁迅必然带有的国家意识形态性质。

"霜川鲁迅"的出现导致了现代日本人鲁迅认识体系中"太宰治—竹内好—霜川远志"这种特殊的三角结构的出现。这种结构对于理解三者的任何一方都是有效的，并且具有生产性。在接受、排斥、认可、否定等不同的力学关系之中，鲁迅的丰富性和日本人自身的丰富性同时呈现出来，鲁迅与太宰治也在思想观念方面发生了奇妙的关联。

结语 "鲁迅"的空间与可能性

在日本人撰写的有关鲁迅的著作中，霜川远志的《戏剧·鲁迅传》特异并且无法忽视。作品用文学创作（而非文学研究）的方式在中日现代历史的巨大背景上建构的"鲁迅"具有巨大的综合性，包含着丰富的信息，是另一空间中的"鲁迅"。这里所谓的"另一空间"是相对于同时代的中国（从建国初期到"文革"结束）而言，并且是相对于同时代日本国内的"学院"（学术界）而言。这一空间是霜川远志的个人空间，也是日本的民间，并且

---

① 引自《竹内好全集》第1卷第193页。引用者翻译。

是更接近大众的舞台空间。① 由于这一空间中的"鲁迅"建构不像同时代的中国那样具有鲜明的政治意识形态目的，也不像同时代日本"学院"中的鲁迅建构那样单纯追求学术意义上的科学性与真实性，而是一种阅读鲁迅、想象鲁迅并且在鲁迅身上投射自我的行为，因此更直接、更充分地表现了部分日本人对鲁迅乃至对现代中国的认识与情感。特别是那些虚构，因为是虚构尤其如此。霜川远志不仅展现鲁迅的"革命"与"恋爱"，并且通过其与藤野先生、日本女性、内山完造及日本医生等人的多种关系来强调鲁迅的日本属性，甚至赋予鲁迅以日本式的"暴力"与"多情"。这与1936年10月鲁迅逝世后佐藤春夫在悼念文章中称鲁迅为"东洋的文学家"、"纯粹的东洋人"，与藤井省三在《鲁迅事典》（2002年）中视鲁迅为"东亚的文化英雄"具有同构性。② 在此意义上，"霜川鲁迅"更多地折射出日本人的思想意识，对于日本人来说是更为本质意义上的"国民作家"。《戏剧·鲁迅传》中的"革命"主题以及读者、观众对戏剧《阿Q正传》中"革命"问题的解读，不仅直接在同时代的日本左翼思潮与中国的"文革"之间建立了联系，而且使"革命"这个由明治日本人赋予现代意义之后返销中国的汉字词汇在战后中日两国获得了新的生长点。

不过，这并不是说鲁迅在《戏剧·鲁迅传》中完全失去了主体性与真实性。诡异的是，霜川远志在另一空间中建构"鲁迅"的时候，却通过近于荒诞的虚构接近了鲁迅内部空间中某些更为

---

① 根据前引鲁青文章的介绍，霜川版《阿Q正传》及霜川剧作《藤野先生》不仅在日本演出，1981年剧团世代为纪念鲁迅诞辰一百周年，还曾来华公演《藤野先生》。

② 佐藤春夫的悼念文章《月光与少年——鲁迅的艺术》见《鲁迅与中日文化交流》一书，湖南人民出版社（长沙），1981。

本质的、灰色地带的真实。比如有关秋瑾的啜血、割手筋的虚构，符合鲁迅对于革命之残酷性的认识——鲁迅在《对于左翼作家联盟的意见》一文中明确指出"革命是痛苦，其中也必然混有污秽和血，决不是如诗人所想象的那般有趣，那般完美"，[①] 在谈及食欲与性欲的《听说梦》一文中也强调建设"无产阶级社会"与"大同世界"之前有阶级斗争、白色恐怖、轰炸、虐杀、鼻子里灌辣椒水、电刑。这种虚构还与鲁迅在小说《药》（1919年）中对秋瑾的悼念、对人血馒头的展示达成了某种一致。有关"多情鲁迅"的虚构接近了不幸婚姻在鲁迅心灵中造成的痛苦"黑洞"，与此同时使在那个时代的中国完全被漠视的朱安站到了前台。这类"真实"与旗手、文学家、革命家和思想家的真实并不冲突，并且对那种真实构成了补充。

2011年7月4日草就，7月13日改定

（原载2010年《中国社会科学院文学研究所学刊》）

---

① 《鲁迅全集》第4卷第233页。

日本的阿Q与其革命乌托邦

——新岛淳良的鲁迅阐释与社会实践

> 鲁迅说：中国倘不革命，阿Q便不做，既然革命，就会做的。模仿鲁迅此言，可以说，如果不让那种只要日本不发生革命即不会被革命所改变的异常人物登上舞台，就不能说《阿Q正传》被译成了日语。
>
> ——新岛淳良《阿Q的乌托邦》

绪论　新岛淳良及其与鲁迅的镜像关系

文题中的"日本的阿Q"即新岛淳良（1928—2002），一位在战后日本以研究鲁迅和现代中国知名的思想者。[①]

新岛昭和三年（1928）二月生于东京，幼年体弱多病，1948年（二十岁）在旧制第一高等学校（东京大学预科）就读期间因

---

① 新岛生平见于《现代人物事典》（朝日新闻社1977年版）中的"新岛淳良"条目。该条目被藤井省三的论文《村上春树〈1Q84〉中〈阿Q正传〉的亡灵们》完整引用。藤井论文中文译稿发表于《绍兴文理学院学报》（双月刊）2011年10月第5期，董炳月译，收入《反思与突破——在经典与现实中走向纵深的鲁迅研究》，时代出版传媒股份有限公司、安徽文艺出版社（合肥），2013年2月。新岛1977年之后的简历见于其各种著作的"著者介绍"以及他本人在《阿Q的乌托邦》《救救孩子》《阅读鲁迅》等著作中的自述。

结核病复发退学。他在中学时代就是坚定的亲中派，敬仰毛泽东与鲁迅。1977年，年近半百的新岛回忆说："对于我来说，当时的中国是什么？那是我的乌托邦！在将鲁迅与毛泽东结合起来的革命思想的指引下，将近十亿人民追求人类的未来社会，巨人一样迈开大步前行。那是我内心深处渴望的、存在于大地上的理想社会。在中华人民共和国这个国家出现之前，我就用中文直接阅读鲁迅与毛泽东的著作，认真思考。即使是因病躺在疗养院的那几年——我是躺在病床上听到新中国诞生的消息——我也在学习中文与中国方面的知识。"①

1953年新岛担任中国研究所研究员，1960年任早稻田大学政经学部讲师，1963年升为副教授，1968年升任教授时仅四十岁。升任教授前后中国政治运动不断、"文革"爆发，新岛著书立说、为中国摇旗呐喊，一时声名远播。1966年5月即"文革"即将爆发时，他在杂志《周刊经济人》（週刊エコノミスト）上发表文章，赞扬同时代的中国革命运动并间接批判日共，招致日共中央委员不破哲三在日共机关报《赤旗》上发表整版文章进行反驳。这被认为是日共以批判新岛的名义公开批判中共的开端。据新岛说，当时中国领导层将其文章翻译为中文、让中央委员阅读，身在中国的日本人也大都读了他的文章。②1967年即"文革"爆发第二年，新岛因为支持"文革"与川端康成、三岛由纪夫、石川淳、安部公房等四位超一流作家论战，应日本共同通信社（相当

① 《我为何加入山岸会》（私はなぜヤマギシカイに入ったか），《阿Q的乌托邦——某共同体的历书》（阿Qのユートピア／あるコミューンの暦）第10—11页，晶文社，1978年10月。后同。

② 参阅《我为何加入山岸会》，《阿Q的乌托邦》第13—14页。不破哲三（1930—   ），本名上田建二郎。1947年1月加入日共，1964年进入日共中央委员会，1970年任书记局长，1982年至2000年担任日共中央委员会委员长。1998年日共与中共关系正常化。

于中国的新华社）的请求撰写了文章《文化大革命中的文化》。
文章先是发表在《神奈川新闻》等七种地方报纸上，[1] 随后被日
本全国性的《亚洲经济旬报》刊载，收入新岛政治评论集《新
的革命》（1969年）时改题为《驳川端康成先生等四位文学家的
〈声明〉》。[2] 这种亲中派自然受到中方欢迎。1964年新岛即访问
中国，在"文革"那样的特殊时期依然能够进入中国。1967年1
月"上海公社"成立，3月他就专程从日本前往考察。到1969年
为止他四次访华，出版了《毛泽东的哲学》《毛泽东的思想》《新
的革命》[3] 等著作，俨然中国代言人。

　　1971年新岛淳良与山岸会相遇，迎来人生大转折。"在日本
实践毛泽东思想意味着什么？——我在进行这种痛苦思考的关键
时刻与山岸会相遇。1971年5月，我参加山岸主义特别讲习钻研
会（'特讲'），觉得一条大道在眼前展开。在农村建立根据地，
用公社的形态展示未来社会的雏形，我由此看到了山岸会的本
质。"[4] 1972年秋他决定参与山岸会、实践山岸主义，辞去了许多
人求之不得的早稻田大学教授职位，处理了家产、藏书，并把女
儿送往英国Summerhill school留学。一副破釜沉舟的决绝姿态。
这种行动再次冲击日本知识界，竹内好、桥川文三、尾崎秀树、
安藤彦太郎等文化名人组织的"中国之会"为他开了壮行会，
《每日新闻》在"社会版"进行了报道。[5] 许多人问新岛："身为
出版了多本权威著作的中国学研究者、大学教师，为何进入山岸
会？研究毛泽东与进入山岸会之间有怎样的关系？从进行新左翼

---

① "神奈川"为县名。神奈川县为东京都南侧的邻县。
② 《新的革命》（新しき革命），劲草书房，1969年12月。
③ 据《新的革命》书后"著者介绍"。
④ 《我的毛泽东》（私の毛沢東）"后记"，《我的毛泽东》第327页，野草社，1979
年5月。
⑤ 参阅《阿Q的乌托邦》第45—46页。

运动到投身山岸会，原因何在？"①1973年，新岛离开东京前往日本中南部三重县的山岸会，开始了人生新阶段。

五年之后，新岛对山岸会有了更多了解、感到幻灭，与此同时他对中国与毛泽东的认识也发生改变，预言了中国改革开放时代的到来。1978年他五十岁的时候离开山岸会回到东京，开办补习班性质的"新岛塾"维持生活，淡出了学术界与公众视野。2002年新岛去世，享年74岁。诡异的是，新岛在去世七年之后的2009年，出现在村上春树的长篇小说《1Q84》中。但由于他在小说中隐姓埋名、改头换面，披着"深田保"或"戎野隆之"的外衣，因此不为一般日本读者所识，中国读者更不会知道《1Q84》中潜藏着这样一位与中国密切相关的人物。——尽管《1Q84》中译本的广告在中国首都北京做到了街边公交车站的广告栏里。借助日本学者藤井省三的考察，新岛淳良才从风靡全球的《1Q84》中浮现出来。②

新岛淳良作为一位思想者，兴趣广泛、思想资源丰富。他自云："喜好马克思也喜好劳伦兹，喜好荣格，尤其喜好毛泽东与鲁迅，山本七平、渡部昇一等人的书只要出版就全部阅读，手冢治虫、乔治秋山的书也爱读。莱姆、克拉克、筒井隆康、田边圣子等人也是我喜好的作家。喜好的思想家之中也包括山岸巳代藏。我将多种复杂的思想像食物一样摄取。"③不过，在诸种影响

---

① 《阿Q的乌托邦》第204页。

② 参阅本文第一条注释所涉藤井省三论文《村上春树〈1Q84〉中〈阿Q正传〉的亡灵们》。本文对藤井观点的引用均出自此文，不另后注。

③ 《阿Q的乌托邦》第205页。这段话中出现的人物有思想家也有作家，作家之中则包括社会、历史、科幻、童话等不同类型者。劳伦兹（Konrad Zacharias Lorenz，1903—1989）为奥地利动物学家，现代行为生物学奠基人。通过观察鸟类、鱼类来了解动物行为的动机。莱姆（Stanislaw Lem，1921—2006）为波兰科幻小说家，作品取材丰富的科学知识，绵密厚重。克拉克（Arthur Charles Clarke，1917—2008）为英国科幻作家。

之中，决定性的影响来自鲁迅。

新岛从十八岁开始持续阅读鲁迅，世界观、价值观乃至人生道路均受到鲁迅的巨大影响。自命为"阿Q"并且是作为阿Q追求革命乌托邦，意味着其话语行为、社会实践均起源于鲁迅思想。身为鲁迅研究者进入山岸会，意味着他发现了山岸主义与鲁迅思想的某种相通性。而在他对山岸会感到幻灭之后，他对鲁迅的信仰却更加坚定。离开山岸会大约半年之前的1977年5月，新岛组织了"鲁迅塾"，每周定时和同伴一起阅读鲁迅著作，《阅读鲁迅》一书即为"鲁迅塾"的研究成果。新岛在该书"后记"中谦逊地将自己的成果称作"漫谈"，说："说得夸张一点，我从中学时代开始的、在战争中阅读佐藤春夫与增田涉合译《鲁迅选集》（岩波文库、绝版）的鲁迅体验，最近五年居住在山岸主义生活实显地的生活体验，都包含在这些'漫谈'之中。"①这里，他是把对自己鲁迅认识的反省与对山岸会生活的反省作为同一问题。更重要的是，对于新岛来说鲁迅不仅是鲁迅，并且是某种意义上的"毛泽东"、"中国"与"日本"。如前面的引文显示的，青年时代的新岛就把鲁迅与毛泽东相提并论，强调二者的"革命"同一性。在1970年代初期的日本左翼浪潮中，新岛明言自己的鲁迅论"并非鲁迅论，而是处于危机中的日本论，或者日本革命的战略论"。同时宣称："如果不改变未被意识到的日本民族主义的作风、学风、文风—— 一言以蔽之即行为方式，那么即使实现日中邦交正常化，邦交正常化大概也不能成为防止再侵略、再虐杀的保障。因此'改造我们的作风'才成为特殊的战略课题。对于我来说，鲁迅就是作为那种革命战略导师存在的。"

---

① 《阅读鲁迅》（鲁迅を読む）第293—294页，晶文社，1979年2月，后同。"实显地"即山岸主义的"实际显现地区"。新岛淳良在《阿Q的乌托邦》"七月"部分对"实显地"一词进行了解释。

这里，鲁迅、毛泽东、改造日本的主张这三者融为一体。[①]新岛在脱离山岸会前后（1978年至1979年间）总结自己的思想和五年山岸会生活，撰写了《阿Q的乌托邦》《阅读鲁迅》《我的毛泽东》等著作，《阅读鲁迅》腰封上的广告词甚至是"思考鲁迅即思考中国"。

当新岛自命为"阿Q"并追求"阿Q的乌托邦"的时候，鲁迅小说《阿Q正传》的主人公通过新岛完成了从中国向日本的越境，在日本生长、行动，作为一种思想符号嵌入战后日本社会。新岛在"鲁迅"这面镜子里照出了自己，鲁迅也通过"新岛"这面镜子反射到战后日本社会，双方的镜像关系由此形成。这种镜像关系是双向的而非单向的，二者互为镜像、互相阐释。本文旨在通过对这种镜像关系的梳理、分析，阐明新岛淳良的鲁迅观与革命思想，展现战后中日两国左翼思想的同时代性，进入打上了鲁迅与新岛淳良深深印记的村上春树《1Q84》的文学空间。

一　面对鲁迅的姿态

研究者面对文化巨人鲁迅，方法论十分重要。对于外国研究者来说尤其如此，因为他们与鲁迅之间存在着文化、语言的差异。新岛淳良在开始研究鲁迅之初即具有自觉的方法论意识，他将方法称作"姿态"。考察新岛的方法论须从其汉语学习开始。

新岛在《阅读鲁迅·后记》（写于1978年11月）中回忆了自己青年时期学习汉语、走近鲁迅的情形。他升入旧制一高的时候开始学习汉语，老师是现代日本汉语教育史上著名的仓石武四郎

---

① 这里的"改造我们的作风"一语是从毛泽东《改造我们的学习》一文的题目转化而来。《改造我们的学习》与《整顿党的作风》《反对党八股》是延安整风运动中毛泽东的主要著作。

（1897—1975）与工藤篁（1913—1974）。发音阶段结束之后，工藤就带着学生直接阅读鲁迅的《祝福》《〈解放了的堂·吉诃德〉后记》，并且让学生读竹内好的《鲁迅》。新岛回忆说："听到竹内好的名字，是在第一堂中国语课上，从工藤老师那里。他说'我的朋友竹内好在日本评论社出了一本书，叫《鲁迅》，你们去旧书店买来读读。'那是在 1946 年 4 月。当时竹内好大概刚从中国复员回国或者尚未复员。我们马上就跑到神田的旧书店去买。我阅读《鲁迅》之后被征服，可以说，那种感动成了我后来继续学习汉语的动力。从那以后，竹内好的著作我基本都读过。"[1]这里提及的《鲁迅》显然是日本评论社 1944 年 12 月发行的初版本。上述事实表明，新岛在人格形成的青年时代即受到鲁迅影响，甚至其追求乌托邦、抵抗现行国家体制的方式都有几分堂·吉诃德色彩。从方法论的角度说，此事包含着两方面的象征性：一是对于新岛来说学习汉语与走近鲁迅是共时性的事情，因此语言（主要是汉语与日语的差异）成为其理解鲁迅作品的重要途径；二是其鲁迅研究自始至终受到竹内好鲁迅观的影响，与"竹内鲁迅"保持着直接、间接的对话关系。这两点在新岛淳良后来的鲁迅研究中经常有所体现。

新岛的鲁迅研究始于 1952 年他二十四岁的时候。当时他已经从一高病退、在家疗养，因对鲁迅兴趣不减，便与一高的同学一起组织了"鲁迅研究会"，创办同人刊物《鲁迅研究》。新岛在《鲁迅研究》创刊号上发表的文章《面对鲁迅的姿态》，即专门讨论方法问题，文章指出：

> 作为文章之汇集的作品之中，作者的姿态完全呈现出

---

[1] 《阅读鲁迅》第 294—295 页。

*来，而且仅仅据此姿态即互相关联。但是，当作品被置于读者面前时，只能作为另一种"物品"呈现。用我们的姿态面对之、获得某种实感，进而提高之、施以判断，如此方成其为作品。这样一来，作品时刻都在被创作，而且在被非作品化。离开了每个人的姿态，则既无创作亦无鉴赏。*①

他由此得出结论："有鲁迅写的东西、加上我们的态度、才有了鲁迅的作品了！"——这句话在原文中就是用中文书写，尽管标点符号欠规范、最后一个"了"字多余，但表达基本到位。在日语文章中用汉语写出这句话，显然是为了通过"混语书写"的特殊文体强调自己的观点。这里被强调的不仅是阅读过程中读者的主体性、阅读行为对于作品成立过程的参与，还包括汉语以及汉语背后的中国。对读者与阅读之重要性的强调本来是接受美学的基本观点，但一位二十四岁的日本青年在20世纪50年代初期对此进行明确阐述并用之于阅读鲁迅，难能可贵。

二十六年过去，1978年新岛淳良撰写《阅读鲁迅》，"序章"的题目依然是"面对鲁迅的姿态"。新岛在"序章"中说那种"姿态"是他"开始写研究鲁迅的文章以来一直采用的方法"。"序章"引用了1952年同题文章中的两段话（包括本文引用的上面这一段），说自己"重读四分之一世纪前的文章，为观点没发生任何改变感到吃惊"。②

新岛1970年提出的"鲁迅异本"说，亦处于上述方法论的逻辑之中。这一年他在早稻田大学创办了同人刊物《阅读鲁迅》（《鲁迅を読む》），他执笔的创刊号（1970年11月发行）"后记"

---

① 转引自《阅读鲁迅》第11—12页。
② 《阅读鲁迅》第12页。

是谈方法论问题，曰：

> 　　对于鲁迅作品来说，我们是外国读者。所谓"阅读"，即使是在本国读者那里，也不外乎一种解释，对于外国读者来说尤其如此。所谓"解释"，即在读者的文脉之中将作品移位、转换。此时，原作品的固有框架不可避免地被超出。在此过程中，鲁迅作品将发生即使是作者本人与本国同时代读者也意想不到的变形。说得大胆一点，即"异本"将不可避免地产生。外山滋比古在《现代读者论》中说："任何作品，没有异本或者拒绝异本的产生，都不能成为古典。"这样看来，我们在今天的日本、在各自的文脉之中阅读鲁迅，就是在制造无数的鲁迅异本，是在逐渐将鲁迅古典化。在此意义上，这里收录的各篇文章均为鲁迅异本。[①]

这里的"异本"是指与"原本"相对、发生变异的文本。只有在鲁迅读者的主体性得到认可的前提下，"鲁迅异本"才能出现并得到认可。

不过，在新岛淳良这里，注重"我们的态度"并不意味着读者面对鲁迅作品时可以随心所欲。新岛在强调读者姿态（态度）之独立性的同时，也强调读者与鲁迅之间价值观的相通或相同。这就意味着实体性、主体性的鲁迅先于读者而存在，是读者必须面对的。新岛在《阅读鲁迅》"序章"中举荷兰画家伦勃朗（1606—1669）的自画像为例，说明世界观、人生观、生存状态的相通对于阅读鲁迅的重要性。伦勃朗创作自画像的时候在距离

　　[①]　引自《中国的逻辑与日本的逻辑》（中国の論理と日本の論理）"后记"，同书第313页，现代评论社，1971年4月。引用者翻译。

与角度方面进行了精心设计，为后世看画者设了圈套。看画者面对那幅自画像，只有保持特定的距离与角度才能看到画中的伦勃朗。新岛由此引申说："我认为鲁迅作品同样如此。鲁迅的作品，是鲁迅用文章书写其世界观、历史观、生存状态、感觉方式的自画像。伦勃朗的画像，被画成只有在不远不近、立足于某一点的时候才能与伦勃朗本人相遇，鲁迅作品同样如此。只有在用鲁迅的世界观、生存状态、感觉方式去阅读鲁迅作品的时候，鲁迅其人才对我们发出声音。人生态度必须一致。"因此，新岛对鲁迅作品的读者提出了严格要求。在中文课堂上让学生即兴表演鲁迅小说《铸剑》的时候，他认为《铸剑》是"复仇的故事"，因此"只有因仇而生、立志复仇、为复仇不惜把自己的怪异形象（眉间尺乃两眉相距一尺的怪貌少年）展现于世人、亲手割下自己头颅的人，或者为了成全那复仇之志满身创痍的人，才有成为这篇作品读者的资格。鲁迅只对那种读者发出声音"。①

读者的"姿态"须与鲁迅相同、相通，意味着"姿态"首先是由鲁迅决定的。在此前提之下，新岛从鲁迅的人生道路、生活状态出发，提出了"姿态"的实践性问题。他说："鲁迅年轻的时候成了革命党员。他认为可以舍弃自己的生命。到了中年在若干所大学做教授，写反体制的文章。晚年辞去大学教职、与许广平结婚、仅靠写文章维持生计。而且一生体弱多病，年仅五十五岁就死于结核病。我不认为未曾在革命中燃烧自己的生命、终生公司职员式地过教授生活的'学者'懂得鲁迅。也不认为他们拥有阅读鲁迅的姿态。"②

总体看来，新岛淳良所谓面对鲁迅的"姿态"之中包含着

---

① 《阅读鲁迅》第11页。

② 《阅读鲁迅》第13页。这里有关鲁迅"认为可以舍弃自己的生命"的表述与事实有出入。

读者主体性与鲁迅主体性的统一、书斋阅读与社会实践的结合等不同层面。由于他是作为日本人在日本社会中强调读者的姿态，因此"姿态"问题本身就是日本问题。新岛的"姿态"是方法也是本质。这种复杂性在他讨论"鲁迅异本"的时候已经显现出来。在新岛这里，当日本人身份、鲁迅价值观、实践精神三者统一起来的时候，面对鲁迅的姿态即转换为面对日本的姿态，鲁迅因此与日本直接相关。这是新岛鲁迅论的关键点之一。

事实正是如此。身在日本的新岛淳良将鲁迅提出的命题、鲁迅名言乃至鲁迅小说中的典型人物原理化、普遍化，赋予其现实批判功能。这在其1968年对木下顺二（1914—2006）剧作《冲绳》的评论中已经显现出来。《冲绳》创作于1963年，表现在"二战"末期的冲绳之战中对冲绳人犯下罪行的本土日本兵与冲绳人的冲突，与鲁迅无涉。但是，新岛将《冲绳》与《阿Q正传》做比较，认为主人公之一波平秀自杀是其"奴隶根性"（鲁迅批判的那种"奴隶根性"）使然，并批评木下的处理方法。[1]在新岛1970年发表的论文《日本民族主义与亚洲》中，[2]被原理化的鲁迅则多方面地发挥批判功能。此文的主旨是批判战后日本民族主义，与鲁迅无涉，但使用了鲁迅的"还债"、"救救孩子"、"旁观者"等界说。文章开头即引用鲁迅《无花的蔷薇之二》（1926年）中的名句"血债必须用同物偿还。拖欠得愈久，就要付更大的利息！"文中再次引用。新岛是用鲁迅的语言表达自

---

① 《木下顺二的〈冲绳〉与〈阿Q正传〉》（木下顺二の『冲绳』と『阿Q正伝』），发表于1968年7月日中友好协会早稻田大学学生支部主办的杂志《红河》第3期。
② 《日本ナショナリズムとアジア》，发表于1970年10月号《构造》（《構造》），收入《中国的逻辑与日本的逻辑》。

己的主张——日本人有罪于亚洲人民，应当"还债"（进行战争赔偿）。而且，他把"还债"作为拯救日本下一代的手段，即通过在日本国民中培育对民族历史负责的精神，让日本下一代获得新生。表达这种主张的时候他引用了鲁迅《狂人日记》结尾处的"救救孩子"，并将这四个字用黑体字突出出来。对于熟读鲁迅著作的新岛来说，"救救孩子"的思想大概不仅来自《狂人日记》，并且来自《随感录·四十》等杂文。上述"还债→救救孩子"的逻辑与鲁迅《随感录·四十》中的逻辑相同。《随感录·四十》是讨论旧家庭对人的压迫、"人之子"的诞生，曰："旧账如何勾销？我说，'完全解放了我们的孩子！'"①"旁观者"问题是从日本学生在公共场所对朝鲜族学生施暴而日本市民只是在旁边观看这类社会事件提起的。新岛指出事件中存在着"加害者/受害者/第三者（旁观者）"的结构，批判日本人的"旁观者"心态，并用这种结构解释战后日本与中、韩等亚洲国家的关系。这种批判方法与他对鲁迅"看客"批判的分析正相一致。②对于新岛本人来说，在被普遍化、原理化的"鲁迅"之中，最重要的是阿Q形象与鲁迅革命观念的普遍化，因为新岛最后变身为"阿Q"、追求打着鲁迅思想印记的"乌托邦"。这个大问题下文详论。

与日本读者的身份相伴随的另一问题是语言（汉语或日语）。新岛认为文章离开其语言属性即无法存在。关于作为语言文本的鲁迅作品，他在《阅读鲁迅》"序章"中从日本读者的角度论述道：

---

① 《随感录·四十》，原载1919年1月15日《新青年》第六卷一期，引自《鲁迅全集》第1卷第323页，人民文学出版社（北京），1981。后同。

② 《阅读鲁迅》第11章不仅分析了阿Q在被押赴刑场的路上看到的"群众"（看客）的眼睛，并且引用了鲁迅《娜拉走后怎样》中的"群众，——尤其是中国的，——永远是戏剧的看客"一语，《阅读鲁迅》，第265页。

　　鲁迅的文章并非直接呈现中国的事实（社会、事件、人物、自然等等）之作。在鲁迅的文章中无法看到中国的历史与社会等等。鲁迅文章传达给我们的只有两种东西：鲁迅对于事实的感觉、思考，及其语言表现。二者的关系是：（1）关于事实的思考方法的物质基础是语言表现，（2）不存在语言表现之外的"思考方法"。因此，在理解鲁迅方面，首先，有必要通过与日语的比较（我是日本人，所以在这里这样说，若是朝鲜人，那么通过与朝鲜语比较来把握即可），把握中国语中有怎样的语言表现、只存在怎样的语言表现；其次，把握鲁迅选择了怎样的语言表现这种程序是必要的。[1]

因此，他在强调实践"鲁迅"的同时，指出"仅仅从事所谓实践活动而没有学习汉语愿望的人，也不会懂得鲁迅"，他甚至"有一种近于确信的认识——在外国人那里鲁迅作品被理解得更深入"。[2]不言而喻，新岛所谓的"外国人"是懂中文、能够将中文与自己的母语进行对比的外国人。这种观点尽管有轻视作品的本土文化蕴涵、轻视读者成立的文化前提之嫌，但深刻地表达了语言差异对于文本解读的重要意义。在新岛的鲁迅研究中，将中文原本与日译本（新岛通常使用竹内好的日译本）对照阅读、通过对比寻找汉语与日语的差异、进入作品深处，是重要方式之一。"月光"是否应当译成"月"（つき）？"示众"是否应当译成"引き廻し"（ひきまわし）或"さらし刑"（さらしけい）？阿Q得胜的"胜"字是否应当译成"意気揚揚"（いきようよ

---

① 《阅读鲁迅》第12—13页。着重号为原文所有。
② 《阅读鲁迅》第14页。

う）？ ① 通过类似的辨析，新岛找出了竹内好的翻译没有充分传达的内容，并由此更深入地理解鲁迅的作品、发现了词汇背后的文化差异。这是因为文化差异的存在使鲁迅作品的某些内容无法直接翻译为日文。

新岛在《阅读鲁迅》"后记"中明言自己阐述的是"非日本人不能写的鲁迅"，其所谓"日本人"，即由姿态、语言、价值观构成的日本人，并且是背负日本近现代历史、生活在战后日本社会的日本人。

二 "日本阿Q"的成立

新岛淳良以"阿Q"自命是在1978年前后。1977年5月他在"绿色故乡塾"举办读书会、阅读鲁迅著作、讨论乌托邦问题，并总结自己将近五年的山岸会生活。本年撰写的文章翌年（1978）结集出版，书名为《阿Q的乌托邦》。书名本身意味着新岛在将自己比喻为阿Q的同时亦将阿Q的理想世界（包括某种意义上的山岸会）比喻为乌托邦。在1978年撰写的《阅读鲁迅·序章》中，新岛明言"我是阿Q"，曰：

> 武田泰淳（似乎是）写过：鲁迅是"看穿了的人"。
> 面对他的时候，我也觉得他的眼睛好像看穿了我的"皮肉以外的东西"，莫名地开始对现在生活于世感到不安。我是阿Q，并觉得鲁迅试图描写那个阿Q。觉得他的作品是为我而写。我问鲁迅：
> ——L老师，历史是有意义的吗？

---

① 参见新岛淳良在《阅读鲁迅》第16、19、233页的分析。

——那是无所谓有无所谓无的。L回答。

——但是，阿Q那样的人生，不是悲剧性的吗？不为任何人所爱，甚至不为您所爱。

L没有回答。[①]〔后略〕

就这样，新岛确认了自己的"阿Q"身份。"看穿了我的'皮肉以外的东西'"一语是从《阿Q正传》结尾处转换而来，被转换的不仅是表达方式，还有与鲁迅进行精神交流时的生命体验。

那么，如何理解新岛淳良"我是阿Q"的比喻？这个比喻非常重要，因为它不仅与新岛的自我认知有关，并且与其对阿Q形象的认识有关。

新岛"我是阿Q"的比喻总体上并不成立。阿Q与"日本阿Q"（新岛）之间的时空距离（一为辛亥革命时期的中国人，一为昭和初期出生的日本人）姑且不论，二人的身份也有天壤之别。阿Q是浙东乡间（"未庄"）的流氓无产者，上无片瓦下无立锥之地，而新岛生于东京长于东京，是世界知名的早稻田大学的教授。在文化身份层面上，阿Q是落后的中国国民性的符号，而新岛不仅不是、甚至不可能是，因为日本不存在鲁迅通过阿Q这一形象揭露、批判的那种国民性。相反，鲁迅对中国国民性的批判在很大程度上是以日本国民性为尺度。这一点新岛也已充分意识到。他在梳理鲁迅心目中阿Q形象形成过程的时候指出："在我看来，阿Q是鲁迅留学日本的时候仔细观察日本人、通过以日本的国民性为镜子而塑造的。如前文已经介绍的，鲁迅开始思考中国国民性问题是在留学日本初期。"进而，他分析了《藤野

---

① 参照《阅读鲁迅》第24页。武田泰淳（1912—1976），日本现代著名作家，曾从军到中国，著有《司马迁》《风媒花》等。所谓"鲁迅是'看穿了的人'"一语出处待考。

先生》《示众》《呐喊·自序》以及《阿Q正传》等作品，指出："人为了看到自身的缺点，镜子是必要的。我认为，对于鲁迅来说，成其为认识中国内部国民性缺点之镜子的，是他唯一熟知的外国人即日本人。他基于自己的感觉，将'我们'（他本人及其同胞）的性格、言行等等逐一与日本人进行类比，发现与日本人截然不同之处，阿Q这一人格形象在他心目中逐渐形成。"①这种认识符合鲁迅的实际。鲁迅开始思考国民性问题确实是在留学日本之初、在弘文学院学日语的时候，②他1907年撰写的论文《摩罗诗力说》已经使用"国民性"的概念。论文第五节写及希腊"堕落之民"对裴伦（拜伦）无礼，曰："裴伦大愤，极诋彼国民性之陋劣；前所谓世袭之奴，乃果不可猝救如是也。"③这里所谓的"世袭之奴"与后来常被鲁迅用以批判中国国民性的"奴隶根性"一语同义。"奴隶性"在被"世袭"之后方成其为"奴隶根性"。《摩罗诗力说》也讽刺了精神胜利法，曰："故所谓古文明国者，悲凉之语耳，嘲讽之辞耳！中落之胄，故家荒矣，则喋喋语人，谓厥祖在时，其为智慧武怒者何似，尝有闳宇崇楼，珠玉犬马，尊显胜于凡人。有闻其言，孰不腾笑？"④在撰写《摩罗诗力说》十四年之后创作的《阿Q正传》中，阿Q那句"我们先前——比你阔的多啦！你算是什么东西！"完全是《摩罗诗力说》中那段话的通俗表达。更重要的是，在鲁迅这里，中国人"马马虎虎"的劣根性正与日本人的"认真"相对。就是说，在鲁迅国民性批判思想的层面上，作为日本人的新岛淳良是"反阿Q"的。

---

① 《阅读鲁迅》第249-250页。
② 参阅许寿裳在《亡友鲁迅印象记》一文中的回忆，《挚友的怀念》第12页，许寿裳著，马会芹编，河北教育出版社（石家庄），2000年12月。
③ 《鲁迅全集》第1卷第81页。
④ 《鲁迅全集》第1卷第65页。

新岛淳良"我是阿Q"的比喻成立于阿Q的革命化，在这个比喻中阿Q是革命者。换言之，这个比喻对《阿Q正传》的主人公作了片面化（局部化）的处理，过滤掉了阿Q的流氓无产者和落后国民性体现者两种身份，而将革命者阿Q推到前台。新岛是用这种比喻标明自己的革命者身份，强调革命的重要性与革命权力的平等。从镜像关系考虑，《阿Q正传》这面镜子中的阿Q必须是革命者。只有这样新岛才能从镜中照见理想的自我，建立起自己的"革命"逻辑。

这种"革命"冲动，决定着新岛在解读《阿Q正传》的时候会从小说中确实存在的革命内容出发，阐释阿Q与革命的关系，努力证实阿Q的革命者身份。他自命为"阿Q"的《阿Q的乌托邦》与《阅读鲁迅》都是如此。

新岛的《阿Q正传》研究至少在1968年撰写论文《木下顺二的〈冲绳〉与〈阿Q正传〉》时已经开始，系统研究则是在1977年离开山岸会前后。此时撰写的《阅读鲁迅》共十一章，最后三章（九、十、十一章）从不同角度分析《阿Q正传》，分别是"传记的笔法""'精神胜利法'""阿Q与革命"。《阿Q与革命》一章是专门探讨阿Q与革命的关系。在本章中，新岛认为《阿Q正传》的关键词是"革命"与"思想"，指出："《阿Q正传》并非描写辛亥革命的不彻底性，而是描写'自己改造自己根性'那种革命的绝望与希望。"[①]这里所谓的"革命"具有多层涵义，是外部世界的社会革命也是个人内部的灵魂革命。新岛强调阿Q的革命行动与革命者身份，曰："阿Q革命了吗？我想是革命了。那是在他从群众中看到狼眼的时候。那是孤独的觉醒。置身群众之中，阿Q一个人觉醒了。""阿Q是革命者

---

① 《阅读鲁迅》第263页。

吗？我想他是革命者。"①

《阿Q的乌托邦》一书中的"七月"部分阐述了同样的问题，并且将问题与日本社会结合起来，从学术研究转向现实批判。"七月"第一节为《私译／阿Q正传》。"私译"是新岛自造的词，并非指"私人性的翻译"，而是指改写或者使用原作的题目进行再创作。在这一节中，新岛从霜川远志的剧本《阿Q正传》的演出引申出阿Q与革命的关系、革命权力的平等，曰：

> 鲁迅说：中国倘不革命，阿Q便不做，既然革命，就会做的。模仿鲁迅此言，可以说，如果不让那种只要日本不发生革命即不会被革命所改变的异常人物登上舞台，就不能说《阿Q正传》被译成了日语。（在霜川先生的作品中主人公还不够异常。）
>
> 鲁迅的《阿Q正传》表明，在辛亥革命这场历史性的革命——被统治者一方面迫切期待结束被统治状态、一方面试图将自己提高到统治者地位的革命——之中，也存在着阿Q这种例外之人。即在阿Q这里革命"不被允许"。②

这样阐述之后，新岛拿出了自己创作的《小阿的故事》（アッちゃんの物語）。故事中的小阿生活在日本某追求"理想社会"的共同体中，追求"N革命"，但共同体的人们排斥他，不准他革

---

① 《阅读鲁迅》第288—289页。

② 《阿Q的乌托邦》第195页。日文原文中开头引自鲁迅《〈阿Q正传〉的成因》中的那句话颠倒了上下文，当为笔误。这里参照新岛的上下文恢复为鲁迅原话，见《鲁迅全集》第3卷第379页。关于霜川远志改编的《阿Q正传》，参阅笔者在《"日本鲁迅"的另一面相——霜川远志的〈戏剧·鲁迅传〉及其周边》一文中的论述，文载2010年度《中国社会科学院文学研究所学刊》，中国社会科学出版社（北京），2012年3月。

命，最后他被警察枪杀了。《小阿的故事》是《阿Q正传》的缩小版、日本版，作品中小阿拿的那把柴刀是阿Q上山砍柴时拿过的，作品对剥夺他人革命权力者的批判与《阿Q正传》对不准阿Q革命的假洋鬼子的批判相一致。所以"七月"部分第二节的题目即为"建设阿Q进行革命的社会——创建共同体联盟"，与第一节对剥夺他人革命权力者的批判构成合逻辑的衔接。

创作《小阿的故事》意味着新岛淳良怀有重塑阿Q的强烈愿望。这种愿望同样体现在其对阿Q形象的解读中。新岛不仅将阿Q作为革命者来论述，甚至将阿Q置于鲁迅的思想框架与文本系列之中，通过个人化、创造性的解释将阿Q崇高化。新岛说："我说阿Q是革命者的时候，是将《野草》中的两篇作品与阿Q结合在一起思考。"所谓"两篇作品"即《过客》与《复仇（其二）》。新岛认为"过客即未死的阿Q"。在《过客》中过客对老翁说："回到那里去，就没一处没有名目，没一处没有地主，没一处没有驱逐和牢笼，没一处没有皮面的笑容，没一处没有眶外的眼泪。我憎恶他们，我不回转去！"新岛认为阿Q如果复活，应当说的话只有这一句，因为阿Q是"短衣阶级"（与"长衫阶级"相对的贫雇农阶级）中的"短衣阶级"。过客说，"我的脚早经走破了，有许多伤，流了许多血"，新岛认为这里的"血"可以看作阿Q被枪杀时流的血、这"血"与《铸剑》中黑衣人身上的累累伤痕相重叠。关于阿Q与《复仇（其二）》的关系，新岛认为"阿Q如果复活，其景象将呈现为《复仇（其二）》中的耶稣受刑。"他论述道：

"钉杀了'人之子'的人们身上，比钉杀了'神之子'的尤其血污，血腥。"这难道不是鲁迅针对阿Q的死刑同样想说的话吗？耶稣是被作为"神之子"即人类的异类钉上十字架，阿 Q 也是作为罪犯或者谋反者被枪杀。不过，耶稣是腹部痛苦地痉挛着大喊"我的神！我的神！为何抛弃我？"的"人之子"，而阿 Q 也是面对豺狼用一柄柴刀拼命求生的一个人。

就像耶稣复活，阿 Q 同样复活。

在"复仇"一词上，难道鲁迅不是寄托了复活之后的阿 Q 的生活态度？——革命者阿 Q 的生活态度。[①]

这里，新岛已经将阿 Q"鲁迅化"（因为"过客"在很大程度上本是鲁迅的自况），并且在阿 Q 与耶稣之间建立起受难者同一性。

新岛淳良将阿 Q 阐释为革命者，还与毛泽东的阿 Q 认识有关。在《阿 Q 的乌托邦》一书的"七月"部分，新岛即两次叙述毛泽东在"文革"中让红卫兵去读《阿 Q 正传》、给所有人革命的权力一事。新岛是通过这种叙述强调革命的合理性、革命权力的平等。他说："在江青等'四人帮'不允许革命的时期，《阿 Q 正传》依然存在于中国。""毛泽东在'文化大革命'中对红卫兵说'去读《阿 Q 正传》'。他说阿 Q 的革命不被允许，但真正的革命就是允许一切人（无论是刘少奇还是江青）革命！"[②]在《阅读鲁迅》的《阿 Q 与革命》一章中，新岛又说："在中国，怀疑既有的一切'革命'概念、完成了历史上最伟大革命的毛泽东，好像用穿透纸背的眼光阅读了《阿 Q 正传》。"不仅引用了毛泽东让红卫兵去读《阿 Q 正传》的"最高指示"，并且引用了毛泽东《论十大关系》中的一段话：

---

① 《阅读鲁迅》第 292 页。
② 《阿 Q 的乌托邦》第 195、215 页。

《阿Q正传》是一篇好小说，我劝看过的同志再看一遍，没看过的同志好好地看看。鲁迅在这篇小说里面，主要是写一个落后的不觉悟的农民。他专门写了"不准革命"一章，说假洋鬼子不准阿Q革命。其实，阿Q当时的所谓革命，不过是想跟别人一样拿点东西而已。可是，这样的革命假洋鬼子也还是不准。〔中略〕他们不准犯错误的人革命，不分犯错误和反革命的界限，甚至把一些犯错误的人杀掉了。我们要记住这个教训。无论在社会上不准人家革命，还是在党内不准犯错误的同志改正错误，都是不好的。①

引用之后，新岛发挥说："毛泽东用丰富的想象力解读《阿Q正传》中阿Q与革命的关系。而且在'禁止革命'（竹内好译为'被禁止的革命'）这一点上看到了辛亥革命——不，历史上一切革命——的本质，将此视为《阿Q正传》这一作品的关键。毛泽东在有史以来的革命中之所以是最为彻底的革命家，是因为他成功描绘了甚至对于阿Q想象的那种抢夺或满足性欲的革命都'不禁止'的革命图景。"②本来，无论是在"最高指示"中还是在《论十大关系》中，毛泽东都并非专论《阿Q正传》，而主要是在修辞层面上用"允许阿Q革命"来比喻"允许人犯错误，允许人改正错误"，但是，新岛却由此把握了毛泽东的《阿Q正传》解读中潜含的革命观念。

新岛淳良对于革命者阿Q的建构，是通过对鲁迅作品的阐释、对鲁迅观点的接受、对毛泽东《阿Q正传》论的引证完成的，但本质上是新岛本人的革命思想决定的，是20世纪60至70

---

① 毛泽东《论十大关系》，引自《毛泽东著作选编》第406页，中共中央党校出版社（北京），2002年2月。

② 《阅读鲁迅》第287页。

年代日中两国左翼革命思潮的产物与组成部分。革命者的身份不仅统一了阿Q与"日本阿Q",并且在新岛与鲁迅、毛泽东之间建立起"革命"同一性。中国的阿Q通过"日本阿Q"新岛淳良,超越了国界,完成了国家性与国际性、历史性与现实性、政治性与文学性的统一。只是在这一过程中,鲁迅对阿Q落后性的批判、对"革命"之残酷性与复杂性的揭示均被遮蔽。这种局限属于新岛个人,也属于那个时代。

应当说明的是,"革命者"并非新岛淳良阿Q认识的全部。对于新岛来说,阿Q还是超越政治意识形态层面的"历史悲剧"的主人公。同样是在《阅读鲁迅·序章》中,他论述了两种"历史悲剧"。一种是黑格尔所谓的"历史悲剧",一种是美国学者扬·克特①在《莎士比亚是我们的同时代人》中界定的"历史悲剧"——"还有一种历史悲剧,植根于这种信念——历史静止着、不具有任何意义,或者不停地重复着残酷的循环——的悲剧。即所谓历史,乃与冰雹、风雨、生死一样的自然之力"。②新岛认为阿Q、祥林嫂的人生均为此种意义上的"历史悲剧"。不过,在这种普遍性的解释中阿Q已经失去了自己作为《阿Q正传》主人公的特殊性。

三　鲁迅的乌托邦,新岛的乌托邦

新岛淳良作为乌托邦追求者,其乌托邦思想有多种源头,诸如柏拉图的理想国,傅立叶、欧文的乌托邦思想,共产主义思想,新中国的社会主义实践,日本的新村运动、山岸主义等

---

① Jan Kott（1914—2001）,波兰裔美国学者,1965年到美国,采用马列主义、存在主义、结构主义方法研究戏剧,影响深远。

② 《阅读鲁迅》第25—26页。

等。①重要的是，鲁迅被他作为乌托邦建构者来认识并影响到他的乌托邦思想与实践。

在《阅读鲁迅·序章》（《面对鲁迅的姿态》）中，新岛集中描述了鲁迅的乌托邦。

"序章"由四节构成，论及鲁迅乌托邦的是第二、第四节。第二节强调"月光"与"孩子"在鲁迅作品中的重要性，大段引用了增田涉《鲁迅印象》的记述。因为增田的《鲁迅印象》记述了佐藤春夫、须藤五百三有关鲁迅与月光、与儿童关系的理解，并各自作出了解释。新岛在引用《鲁迅印象》之后，专门就鲁迅作品中的"月光"进行解说，通过《狂人日记》《药》《明日》《故乡》《阿Q正传》《白光》《铸剑》等诸多作品，论及鲁迅的创作心理、作品的美学风格等等。新岛完整引用了《故乡》中那段具有童话色彩的描写——"我的脑里忽然闪出一幅神异的图画来：深蓝的天空中挂着一轮金黄的圆月，下面是海边的沙地，都种着一望无际的碧绿的西瓜，其间有一个十一二岁的少年，项带银圈，手捏一柄钢叉，向一匹猹尽力的刺去，那猹却将身一扭，反从他的胯下逃走了。"引用之后发挥说：

> 这是在"我"这里看到乌托邦时的情景。而且，在《故乡》末尾，"我"用那句著名的"希望是本无所谓有，无所谓无的"表达某种感悟的地方，"挂着一轮金黄的圆月"。②

这里，新岛是把以月光与少年为主体的风景看作鲁迅的乌托邦。在第四节，他则大段引用了鲁迅杂文《灯下漫笔》（1925年）。

---

① 参见新岛在下列著作中的叙述：《阿Q的乌托邦》"一月"、"四月"部分，《山岸主义幸福学园》第四章，《我的毛泽东》，等等。

② 《阅读鲁迅》第17页。

鲁迅在《灯下漫笔》中将中国人的历史归结为"想做奴隶而不得的时代"与"暂时做稳了奴隶的时代"二者的循环，说："但我们也就都像古人一样，永久满足于'古已有之'的时代么？都像复古家一样，不满于现在，就神往于三百年前的太平盛世么？""自然，也不满于现在的，但是，无须反顾，因为前面还有道路在。而创造这中国历史上未曾有过的第三样时代，则是现在的青年的使命。"①新岛引用了这些论述之后指出：

> 所谓"第三样时代"，是指历史上未曾出现过的时代。通向该时代的革命并非历史上的革命，而是对于历史上的革命发生之际曾经存在过、超越历史的革命的追求——即乌托邦理想。真诚地追求乌托邦——这就是面对鲁迅的姿态。②

这样，"第三样时代"成为新岛所谓鲁迅乌托邦的另一种形态。

从《阅读鲁迅·序章》的描述来看，新岛所谓的鲁迅乌托邦是一种思想——对人类摆脱了"奴隶"身份的"第三样时代"的阐述，并且是一种具有审美属性的"风景"——以月光与少年为主体构成的海边西瓜地风景。新岛在描述鲁迅乌托邦的时候两次引用了鲁迅关于"希望"的名言。第二节引用的是《故乡》结尾处那一句，第四节则引用了鲁迅从裴多菲那里借用的"绝望之为虚妄，正与希望相同"。由此可见，在新岛对鲁迅的理解中"希望"是"乌托邦"的同义词。在对于《故乡》的论述中，新岛直接把这两者统一起来，说："希望——鲁迅的乌托邦——本是无所谓有、无所谓无的。从讨论有、无的地平线上，他已经迈开了

---

① 《鲁迅全集》第1卷第213页。
② 《阅读鲁迅》第26—27页。

脚步。"①鲁迅的乌托邦思想还被新岛表述为"理想社会的景象"。②

本质上，新岛定义并描述的鲁迅乌托邦思想包含着两项主要内容，即儿童（少年）与革命。"儿童"一词可以转换为"希望"、"未来"。儿童与革命这两者与"第三样时代"之间的逻辑关系在于：儿童是"第三样时代"的载体、主人公，革命则是改变奴隶身份、创造"第三样时代"的手段。

"革命"的问题已如前节所论。关于儿童在鲁迅乌托邦思想中的位置，新岛在《阅读鲁迅》第三章《道教与乌托邦／〈狂人日记〉Ⅲ》中进行了充分论述。他将《狂人日记》看作乌托邦小说，引用了小说第八节中"我"对大哥阐述不要吃人的那段话，指出："'我'的主张无疑是'反国家'的、意味着向从最根本上反体制方向发展的思想转换，是危险的乌托邦思想。"在此前提之下解释小说结尾处"救救孩子"一语的意义，曰：

> 西欧乌托邦的意义，在于提供新的绝对价值。中国固有的"桃花源"乌托邦，因为是旧价值观中的理想乡，所以不会反体制。《狂人日记》通过呈现"真人"创造了新的绝对价值。"我"因为拥有那绝对的价值体系，因此将现实世界中的一切都看成悲剧。拥有"真人"这种绝对之物的"我"是孤独的。包括亲骨肉在内的现实生活中的一切人，与"我"之间都不存在共通的价值体系。"我"不能爱任何人。所以，只能最低限度地用渺茫的希望与尚未受到这个世界价值体系污染的孩子相联系。那就是结尾处的"救救

---

① 《阅读鲁迅》第八章《苦涩与希望／〈故乡〉》，《阅读鲁迅》第204页。

② 《阅读鲁迅》第三章《道教与乌托邦／〈狂人日记〉Ⅲ》，《阅读鲁迅》第99页。

孩子……"。最后的"……"也许是表示"我"也不相信自己的祈求，省略号也许是表示绝望的空白，而且这与阿Q的"救命，……"相呼应。①

新岛能够发现并强调儿童在鲁迅乌托邦中的重要位置，是基于其多年间对鲁迅笔下儿童问题的关注、研究。如本文第一节所述，早在1970年，新岛在论文《日本民族主义与亚洲》中就把鲁迅的"救救孩子"原理化，呼吁日本人通过承担战争责任以拯救日本下一代。同年撰写的论文《鲁迅与儿童》则系统梳理了鲁迅的儿童观，论及《孤独者》《阿Q正传》《狂人日记》等作品。在《阅读鲁迅》一书中，《狂人日记》之外，对于《孔乙己》《故乡》等作品的分析同样以"儿童"为焦点，挖掘"儿童"作为一种思想在鲁迅作品中的位置与存在形态。不仅如此，新岛还从小说艺术的角度分析儿童作为一种视角在鲁迅小说叙事中发挥的功能，更有效地发掘了鲁迅作品的蕴涵，使《孔乙己》《祝福》等并非以儿童为主人公的作品呈现出新的面貌。

在《道教与乌托邦／〈狂人日记〉Ⅲ》中，新岛分析了"救救孩子"与鲁迅乌托邦的关系之后，归纳了鲁迅乌托邦思想的多源性，指出："鲁迅并非从一个源头获得这种强有力的乌托邦思想。就像我们已经看到的，至少是从墨子、庄子、神仙思想、嵇康、道教的传统思想——与儒教对立的流派——那里获得，也从尼采的'超人'获得，从武者小路实笃的新村获得（鲁迅在创作《狂人日记》之前，从住在一起的周作人那里了解了新村），大概还从佛典中获得。"总体看来，新岛是力图从起源、本质、基本内容、在小说中的显现等不同层面，系统地描述鲁迅的乌托邦，

---

① 《阅读鲁迅》第104—105页。

并且用这种乌托邦重新统合鲁迅作品。

如前所述，新岛淳良强调鲁迅研究者与鲁迅之间人生态度的一致。因此，当他宣称"真诚地追求乌托邦——这就是面对鲁迅的姿态"的时候，阅读鲁迅、实践鲁迅思想与追求乌托邦即成为具有同一性的行为。事实上，新岛本人作为鲁迅研究者追求乌托邦，正是力图通过否定现行国家体制建立"第三样时代"，并从儿童教育入手培育适宜于那种时代的新的人。

新岛淳良在《阿Q的乌托邦》"三月"部分《人类之进化是否可能》中，将自己的乌托邦理念归结为"进化论"，说："我相信，今天的人类将和猛犸牙齿似的巨大国家一起灭亡，新的人类，将借助这样的男女组合——立志守护、哺育人类中的弱者、自己种植食物的男女组合——成长起来。""立志于那种'男女组合型群体'的个体，就像曾经发生过的'人'的起源那样，难道不是能力很差、很不漂亮、很弱——即在社会或村庄或国家之中感到生存困难、被排斥的人物？这个世界不是我们居住的世界，应当存在着另一与此世界不同的、我们能够居住的世界。去那里吧！那就是乌托邦！"[①]这种乌托邦的本质，正是新岛从鲁迅《狂人日记》以及《阿Q正传》中读出的反国家、反体制思想与弱者本位思想。这种思想作为乌托邦与鲁迅相一致，作为进化论同样与鲁迅相一致。对于鲁迅的进化论，新岛本有自己的解释。他认为鲁迅是将"通过种族中个体的'努力'（《狂人日记》第十节）克服自己所属的种族、进而创造新'种族'的过程"看作"进化"，并指出鲁迅"追求的是通过'个人'的努力、意志的胜利而实现的群体（中国人）与'种'（人类）的再生"，"对于他来说，所谓'进化'并非自然法则，而是那种个人的努力有效地

---

① 《阿Q的乌托邦》第134页。

改变'种'的过程"。①

新岛淳良置身战后日本社会，其乌托邦追求本身就是对日本现行国家体制的否定，具有"革命"的意味。新岛的日本批判正是基于其乌托邦思想展开的，这种批判指向历史、思想、现实、社会体制、价值观等诸多层面。不仅批判近代以来日本的侵略历史和日本天皇制，而且批判日本政治的非乌托邦性质——他说（世界上其他国家）"不存在像日本政治这样与乌托邦无缘的政治"。②为了改变这种日本政治状态，他在进入山岸会之后提出的"绿色故乡"乌托邦提案中，呼吁从日本自民党到日本共产党的各党派参加进来，"希望这些没有乌托邦的人们，希望这些作为人类的大人并不健全的'现实主义者'，稍微把目光转向政治的正途"。③这里，甚至日本战后的民主主义都已经被新岛否定。在此意义上，新岛放弃早稻田大学教职意味着否定战后日本教育体制。为此他不惜否定受益于这种体制的自我。

新岛投身山岸会，正是因为当时他认为山岸会具有反国家、超社会的性质，是日本国家体制的对立物。山岸会由山岸巳代藏（1901—1961）的敬仰者在昭和二十八年（1953）创立，背景、理念、组织方式都很复杂。新岛当时对山岸主义的理解，集中体现在《阿Q的乌托邦》"三月"部分《人类之进化是否可能》的最后一节"山岸主义"。本节曰：

> 我认为，山岸巳代藏其人，是就从前未曾出现的幸福社会展开憧憬并进行思考、实践之人。现将其思想逐条书写于

---

① 《阅读鲁迅》第二章《反进化论／尼采的投影》，《阅读鲁迅》第74、77页。
② 《至今为止乌托邦为何未能实现？》（いままでユートピアはなぜ実现しなかったか），《阿Q的乌托邦》第138页。
③ 《至今为止乌托邦为何未能实现？》，《阿Q的乌托邦》第140页。

此，以结束本次讲演。这里只书写不解说。

（1）现在的人皆为"狭窄人"，作为家族、村落、社会、国家等狭窄世界的一员而生存。在下一个世界中，所有人都成为"广阔人"、世界人（从群体的一员转变为种族的个体）。

（2）从性爱至上的家庭夫妇观念中解放出来，实现深层次的爱情婚姻（对象不固定、复数的情形亦可能）。

（3）因为从"家庭人"获得解放，所以要放开孩子，使其也能采取"种族本位"（非群体本位）的行动。将孩子托付给能够那样培养孩子的地方。

（4）生育时应当考虑到人类体质的改善（在有生育畸形儿之危险时不生育）。

（5）谋求宇宙、自然、天、地、人的调和。

成为身在群体而超越群体的灵魂的独立生活者！[①]

引文中所谓"群体的一员"当为既存社会组织中的自在之人，近似于鲁迅《文化偏至论》中"众数"的"数"，而所谓"种族的个体"当为整个人类社会中的自为之人，近似于《文化偏至论》中的"个人"。引文中的"宇宙、自然、天、地"等等还被新岛表述为"自然主义"——他说"我在不知不觉中被吸引的另一原因是山岸主义的自然主义"。[②]

要言之，在新岛描述的山岸主义中，国家乃至家庭等既存的社会组织形式均被否定，广义的"人"与天地、自然获得调和，儿童问题被高度关注。这与鲁迅的"立人"、"救救孩子"思想多

---

① 《阿Q的乌托邦》第135页。
② 《阿Q的乌托邦》第43页。

有相通之处，由此可以看到作为鲁迅研究者的新岛进入山岸会的思想根源。

新岛在山岸会中的主要工作，正是儿童教育——发起山岸主义幸福学园运动，创建幸福学园。进行这些活动的时候，新岛再次引用了鲁迅那句"救救孩子！"可见其儿童教育工作是在鲁迅思想的延长线上进行的。上引五项山岸主义之中有两条是就儿童而言，在此意义上可以说新岛是为了"救救孩子"进入山岸会。而进入山岸会之后致力于创办山岸主义幸福学园，则意味着新岛在扩大、凸显山岸主义中的儿童问题。新岛进入山岸会是在1973年，入会之初即开始了山岸主义幸福学园运动。1973年2月10日他发表讲演《幸福学园运动与山岸主义》，描绘了"理想的学校"的图景：

> 幸福学园的课程表，大致说来，即重视所有类型的游戏，也重视戏剧演出，重视手工劳动。通过游戏，儿童们学习尊重规则，学习自律与创造。通过与音乐、舞蹈相结合的戏剧演出，学习自我表现与协作。而且，孩子们通过亲自进行木工、铁艺、电工、纺织、园艺、陶艺、美术等手工劳动，认识客观自然、学习技术、培养创造力。进而，还考虑在幸福学园从幼儿期开始对儿童进行语言教育。用语言描绘未来与梦想，用丰富的语言分析现实，——大概惟有这种能力是将人类与其他动物区别开来的标志。幸福学园在培养学生正确、优雅、自由地使用母语的能力的同时，也计划开设朝鲜语、中国语、英语、德语、法语、俄语等多种外语课程。[1]

---

[1] 《山岸主义幸福学园——追求乌托邦的共同体》（ヤマギシズム幸福学園／ユートピアをめざすコミューン）第62—63页，本乡出版社，1978年3月。

课程设置本质上是基于对"人"的理解、对新型人的设计，其中包含着普遍性的伦理精神。新岛自云"该'山岸主义幸福学园'村的构想，展示了理想社会的应有状态，是在纸上描绘的乌托邦共同体"。开始这种提倡接近一年半之后，1974年7月，他在三重县阿山郡的阿山町租借了农房，建设幸福学园。新岛住在学园里，"第一次在现实生活中获得了理念与生活、身与心统一的感觉"。[①]整整两年之后才离开。[②]《幸福学园运动与山岸主义》等文章之外，《阿Q的乌托邦》的重要内容之一，也是论述"乌托邦与育儿"的关系。[③]

新岛一度将山岸会看作自己的乌托邦，但山岸会的实际情形与新岛的理解差距甚大。当新岛发现山岸会的"体制"、"国家"属性的时候——即发现了山岸会对"弱者"（阿Q式的弱者）的压抑的时候，他离开了。那是在1978年1月。新岛在离开山岸会当年出版的《救救孩子》一书中批判山岸主义，说："我认为这种信仰（"群体生活＝社稷"这种信仰，下同）完全是日本本土性、传统性村落共同体居民的信仰。而且，山岸会并不回避大型机械、电气化生活与都市性的娱乐（例如电视）等等，因此，自然会被认为给面向21世纪迷失方向的现代日本人约定了廉价的乌托邦。即那里存在着人与人之间的全面的人格联系、实现了人与自然的有机调和。我认为这种信仰正是现代日本人的心理需求。我的不和谐之感是来自幻想——这种生活形态有可能扩大到日本全国，在于日本国内的人参加'特讲'、到实显地去生活的预测这一点。他们为何力图将群体生活从小国寡民的小村落向外

---

① 《山岸主义幸福学园——追求乌托邦的共同体》第248、249页。

② 新岛离开山岸会之后，阿山的幸福学园改名为"山岸主义生活阿山实显地"。参照《救救孩子》一书"后记"。

③ 参见《阿Q的乌托邦》"六月"部分《乌托邦与育儿》。

扩展？如果这种生活扩展到日本全国，只能成为那种军国主义式的天皇制国家，而且，那种怪物似的、不自由的社稷国家以那种方式崩溃，不就是不久前的事情吗？我对于日本存在着那种可能性感到恐惧。""应当说作为国家的实显地是最坏的国家。这是因为，如前所述，这个国家中完全没有'法'这种东西。""我离开山岸会，现在想来，大概是因为它是双重的'强人'乌托邦。因为山岸是'强人'，因此他周围聚集的依然是'强人'。因为是这种人组成的共同体，所以'弱者'被排除。"①在1979年2月撰写的《我的毛泽东·前言》中，他更尖锐地指出："支撑山岸会的与支撑国家的是同一个逻辑"，"山岸会，具体说来是市民社会的'消费者'们一直喜爱的顺从的'生产者'，作为一个整体是日本国家最为健全的补充品"。②本文第二节所涉《小阿的故事》讲述弱者被排除、被剥夺革命权力的故事，也是在批判山岸会。在此意义上《阿Q的乌托邦》一书书名中的"乌托邦"具有二重性，当它指向山岸会的时候它具有否定性与讽刺性。

对于新岛来说，进入山岸会与离开山岸会，都是一种抵抗日本现行国家体制、抵抗强者、追求乌托邦的行为，同样包含着实践鲁迅精神的层面。因此对于他来说离开山岸会并不意味着放弃乌托邦。不仅《阿Q的乌托邦》写在离开山岸会前后，有总结、反省的性质，在《救救孩子》中他也重提"阿Q的乌托邦"，并结合"弱者"、"儿童"等问题进行论述。他说："鲁迅小说《阿Q正传》描绘的阿Q在社会上是'弱者'。他在村里最穷，而且没有固定职业、生活不安定。无妻、无友、无靠山、无喽罗、无文化、无技术。他也许想过安定的生活，但无法安定下来，不

① 《救救孩子》第262、264、273页。
② 《我的毛泽东》第4—5页。

得不做流浪者。但是，他依然拥有乌托邦。"这里，新岛所谓的阿Q乌托邦即小说第七章《革命》描绘的阿Q的革命想象。"阿Q想统治的是'未庄的一伙鸟男女'，但存在于我的乌托邦中的是儿童。无论怎样想，'救救孩子'都是社会留给承认自己无力者——无力改变已经成为大人的自己与他人——的唯一乌托邦。"① 所以，他在离开山岸会之后（1978年9月）撰写的《山岸主义与我的乌托邦》结尾处，引用了鲁迅《失掉的好地狱》中的那句话："朋友，你在猜疑我了。是的，你是人！我且去寻野兽和恶鬼……。"②

新岛脱离山岸会之后建构了另一形态的乌托邦，即"绿色故乡"。他在《阿Q的乌托邦》"后记"中说："山岸会，就像在正文中反复谈及的，是追求乌托邦的共同体之一。总而言之我在那里生活了五年。在那种生活中，我终于向往超越山岸会的乌托邦，那就是'绿色故乡'。"③ 绿色故乡起步于1977年1月，新岛将其概括为"暂时搁置意识形态斗争，从每个人的志向出发创造理想社会"，进而具体解释说："'绿色故乡'主张以五十年的展望为目标。即五十年之内，在现实生活中解决那些迫在眉睫、必须解决的问题——能源、粮食、公害、福利、教育等等。如何解决此类问题，简言之即如何防止'对子孙后代的犯罪'。我们正在构想一个宏大的规划，即如何取代原子能发电、大量消耗石油那种导致子孙灭绝的能源消费，只活用本国固有的资源来创造舒适的生活（沼气、风力发电、太阳能房屋等）。在粮食供应方面，通过与地方自治体的互助，实现无须进口饲料的畜牧业生产——像山区奶农饲养牛羊（日本战前有五十万头、现在是五万头）那

---

① 《救救孩子》第275页。
② 《救救孩子》第281页。
③ 《阿Q的乌托邦》第295页。

样，实现与这种畜牧业生产相结合的有机农业种植法，并考虑用会员制方式组织消费者、吸收小时工做生产者。"显然，"绿色故乡"是从新岛原来理解的山岸主义的"自然"演化、扩大而来，但与山岸会相比，"绿色故乡"淡化了意识形态色彩，包含了更多的自然属性。这种自然与鲁迅《文化偏至论》中的"掊物质"（质疑现代工业文明）具有相通之处。所以新岛不仅在"绿色故乡塾"阅读鲁迅著作，并且自问自答，说："也许有人会问，'绿色故乡'与鲁迅有怎样的关系？我认为，鲁迅无疑是我们的同时代人，正在此时、此地对自己的问题进行更深入的探讨。"①

四　新岛淳良与《1Q84》

藤井省三对于村上春树《1Q84》与鲁迅《阿Q正传》等作品、与新岛淳良之关系的发现，为理解鲁迅、新岛、村上这个三角结构中的文学、历史、国家等复杂问题提供了前提。可惜，在藤井论文中关联文本没有得到充分挖掘，藤井好像是走上了一条通往秘境之路却中途止步。实际上，《1Q84》与新岛以及鲁迅的关联并非限于个别的人物原型或场景问题，而是宏观的、整体性的，涉及主题、情节结构、价值观等大问题。这里从五个方面分述之。

其一，《1Q84》作为乌托邦小说不仅与《1984》有关，并且与《阿Q的乌托邦》等新岛著作密切相关。

《1984》即英国作家乔治·奥威尔（1903—1950）的乌托邦小说名作。村上《1Q84》的书名是对《1984》书名的机智模仿。由于"Q"的发音与日语中"9"的发音（きゅう）相同，

---

① 《阿Q的乌托邦》第211、213、214页。

因此作为声音的"1Q84"在日语环境中就是"1984"。在此意义上《1Q84》是另一种版本的《1984》。《1Q84》叙述的故事更是多次涉及《1984》。《1984》中的"老大哥"不仅出现在《1Q84》Book1第18章的章题中，并且在该章被戎野隆之讲述。戎野对天吾说：

> 乔治·奥威尔在《1984》里，你也知道的，刻画了一个叫"老大哥"的独裁者。这固然是对极权主义的寓言化，而且老大哥这个词从那以后，就成了一个社会性的图标在发挥着作用。这是奥威尔的功劳。但到了这个现实中的1984年，老大哥已经变成了过度有名、一眼就能看穿的存在。假如此刻老大哥出现在这里，我们大概会指着他说："当心呀，那家伙就是老大哥。"换句话说，在这个现实世界里，老大哥已经没有戏了。但取而代之，这个小小人登场了。你不觉得这两个词是很有意思的对比吗？①

这段话表明《1Q84》中的"先驱"教主是对"老大哥"的直接模仿，"小小人"则是对"老大哥"的反向性摹仿。村上《1Q84》与奥威尔《1984》之间的多重互文关系需专文探讨，这里要强调的是，村上用"Q"置换"9"，不仅成功地在声音层面借用了《1984》的书名而在书写形态上有所区别，并且暗示了《1Q84》与新岛淳良《阿Q的乌托邦》及鲁迅《阿Q正传》的关系。视觉形态的"1Q84"与声音状态的"1984"相结合，即成为"Q的乌托邦"的隐喻。而且，数字"1"看

---

① 《1Q84》Book1第18章《天吾/老大哥已经没有戏了》，中译本第297页，施小炜译，南海出版公司（海口），2010年5月。后同。

似英文字母"I"（i），"I"的发音可以转换成"阿"，这样一来"1Q84"即成为"阿Q的乌托邦"。换言之，《1Q84》的书名既是对《1984》书名发音的模仿，又是在意义层面对《阿Q的乌托邦》书名的隐喻性转换，意味着它不仅是另一种版本的《1984》，同时也是另一种版本的《阿Q的乌托邦》。村上春树用超人的智慧创造的"1Q84"这个小说名称，有机地融合了视觉意义与听觉意义，隐含着多种复杂的互文关系，精妙绝伦，"空前"并且可能"绝后"。

《1Q84》的基本结构更充分地呈现了作品的乌托邦属性——"1Q84年"作为时间、作为空间均为"乌有"。这一年4月，在首都高速公路三号线接近涩谷（东京繁华区之一）的高架桥上，青豆雅美乘坐的出租车遇到交通拥堵，停在那里。青豆必须在预定时间杀死深山，不得已下了出租车，从路肩上狭窄的紧急逃生阶梯下了高架桥，离开高速公路去乘地铁。她就是从那个逃生阶梯的入口离开1984年、进入"1Q84年"，卷入一场惊险复杂的社会冲突。当年12月，她回到高架桥的同一个地方、从同一个阶梯入口逃离"1Q84年"。村上春树通过这种叙事技巧，将现实性的故事置于虚拟的时间与空间之中，使其具有了乌托邦性质。而且，在这个故事结构中，起支撑作用的"高岛塾"为"先驱"教主深田保（原型是新岛淳良）创办，本身就是乌托邦，"是一个类似公社的组织，过着一种彻底的共同生活，靠农业维持生计。同时也致力畜牧业，其规模是全国性的。不承认一切私有财产，所有的东西一律公有"。"深田就是要在高岛塾这种体系中寻找乌托邦。"[1]

可见，《1Q84》的书名、结构、题材三者均具有乌托邦性质，

---

[1] 《1Q84》Book1第10章《天吾/真正的流血革命》，中译本第153页。

而其中的至少两者与新岛淳良及其《阿Q的乌托邦》直接相关。《1Q84》与新岛的关系从"1Q84"这个小说名称就已经开始。

其二，《1Q84》与新岛的《阿Q的乌托邦》等著作中存在着相同的时间观念与时间结构。

《1Q84》三部曲的整体结构之中存在着"时间结构"的层面。何谓"1Q84"？小说写道：

> 1Q84年——我就这么来称呼这个新世界吧。青豆决定。
> Q是question mark的Q。背负着疑问的东西。
>
> 不管喜欢还是不喜欢，目前我已经置身于这"1Q84年"。我熟悉的那个1984年已经无影无踪，今年是1Q84年。空气变了，风景变了，规则也变了。我必须尽快适应这个带着问号的世界。像被放进陌生森林中的动物一样，为了生存下去，得尽快了解并顺应这里的规则。①

由此可见"1Q84"首先是一个时间（同时也是空间）。村上对于"1Q84"之重要性的突显贯穿了《1Q84》三部曲。在"1Q84"这一时间前提下，三部曲（Book1、Book2、Book3）分别叙述4—6月、7—9月、10—12月的故事，保持着历时性的关系。与此同时，村上在小说中经常直接开口或者通过小说人物之口阐述时间的历史性与相对性。在小说开头不到一千字的篇幅之内，即通过音乐家雅那切克1926年创作的《小交响曲》，引出同一年捷克斯洛伐克哈布斯堡王朝统治的终结、日本昭和时代的开始。在小说的叙事过程中，小说人物经常谈论"时间"。老夫人绪方静惠对青豆说："在有些场合，时间会成为非常重要的

---

① 《1Q84》Book1第9章《青豆/风景变了，规则变了》，中译本第138页。

东西。""哪怕只是数一数，都会有重大的意义。"①"时间自身固然是成分均一的东西，然而它一旦被消耗，就会变得形态扭曲。〔中略〕人类大概就是这样随意地对时间进行调整，从而调整自己的存在意义。"②"时间的形状真是一条直线吗？"③诸如此类，不胜枚举。在此意义上《1Q84》是一部发现时间内涵、给时间下定义的小说。

《1Q84》的这种时间观念与相应的时间结构，早就存在于新岛淳良的著作之中。1970年新岛在论文《日本民族主义与亚洲》中指出：

> 日本人拥有一种特殊技能。这就是算定了日期之后，在那个日期到来之前任何事情都按照时间来运作。就像是遵从往昔作为农业民族的时期掌握的行为方式，以预定的收割时间为目标，按部就班地进行耕田、育苗、插秧、除草等工作。用那种方法，建造巨型战舰、准备战争，或者举办奥运会、万国博览会，此类工作均圆满完成。但是，世界也在按照不同的时间、不同的历书运转。今年这个被日本人视为"1970年"的时间，对于犹太人来说则是以色列历书的5730年。以色列圈的人们使用以色列历书，小乘佛教之国的人们使用佛教历书。我如果是台湾人，那么今年大概是"日本帝国主义统治台湾历书"的第七十六年；我如果是朝鲜人，会说今年是"日本帝国主义统治朝鲜历书"的第六十一年；我如果是中国人，则会认为今年是"九一八历书"的第四十年。这些年数本身，就是要加上血债利息的数字。或许还应

---

① 《1Q84》Book1第17章《青豆/无论我们幸福还是不幸》，中译本第282页。
② 《1Q84》Book1第22章《天吾/时间能以扭曲的形态前进》，中译本第347页。
③ 《1Q84》Book3第3章《天吾/都是衣冠禽兽》，中译本第43页。

使用与分秒必争的经济动物相称的日息计算法来计算。这样计算起来，1970年7月7日即1937年7月7日的第一万零二十三日。我们颤栗于这种"历书"！①

这里，新岛论述的是时间的相对性，亦即时间的非时间性。其所谓"历书"不是自然的时间概念，而是社会性、历史性概念，承担着区域划分的功能并与特定个人或群体、特定历史事件相关联。这种"历书"中不存在对所有人来说完全相同的时间，日本的时间与日本人的位置因此被相对化。

新岛的上述时间观念，后来呈现为《阿Q的乌托邦》的"时间结构"。在《阿Q的乌托邦》中，十二部分内容被依次划分为1月至12月，因此书名的副标题为"某共同体的历书"。②而且，新岛在该书"后记"中这样解释"历书"一词："并非叙述自然而是陈述自然，并非叙述自己而是陈述自己，并非叙述社会或他人而是自己陈述社会或他人，这就是'历书'。不是对状态、趋向或差异进行叙述、传达，而是自己行动、将时间定格，这就是与挂历不同的'历书'。我想把挂历看作万人共通之物，而在'历书'中发现对于自己的意义。"③结合上下文来看，新岛强调的是"历书"中的个人性，即通过更具主观性与个人意志的陈述而非一般性的叙述表达出来的个人性。于是时间被相对化、差异化——对于不同的人、不同的空间来说时间不同。

其三，抵抗强者、扶助弱者的道德观。

如前所述，在新岛淳良追求的"阿Q的乌托邦"中，国家、

---

① 《中国的逻辑与日本的逻辑》第36—37页。

② 新岛说书名的副标题是友人前田俊彦给加的。《阿Q的乌托邦》"后记"，同书第295页。

③ 《阿Q的乌托邦》第295页。

体制、强者被否定，成为抵抗的对象，弱者则受到同情与肯定。这种抵抗、复仇的观念也是新岛从鲁迅那里读出来的。他1970年发表的论文《以眼还眼》论述鲁迅的复仇观念及其在小说作品中的体现，指出："鲁迅是企图向中国四千年的历史重负复仇。那是鲁迅的现代，并且是中国的现代所具有的意义。""鲁迅首先认可中国庶民的复仇。对于庶民来说，'革命'即'复仇'。"①而村上春树《1Q84》讲述的"复仇—拯救"故事，同样是弱者向强者复仇并获得拯救的故事。小说中的石油公司投资专家深山、"先驱"教主深田保是强者（前者用高尔夫球棒打断妻子的肋骨，后者奸淫了包括自己女儿在内的多名幼女），而女性和儿童则是弱者。青豆受绪方老夫人委托，相继杀死深山、深田保，其行动之中包含着女性向男性、儿童向成人的双重复仇。老夫人庇护的女童阿翼和从"先驱"逃出来的深田绘里子，兼有女性和儿童两种身份。甚至作为故事主角的青豆与天吾也是弱者。青豆因为不愿意和家人一起参加宗教组织"证人会"而脱离家庭成为孤女，天吾因为父亲是社会底层的电视台收费员而遭受社会歧视，二人在同样寂寞的童年生活中相爱。甚至被"先驱"收买、追踪青豆的牛河利治也是弱者，藤井省三从这个人物身上发现了阿Q的影子。在《1Q84》的"复仇—拯救"故事中，拯救儿童的故事最多。老夫人收留受害幼女并委派青豆刺杀"先驱"教主，在"先驱"中生活的深田保发现"先驱"的危险性之后让十岁的女儿绘里子出逃，戎野收留了出逃的绘里子并安排她和女儿一起生活，等等——这些都是"救救孩子"的故事，就像新岛在山岸会创办幸福学园以"救救孩子"。

其四，战后民主主义立场。

---

① 收入《中国的逻辑与日本的逻辑》，同书第288、289页。

在《1Q84》中，村上在用"复仇"、"拯救"的故事表现弱者本位思想的时候，赋予某些弱势人物以国家、历史属性，从而将小说主题引申到反省、批判现代日本侵略战争的层面。这在天吾与田丸健一两个人物的设计方面有明确体现。天吾的父亲是日本底层百姓，当年参加"满洲开拓团"去中国东北，战争结束时沦为日本弃民，侥幸回到日本之后依然生活在底层，靠给电视台当收款员为生。就是这种生活在少年天吾的心灵留下了阴影。田丸健一是绪方老夫人、青豆阵营的人，负责保护老夫人并配合青豆除暴安良。意味深长的是，田丸本姓朴，战争结束前一年（1944）出生在萨哈林岛（库页岛），父母是被日本军国政府抓到那里的朝鲜劳工。换言之，天吾与田丸既属于青豆的弱势群体阵营，又是当年日本侵略战争的间接受害者。[①] 人物身份的历史性、国家性之外，村上在《1Q84》中甚至通过小说人物的口直接强调历史记忆的重要性。青豆的警察朋友亚由美对青豆说："世界这个东西，青豆啊，就是一种记忆和相反的另一种记忆永无休止的斗争。"[②] 不能忘记，新岛淳良一直批判现代日本的殖民侵略历史。前面多次提到的论文《日本民族主义与亚洲》，不仅进行这种批判，甚至是从日本学生欺侮朝鲜裔学生提起话题。

其五，新岛淳良在《1Q84》中有多副面孔。

《1Q84》中的深田保最后成为"先驱"教主、死于青豆之手的结局，与其原型新岛本人的实际情形不符甚至相反。藤井省三已经指出：深田保"成为近似于邪教教团教祖风格的'领袖'这一点，不同于新岛淳良与山岸会的关系。这大概是以其他人物或团体为原型的"。确实，《1Q84》中的深田保至少有两个原

---

① 参见《1Q84》Book2 第 1 章《青豆/那是世界上最无聊的地方》中的叙述。
② 《1Q84》Book1 第 23 章《青豆/这不过是个开端》，中译本第 371 页。

型。创办"高岛塾"的深田是以新岛为原型，而失踪七年之后变身为"先驱"教主的深田则另有原型——从小说的具体描写来看原型当为奥姆真理教教主麻原彰晃。①那么，离开山岸会之后的新岛是否存在于《1Q84》之中？答案是肯定的。《1Q84》中的另一重要人物戎野隆之，就是另一个"新岛"——离开山岸会之后的新岛。

戎野作为深田保的好友，收留逃离"先驱"的绘里子，并努力寻找、救助困在"先驱"中的深田夫妇。戎野与深田是小说中的不同人物，但和深田一样是以新岛淳良为原型。《1Q84》对戎野经历、专业的介绍均与新岛相符。戎野与天吾初次见面、自我介绍之后，小说写道："这姓氏的确少见，不过天吾觉得很耳熟。六十年代后半期，好像是有过一个叫戎野的著名学者，出过几本书，在当时很有声誉。"②这种叙述符合新岛的情形。戎野对天吾介绍自己的专业，说："我的专业是文化人类学"，"虽然我早就不做学者了，其精神却至今依然渗在骨髓中。这门学问的目的之一，就是把人们拥有的个别意象相对化，从中发现对人类来说具有普遍性的共同项，然后再次将它反馈给个人。通过这么做，人也许能获得一个在自立的同时又隶属于某种东西的位置。"③这里介绍的学问正是新岛《阿Q的乌托邦》《山岸主义幸福学园》等

---

① 《1Q84》Book2 第9章《青豆/作为恩宠的代价送来的东西》描绘的深田保外貌中有麻原彰晃的影子，中译本第133页。事实上，1995年3月麻原制造了东京地铁沙林事件，两年之后，村上春树就采访事件受害者和相关人员，相继创作了纪实文学《地下》与《在约定的场所：地下2》。参阅王志松论文《村上春树"故事"的临界点——论〈地下〉和〈在约定的场所：地下2〉》，《东北亚外语研究》（大连外国语大学），2014年第4期，第5—11页。

② 《1Q84》Book1 第10章《天吾/真正的流血革命》，中译本第146页。原译文中的"名字"当为从《1Q84》中直接借用，有误，故引用时改为"姓氏"。日语汉字词汇"名字"（みょうじ）中文意思是"姓氏"。

③ 《1Q84》Book1 第12章《天吾/愿你的国降临》，中译本第187页。

著作的基本内容。更有甚者，村上笔下的戎野与新岛外貌相同。
且看《1Q84》的描写：

> 大概过了十分钟，没有任何预告，房门忽然打开，一位
> 瘦削的男子步履匆忙地走进客厅。年龄大约在六十五左右，
> 身高大概有一米六，由于姿态幽雅，并不让人觉得寒酸。后
> 背挺得笔直，像插进了一根钢筋，下巴紧紧地向后收。眉毛
> 浓密，戴着一副仿佛是为了吓人而造出来的、镜架粗大漆黑
> 的眼镜。〔中略〕男子身穿白衬衣，外套墨绿羊毛衫，下穿
> 深灰毛料裤子。每件衣服看上去都像家常穿了十来年，十分
> 合身，却略微有些旧。①

笔者在阅读新岛著作的过程中发现，上面这段描写与新岛《山岸
主义幸福学园》一书中的著者照片相符，形象、气质、眼镜、服
装如出一辙。唯一无法确认的是毛衣与裤子的颜色，因为那是一
张黑白照片。

显然，《1Q84》中的深田保与戎野隆之都是以新岛淳良为原
型，因此他们是新岛的一体两面。这样看来，戎野对自己与深田
密切关系的强调意味深长。戎野对初次来访的天吾说：

> 深田和我，性格和外貌都完全不同。他是天生的领导
> 人，我则是天生的独往独来者；他是个政治人物，我则是个
> 彻底的非政治人物；他是个大个子，我则是个小矮子；他英
> 俊潇洒一表人才，我则是个脑袋奇形怪状的穷学者。尽管如
> 此，我们却是患难与共的朋友，相互赏识，相互信任。毫不

---

① 《1Q84》Book1 第10章《天吾/真正的流血革命》，中译本第145页。

夸张地说，是彼此平生唯一的知己。①

这段话泄露了村上春树在构思深田保与戎野隆之这两个人物时的心理秘密。这种情形的出现并非偶然，因为一体两面的人物关系在《1Q84》中具有模式性。仔细阅读《1Q84》能够发现，天吾与深绘里，天吾与小松佑二，青豆与大塚环，在某些层面上都保持着一体两面乃至一体多面的关系。②村上是通过这种特殊的人物关系，来表现人与社会的复杂性。

将深田与戎野相结合，才能看清村上春树对新岛淳良的总体评价——亦即对山岸会的总体评价。村上用新岛向深田与戎野两个方向的变形关系，暗示了新岛的两种角色转换：一次是虚拟性的，一次是现实性的。新岛如果留在他幻想的乌托邦中，将变为权力与暴力的符号——失踪七年之后作为教主出现的深田保。《1Q84》表达的这种认识正是前述新岛淳良对山岸会的最终评价。戎野则是脱离山岸会的新岛（或逃出"先驱"的深田保）。戎野在东京西部的山里过着隐秘的生活，凭借超常的悟性活跃于金融市场、赚取大笔金钱、过着奢华的生活。③这暗示新岛只有脱离乌托邦组织才能保持"自我"。不过，戎野的隐居也是否定现行国家体制的一种方式，这与新岛的价值观相同。可以认为，这种设计表明村上自始至终认同新岛反体制的价值取向。

以上从五个方面描述了《1Q84》与新岛淳良的类似与关联，由此可见《1Q84》受到了新岛的多方面影响。太多的相似甚至相同不可能是偶然发生的。阐明这种关系有助于更充分地

---

① 《1Q84》Book1 第10章《天吾／真正的流血革命》，中译本第155页。
② 参阅《1Q84》Book1 第4章对小松与天吾关系、第13章对青豆与大塚环关系、第18章对天吾与深绘里关系的叙述，见中译本第48、205、300页。
③ 《1Q84》Book1 第16章《天吾／能让你喜欢，我很高兴》，中译本第255页。

理解村上春树及其《1Q84》。村上本人1968年入早稻田大学就读，在日本左翼运动中度过了青春期。那正是早大名教授新岛淳良叱咤风云的时代，《1Q84》的相关描写表明新岛是村上"青春记忆"的一部分。在此意义上，《1Q84》是一部反思20世纪六七十年代日本左翼运动的小说，也是村上本人处理自己青春记忆的小说。村上春树用一部《1Q84》告别了权威时代，告别了乌托邦。毫无疑问，这种"告别"并不仅仅属于他一个人，也不仅仅属于身处日本的他和新岛淳良。这种"告别"在20、21世纪之交的东北亚地区具有普遍性。

那么，鲁迅及其《阿Q正传》对于村上及其《1Q84》来说意味着什么？前文将《1Q84》的主题归纳为"复仇—拯救"（"救救孩子"、"救救女性"）的时候，《1Q84》与鲁迅文学主题的一致已经一目了然。在此意义上，《1Q84》中的深绘里等儿童是在鲁迅那句"救救孩子"的呼声中得救的，《1Q84》中的女性受害者们（深山的妻子、老夫人的女儿、大塚环、中野亚由美等）与鲁迅笔下的祥林嫂属于同一系列，青豆作为复仇者则与鲁迅笔下的狂人（《狂人日记》）、黑衣人（《铸剑》）属于同一系列。

关于《1Q84》与鲁迅作品的关系，藤井已经论述的月亮意象问题仍有继续讨论的空间。藤井指出：新岛在《阅读鲁迅·序章》中以《狂人日记》《阿Q正传》为据论述了鲁迅作品中"月亮的疯狂"，"将这一点与村上'1Q84年'的天空时常浮现着两个月亮结合起来考虑，是意味深长的"。实际上二者的关系比笼统的"意味深长"更直接、更具体。新岛在《阅读鲁迅·序章》论述了《狂人日记》开头那句"今天晚上，很好的月光"的模式意义，并分析了这一模式在后来鲁迅其他作品中的呈现，用"月亮"重构鲁迅作品，使鲁迅的不同作品获得新的同一性。他特别指出《铸剑》中眉间尺在月光下的杉树林中砍下自己的头颅是"最为激烈的疯狂场面"。村上春树一定读过《阅读鲁迅》。根据有三：一是他对鲁迅和新岛都有兴趣，二是《阅读鲁迅》与村上读过的《阿Q的乌托邦》几乎是同时出版，三是《1Q84》把深田保所属的乌托邦组织命名为"先驱"而《阅读鲁迅·序章》中出现了"先驱者"一词。[①]《1Q84》中两个月亮并存的意象是乌托邦世界"1Q84年"的符号之一，经常诡异地出现，与天吾、青豆的命运保持着奇妙关联。小说结束时天吾和青豆逃出"1Q84"，月亮即变回到一个。村上创造模式性的月亮意象并用该意象统合整部小说的自觉性，应当是来自新岛阐释的鲁迅笔下的月光。村上的"两个月亮"与鲁迅的"月亮的疯狂"相结合，再与井上厦为鲁迅创造的"上海的月亮"相结合，[②]互相辉映，构成了不同时代的以鲁迅为线索的中日文学月亮系谱。

新岛淳良在很大程度上是鲁迅的反光镜，折射着鲁迅思想，因此他对村上春树及其《1Q84》的影响可以看作鲁迅影响的延长。而村上本人年轻时就阅读鲁迅作品，推重《阿Q正传》。[③]因此，在村上春树及其《1Q84》这里，鲁迅的直接影响与通过新岛淳良的间接影响已经很难分辨。比如《1Q84》中牛河这个人物身上阿Q的投影，就显然来自两个途径：一个是鲁迅《阿Q正传》作品本身，一个是新岛淳良的阿Q论。《1Q84》Book3写牛

[①] 见于《阅读鲁迅·序章》解释"历史悲剧"时引自扬·克特的话，《阅读鲁迅》第25页。

[②] 关于井上厦的《上海月亮》，参阅笔者在《井上厦的"反鲁迅"——〈上海月亮〉的喜剧艺术与意义结构》一文中的论述，文载《鲁迅研究月刊》2014年7月号。

[③] 关于村上春树对《阿Q正传》的认识以及《阿Q正传》对村上小说的影响，参阅本文第一条注释所涉藤井省三论文。相关问题藤井的另一篇论文《村上春树的汉语翻译——日本文化本土化与中国本土文化的变革》也有涉及，此文收入《华语圈文学史》，藤井省三著，贺昌盛译，南京大学出版社（南京），2014年8月。

河"没让父母兄弟喜爱过，没被老师同学喜欢过，甚至没得到过妻子儿女的喜爱"。[①]这与新岛《阅读鲁迅》中所谓阿Q"不为任何人所爱"[②]一致。牛河向"先驱"的打手介绍自己时说："看来咱们很有些相通之处。""都是不能见容于这个社会的角色，天生和组织之类合不来，也根本不会被组织接纳。一切都得自己干。独自决断独自行动，独自承担责任。虽然听命于上司，可没有同僚也没有部下。"[③]这也等同于新岛在《救救孩子》一书中论及阿Q时所谓的"无妻、无友、无靠山、无喽啰，无文化、无技术"[④]。不过这种辨别已经不甚重要，毋宁说，这种难以分辨的事实本身更重要。它标志着鲁迅、新岛、村上三者之间深刻的融合程度。作为鲁迅崇拜者的新岛淳良对村上的影响渗透到《1Q84》的许多方面，使《1Q84》获得了巨大的历史纵深感与丰富的思想性。而村上又是置身新时代，基于自己的思想观念而主动地重新理解、评价、演绎鲁迅文学主题、新岛思想，因此其作品内涵更丰富并且具有了新的时代性。

结语　鲁迅研究史上的新岛淳良

在日本九十余年间的鲁迅研究史上，新岛淳良的鲁迅研究具有鲜明特征。他的研究是以日本现代史与战后日本社会为背景，在学院性与民间性、理论性与实践性、文学性与政治性、日常性与宗教性等多层面的两极之间展开，贯穿着对于个人存在方式、

---

① 《1Q84》Book3 第1章《牛河/冲击意识的遥远边缘》，中译本第2页。
② 参见本文第二节开头的引文。
③ 《1Q84》Book3 第25章《牛河/冷也好不冷也好，上帝都在这里》，中译本第342页。
④ 参见本文第三节最后一段的引文。

国家体制和现代性等本源性问题的思考。不仅阐述鲁迅的丰富性与复杂性，而且在日本社会传播、实践鲁迅思想，沟通中日两国的思想文化。新岛的努力影响到21世纪初村上春树的小说创作，以新岛为媒介，一个上承鲁迅、下及村上春树的中日文学空间得以形成。

如本文所论，《阿Q正传》研究在新岛的鲁迅研究中占有重要位置。新岛通过发掘阿Q形象的思想文化蕴涵，重构了革命乌托邦拥有者阿Q，并且亲自戴上"阿Q"的面具在日本进行革命、追求乌托邦，使阿Q再次成为超国家的典型人物。在此过程中，鲁迅同样被作为乌托邦拥有者建构起来，表达"革命"与"希望"的意愿。这种鲁迅形象属于一个特殊的时代，不仅是新中国成立后三十余年间中国研究者努力建构的，并且超越国家、承载着20世纪六七十年代日本的左翼政治意识形态，与近年中国鲁研界多见的、痛苦且绝望的鲁迅形象形成对比与互补。

新岛对《阿Q正传》的某些敏锐发现，直到三十多年之后在中国研究者这里才得到充分阐释。这方面，汪晖新著《阿Q生命中的六个瞬间》大概是最好的参照。[1]汪著第二章第六节《六个瞬间之六：大团圆与死》引用了《阿Q正传》结尾处的相关描写之后展开论述，说看到狼眼而生的恐惧"赋予了阿Q一种突发的能力，一种区分他的'皮肉'和'灵魂'的能力"。如本文第二节所引，新岛早就在同一场面中发现了阿Q"孤独的觉醒"这种"瞬间"——"阿Q看到了狼眼。阿Q在那一刻成了人"。[2]不仅如此，新岛还把《阿Q正传》的这个场面与鲁迅当年在仙台看幻灯片的体验结合起来，认为鲁迅当时也看到了"狼眼"。汪著

---

① 汪晖《阿Q生命中的六个瞬间》，华东师范大学出版社（上海），2014年1月。
② 《阅读鲁迅》第24页。

第三章《鲁迅的生命主义与阿Q的革命》的第二节《精神、身体与民族主义政治》论述道："阿Q的失败感首先来自打不过别人，甚至打不过他所瞧不起的王胡和小D，其次来源于他所身受的饥饿、寒冷和无法满足的性欲，最终来源于身体的死亡——'全身仿佛微尘似的迸散了。'换句话说，如果没有身体的视野，'精神胜利法'事实上是无从被诊断为病态的。""阿Q的死及其激发起的恐惧感是一个生命意识的觉醒——这一感知同时成为评价社会—政治变迁的尺度之一。"这种"身体的视野"同样存在于新岛对《阿Q正传》等鲁迅作品的解读之中。鲁迅的《复仇（其二）》是取材于《圣经》中耶稣受难的故事，新岛将此篇与《圣经》对比，指出了《圣经》中不存在但鲁迅为表现身体痛苦而创作的内容：

> 耶稣"在手足的痛楚中""玩味欢喜"，但"突然间，碎骨的大痛楚透到心髓了，他即沉酣于大欢喜和大悲悯中"。这也是《圣经》中未曾写的。"他腹部波动了，悲悯和咒诅的痛楚的波。"鲁迅这样写道。感觉——"黑衣男"全身伤痕的感觉，"过客"脚伤的感觉，阿Q被殴打、被枪毙时的感觉——即物质，即肉体，在此成为主角。他们并非用"精神"思考。没有试图用观念在这个世界上获得优越感。[①]

这里讲的正是精神、观念中的优越感被身体的切实痛感所克服，而这种身体的疼痛成为"革命"意识的起源之一或原动力。

无论是在日本的还是中国的鲁迅研究史上，新岛淳良的鲁迅

----

① 《阅读鲁迅》第290—291页。

研究都不应被漠视。然而，新岛的研究在中国鲜有介绍，在日本鲁研界也被漠视或者被回避。新岛的《阅读鲁迅》出版于1979年，但后来出版的鲁迅研究名著如伊藤虎丸《鲁迅与日本人——亚洲的现代与"个人"思想》（朝日新闻社1983年出版）、藤井省三《鲁迅——"故乡"的风景》（平凡社1986年出版）、丸尾常喜《鲁迅——"人"与"鬼"的冲突》（岩波书店1993年出版），均未提及新岛著作。经与日本学者私下交流得知，出现这种情形的原因，一方面在于学术观念的差异（即学院性与民间性、实践性的差异），一方面在于新岛鲁迅论中有关意识形态乃至新兴宗教的问题不好处理。意味深长的是，学界之外的作家村上春树在《1Q84》中正面处理了新岛这份战后日本的文化遗产。笔者认为，在今天，每一种身份的新岛淳良（学者、思想者或社会活动家）都应被重新审视。因为他不仅在战后日本有太强的"符号"性，并且与鲁迅乃至现代中国保持着多重镜像关系。新岛与鲁迅的镜像关系，也是新岛与村上春树、与"我们"的镜像关系——尽管这"镜"中之"像"有可能是侧影或者已经变形，看清新岛有助于"我们"看清自己。

2015年2月7日初稿，4月6日改定

（原载《鲁迅研究月刊》2015年第4期）

井上厦的"反鲁迅"

——《上海月亮》的喜剧艺术与意义结构

《上海月亮》是日本著名剧作家井上厦（1934—2010）创作的以鲁迅为主人公的剧本。剧本发表在1991年3月1日出版的日本知名文艺刊物《昂》（すばる）上，发表十天之后出版单行本。[①]而且，剧本在发表、出版当月即由井上厦创建的剧团"小松座"搬上东京的舞台。[②]这种安排表明井上是希望通过杂志发表、单行本出版及剧团演出三者间的呼应与互动，来扩大剧作的影响。"上海月亮"一语日语的通常写法应当是"上海の月"，但井上厦使用的是"shanghai moon"的日语片假名写法"シャンハイムーン"。书写形式是日语，发音则是日语式中文与日语式英文的组合。这个三种语言混合、带有几分洋场气息的剧本名称，已经呈现出井上剧作时尚、简洁、诙谐的美学风格。

在现代日本，鲁迅是影响最广泛的中国作家。鲁迅研究已经持续八十多年，以鲁迅为主人公的传记作品或文学作品也曾多次出现，但是，《上海月亮》别具一格。井上厦在剧本中发挥其超群的想象力与戏剧技巧，对鲁迅进行颠覆性、喜剧性处理，塑

---

① 集英社（东京），1991年3月10日，第一版。

② 据剧本在1991年3月号《昂》上发表时剧本结尾处的公告，东京公演的时间是3月4—10日、22—29日，演出地点是前进座剧场。

造了"病鲁迅"形象，表达了对鲁迅的特殊认识。沿用学术界在叙述日本鲁迅研究史时使用的"竹内鲁迅""丸山鲁迅"等概念，本文把《上海月亮》塑造的鲁迅称作"井上鲁迅"。井上厦不是作为学院派学者对鲁迅进行学术性研究，而是作为学院外的作家，以事实为基础，用虚构、夸张、变形等艺术手法塑造鲁迅、表达对鲁迅的认识，因此"井上鲁迅"处于"日本民间鲁迅"的系列之中。[①]

本文对《上海月亮》的论述围绕以下四个方面的问题展开：其一，"病"与喜剧性舞台空间的建构；其二，"反鲁迅"的价值体系；其三，"内山书店"对"国家"的抵抗；其四，太宰治《惜别》的投影。

一　"病"与"笑"：《上海月亮》的舞台空间

关于《上海月亮》的基本构思，井上厦在剧本"开场白"中作了介绍。"开场白"很短，全部引录于此：

> 潜伏于上海地下长达九年，用一支笔做武器从事创作活动的鲁迅，每当蒋介石国民党政府的军警强化镇压，就会潜伏得更深。据鲁迅日记，其避难生活前后多达四次（1930、1931、1932、1934年）。在该剧中，四次避难被概括为一次，因此有的地方不得不对事实进行或多或少的"歪曲"，但我相信，通过这种操作鲁迅生活的真实会得到

---

① 关于"民间鲁迅"这一概念，参阅笔者在《"日本鲁迅"的另一面相——霜川远志的〈戏剧·鲁迅传〉及其周边》一文《引言'学院鲁迅'与'民间鲁迅'》中的论述，文载2010年《中国社会科学院文学研究所学刊》，中国社会科学出版社，2012年3月。"民间"的"民"是指与"学者"相对的"公民""民众"。

更鲜明的呈现。①

　　剧本将鲁迅的避难生活概括为一次之后，时间设定为1934年8月23日至9月16日，地点设定在上海北四川路尽头内山书店二楼的仓库，登场人物共六位：鲁迅、许广平、内山完造、内山夫人美喜、须藤五百三、奥田爱三。这种设定基本符合戏剧舞台所要求的"三一律"——人物、情节、时间的统一。当然，这里的"时间一律"是相对的，是半个月中的两段时间而非传统"三一律"所谓的二十四小时。

　　上述时间设定显然是以鲁迅1934年8、9月间的避难生活为依据。当时，因内山书店的中国职员张荣甫、周根康被捕，鲁迅8月23日下午离家避居千爱里，至9月18日方返寓。井上厦在《上海月亮》中基本使用了这个时间，只是把9月18日改成了9月16日。不过，鲁迅这次避难的地方千爱里在剧本中变成了内山书店。井上在鲁迅的若干次避难生活中选择这一次，原因之一应当是为了让须藤医生登场，因为须藤医生1933年才到上海开业。不过，须藤的年龄在剧本中改变了，由事实上的五十八岁变成了剧本中的五十岁。

　　六位登场人物中有两位医生（须藤与奥田），是《上海月亮》的基本构思决定的。因为剧本将鲁迅设定为"疾病的百货商店"，不同的疾病需要不同的医生来治疗，医生为鲁迅治病构成了剧本的基本情节。《上海月亮》除序幕、尾声之外，分为两幕六场（每幕三场），六场的题目分别是：一，心律不齐；二，牙疼；三，自杀意念症；四，信和明信片；五，失语症；六，康

----

　　① 《昴》1991年3月号，第14页。转引自《上海月亮》中译本，张立波译，广西师范大学出版社（桂林）、上海社会科学院出版社（上海），2012年2月，第3页。本论文的引文使用张立波的译文，但参照《昴》的日文原文进行了调整。

复。六场中的四场是以疾病命名。第四场虽为"信和明信片"，但"信和明信片"是谈鲁迅的疗养、治病问题，第六场的"康复"则是以疾病为前提的"后疾病时期"。剧本中鲁迅所患疾病，除了各场名称中出现的四种，另有胃病、治疗副作用引起的人物误认症等等。不仅身体有病，精神、心理也有病。与这种"病与治疗"的结构呼应，剧中人的关系呈现为"病人/医生"的组合。"病人"是鲁迅，医生则不限于须藤五百三和奥田爱三，许广平和内山夫妇作为配合医生给鲁迅治病的人，都在扮演"医生助手"的角色。

疾病与病的康复构成了《上海月亮》舞台空间的基本内容。更重要的是，剧本充分发挥了疾病作为叙事媒介的功能。

上述疾病中的某些病鲁迅确实患过，例如胃病、牙病等等，鲁迅略带自虐的生活方式表明他也有过某种程度的自杀倾向。他在1916年11月请陈师曾刻了"俟堂"印章、"五四"时期又使用"唐俟"的笔名，表露了有几分"等死"意味的空虚心态。[①]虽然他当时只有三十六岁。但是，人物误认症、失语症之类与鲁迅无关，此类疾病是否真的存在也是问题。井上厦是否虚构了此类疾病姑且不论，但鲁迅患此类疾病确为井上厦虚构。在戏剧艺术的层面上，这种虚构的功能就是在打开剧中人心灵空间的同时扩大戏剧舞台空间。

《上海月亮》中最大限度地发挥这种功能的疾病是人物误认症。在第二场《牙疼》中，牙医奥田为鲁迅治疗牙病的时候，将60%的笑气与40%的氧气混合在一起给鲁迅麻醉，没想到药物副作用使鲁迅患上人物误认症。人物误认症状态下的鲁迅把须藤

---

① 参阅周作人在《关于鲁迅》《俟堂与陈师曾》二文中的叙述。前文收入《鲁迅的青年时代》，河北教育出版社（石家庄），2003年6月；后文收入《鲁迅的故家》，河北教育出版社（石家庄），2003年6月。

医生当成藤野先生，把许广平当作朱安，把奥田医生当作青年作家洛文，把内山夫人当作秋瑾，对每一个人都说"对不起"，表达心中的愧疚。这样，人物误认症使鲁迅敞开心扉。到了第三场《自杀意念症》，人物误认症进一步扩大了舞台空间。须藤医生指出鲁迅患上自杀意念症是因为对许多人怀有负罪感、想用自我毁灭的方式赎罪。他查阅了德国《医学大全》，《医学大全》上说这种病自然痊愈的概率只有10%，却没有给出治疗方法，于是他独自想出了"宽容"的药方，说："我觉得我们也许可以尝试宽容。""发自内心地宽容先生、鼓励先生！除此之外没有更好的办法了。"①具体方法是让被鲁迅误认的人扮作鲁迅意念中的人来"宽恕"鲁迅。须藤对许广平说："只有宽恕他。在我这里，是站在藤野先生的立场宽恕学生，夫人是作为北京的朱安女士宽恕丈夫。"于是众人各自扮演成被鲁迅误认为的人，与人物误认症状态下的鲁迅展开对话并表示宽恕……这样，以人物误认症为媒介，更多的历史人物通过剧中剧的形式（比如扮演须藤医生的演员在舞台上又作为须藤医生扮演藤野先生）登上舞台，舞台空间在获得多重性的同时也获得了更大的历史纵深感。

理解了人物误认症导致的剧中人物身份与心理的多重性、分裂性之后，就会明白《上海月亮》中青年作家洛文这个人物的含义。洛文出现在第二场《牙疼》开幕时的台词中。内山书店二楼仓库，鲁迅和奥田一起听上海商业广播电台的播音："……根据国民党政府的军警和特种部队联合发布的消息，这次被捕的是工厂罢工的煽动者以及学生，其中包括数名作家。被捕者的名单没有公布，但据本台目前的调查，有作家洛文、敬一尊，另外还有大和纺织上海工厂的工人伍孝通……"剧本的舞台说明部分是这

---

① 第三场，《上海月亮》，中译本第73—74页。

样设计的："鲁迅听到'作家洛文'处，像是要扑过去似的跳起来，关上了收音机的开关。奥田用悲悯的目光看着鲁迅。"按照该场的叙述，鲁迅觉得自己对不起洛文，是因为洛文等人受到他的影响才走上文学创作道路以至于被捕。所以，奥田在装扮成洛文"宽恕"鲁迅的时候说："我们只是觉得自己居住的地方不是人世。而且，是想把这个世界改造成人的世界，才拿起笔来做武器。我们是自己选择了自己的命运，并不是老师您决定了我们的命运。"

问题在于"洛文"本是鲁迅笔名。井上厦为何要用鲁迅笔名给这位与鲁迅有关的青年作家命名？孙歌认为这是因为井上厦知识不足，说："洛文是鲁迅的笔名。井上想以这个名字代表受鲁迅影响的年轻作家，如'左联'五烈士等。不过井上并非鲁迅研究家，似乎这种错误不必追究。"① 《上海月亮》中文译者张立波则将这个"洛文"看作井上厦以柔石为原型塑造的人物。② 这两种看法都有一定的道理，但仍有疑问。鲁迅之外不存在名叫"洛文"的作家，因此井上厦的"洛文"只能来源于鲁迅。既然如此，井上在《上海月亮》中为何将一位具体存在（被捕并且与鲁迅关系密切）的作家命名为"洛文"？这不会是一个无意识的错误。将"洛文"看作柔石亦有根据，张立波对此进行了引证。还可以补充的一个史实是，柔石的被捕与鲁迅的一次避难直接相关。1931年1月17日柔石等五人被捕，三天后的1月20日鲁迅与家人到黄陆路花园庄旅馆避难。花园庄旅馆也是日本人开的，与内山书店一样具有日本属性。但是，这种解释会导致另一个难以

---

① 孙歌《鲁迅脱掉的衣裳》，《主体弥散的空间——亚洲论述之两难》，第194页，江西教育出版社（南昌），2002年10月。

② 张立波《国家战争体制下的"非国民"——〈上海月亮〉中的鲁迅》，《鲁迅研究月刊》2013年第2期。

回答的问题：如果剧中的洛文是柔石的变形，那么井上为何不直接用"柔石"这个名字？事实上剧中人都是用真名字，甚至被改了年龄的须藤五百三也是。

从《上海月亮》以疾病为媒介呈现身份分裂这种构思来看，应当认为"洛文"是"另一个鲁迅"与柔石等青年作家的混合体，是一个具有二重性、隐喻性的角色。换言之，井上厦是在明知"洛文"为鲁迅笔名的前提下，从表现人物多重性与分裂性的角度对这个笔名进行了创造性运用，使鲁迅自我相对化、获得多种生命形态。与此同时，通过这种命名还能暗示"内山书店"对于鲁迅的重要性——书店内的"鲁迅"获得了安全而书店外的"洛文"被捕了。相关问题下文还会论及。

鲁迅有许多笔名而井上厦选用了"洛文"，这应当与《上海月亮》的时间背景有关。剧本讲述的故事发生在1934年8、9月间，而鲁迅使用"洛文"的笔名正是从前一年的1933年开始的。将鲁迅使用该笔名以及使用该笔名前后发表的文章与《上海月亮》进行对比，能够发现相通之处。例如，鲁迅在《电影的教训》一文中说：

> 但到我在上海看电影的时候，却早是成为"下等华人"的了，看楼上坐着白人和阔人，楼下排着中等和下等的华胄，银幕上出现白色兵们打仗，白色老爷发财，白色小姐结婚，白色英雄探险，令看客佩服，羡慕，恐怖，自己觉得做不到。但当白色英雄探险非洲时，却常有黑色的忠仆来给他开路，服役，拼命，替死，使主子安然的回家；[1]〔后略〕

---

[1] 引自《鲁迅全集》第5卷第292—293页，人民文学出版社（北京），1981。下同。

　　此文发表时的署名为"孺牛"而非"洛文",但收入《准风月谈》时与署名"洛文"的《关于翻译(上)》一文排在一起。在《上海月亮》第一场《心律不齐》中,鲁迅批判欧洲列强的残忍性,曰:"欧洲人不是也控制不了他们自己残忍的本性吗?中国被西欧列强瓜分成了目不忍睹的半殖民地状态。强行在别人的土地上进行殖民统治,这不正是西欧人残忍性的最好体现吗?"这种批判与《电影的教训》对白色人种的批判一致,可以认为是井上厦从《电影的教训》一文中转换过来的。《上海月亮》也写到鲁迅喜欢看电影,井上作为自幼熟读《鲁迅全集》的人,肯定读过这篇《电影的教训》。他有可能是在阅读此文及相关文章的时候注意到了鲁迅的笔名"洛文"。此外,从井上厦的乐观主义精神、喜剧艺术及其对词汇的敏感考虑,他选用"洛文"或许与这两个汉字的日语读音"らくぶん"有关。在日语中"洛"与"乐"同音,"洛文"即为"乐文","乐文"可以理解为"快乐文学"。当然这只是一种推测,已经无法向升入天国的井上厦求证。

　　在《上海月亮》中,疾病不仅与舞台空间、角色塑造有关,并且成为制造喜剧效果的主要媒介。井上厦作为戏剧家固以喜剧形式见长,其"喜剧"甚至常常单纯化为"笑剧"。《上海月亮》同样是被作为喜剧创作出来的。第一场《心律不齐》开场时,剧本用鲁迅旁白介绍内山书店与内山完造夫妇,舞台上的内山夫妇配合鲁迅的旁白做相应的滑稽动作。说到内山的缺点"轻率"、"莽撞"的时候,内山做出被自己刚插上的电线绊倒却满脸茫然的动作与表情,说到美喜夫人少年时曾被卖到京都的祇园做舞伎,舞台上的美喜便改变正常的步行姿态、迈起舞伎的小碎步。随着剧情的进展《上海月亮》呈现出更多喜剧场面,而这些喜剧场面大都是通过"疾病"展开。鲁迅具有自虐倾向,并且逃避医生、拒绝治疗,所以须藤为了给他治病便装扮成爱读鲁迅著

作的人，借握手的机会给鲁迅把脉，趁鲁迅打哈欠观察鲁迅的牙齿。为了诱导鲁迅打哈欠，须藤医生和内山完造、许广平都装作犯困、打哈欠。奥田则是装扮成画家，以给鲁迅画肖像的名义观察鲁迅的健康状况。许广平与内山夫妇努力配合两位医生，或帮助掩饰，或撒谎。剧中鲁迅这一角色的喜剧性亦与其所患疾病直接相关。他患人物误认症之后总是认错人，被他认错的人或惊恐不安，或被迫装作他想象中的人。他患失语症之后口齿不清、词不达意，把"我"（わたし）说成"筅帚"（たわし）或"草鞋"（わらじ），把"间谍"（スパイ）说成"戏剧"（しばい），把"可能性"（かのうせい）说成"天皇制"（てんのうせい）。①

从疾病与喜剧性的关系来看，《上海月亮》通过牙病制造的喜剧性最丰富。在第二场《牙疼》一开始，装扮成画家的奥田与鲁迅闲谈，试图从鲁迅的饮食习惯寻找其患牙病的原因，进行了如下这段对话：

> 奥田：您喜欢吃什么？
> 鲁迅：奶糖，糖稀，饼干。果酱也常吃。疲倦的时候吃果酱最好了。
> 奥田：都是对牙齿有害的东西啊。
> 鲁迅：啊？
> 奥田：其他还爱吃什么？
> 鲁迅：大概是因为在日本住过八年，日本点心也很喜

---

① 在日语中，这几组词汇或者发音十分接近，或者仅仅是音序不同。井上厦充分发挥其语言天才，用词汇的错位制造喜剧效果或者表示讽刺。由于此类喜剧效果是以日语为前提的，所以台词无法翻译成中文，为了追求同样的效果只能在汉语的语言环境中进行再创作。《上海月亮》中文译者张立波在翻译过程中进行了卓有成效的努力。

欢哪。红豆馅点心……对了，就是大福饼。最喜欢的是甜纳豆……

　　奥田：都是黏黏乎乎黏牙的东西，当然会患虫牙！

　　鲁迅：（追问）牙？我的牙怎么了？

　　奥田：哦。我是肖像画家，对模特儿身体的每个部位都感兴趣！

这里，奥田的身份与台词之间存在着喜剧性的错位。奥田作为牙医有多种关于牙齿的奇妙理论。他根据咀嚼能力将牙齿健康程度分为五个等级：能轻松嚼烂鱿鱼、章鱼生鱼片的为五级，能吃炸猪排或萝卜泡菜的为四级，能吃黄瓜或炖鸡块的为三级，能吃米饭、面食或金枪鱼的为二级，最差的为一级，只能吃豆腐和布丁。他介绍自己从母校巴尔的摩口腔科医学专门学校学来的"法齿学"——即从法律角度研究牙齿的学问，所谓"拔掉的牙，除了上面镶的金、银以外，病人原则上应当放弃对拔掉的牙齿的所有权"，"牙科医生有妥善处理患者被拔掉牙齿的义务"，等等。到了与须藤医生讨论鲁迅牙病的时候，奥田则从牙病来解释鲁迅的人生观与文学观，说："每颗虫牙碰到食物都会疼。所以，先生是用上颚和舌头把食物挤碎"；"先生的那种虚无主义，起源于咀嚼能力的低下"；"一日三餐对于先生来说像下地狱一样痛苦，所以才变成虚无主义者的嘛"；"牙治好了，就能很好地嚼食物，胃也就好了，也就浑身有力了，人生观也就明亮了。明白吗？治好了牙，鲁迅的文学就会改变！"等等。这些理论或荒诞或夸张或寓庄于谐。在《上海月亮》中"牙齿"问题涉及多名角色，几乎贯穿始终。在第五场《失语症》中，内山夫妇与须藤、奥田两位医生安排鲁迅到日本的镰仓去休养、治病，独身的奥田为了给鲁迅治疗牙病创造条件，不惜与牙医五十岚家的大龄女儿结婚、做倒插门女婿。而五十岚家的女儿之所以一直找不到婆家、沦为老处女，原因就在于"长着一口参差不齐的牙"。在第六场《康复》中，上海旅行社的一位女职员在船票紧张的情况下，帮助奥田买到了六张一等舱的船票，而女职员之所以伸出援手是因为奥田给她包过金牙。

《上海月亮》作为一部优秀的话剧脚本，对"疾病"进行创造性运用，建构了多层面、大纵深的舞台空间，完成了语言的异常化进而制造了丰富的喜剧效果。

二 "反鲁迅"的价值体系

鲁迅留学日本的时候曾经学习医学，希望学成回国之后救治他父亲那种被误病人的疾苦，战争的时候便去当军医。受幻灯片事件影响弃医从文之后，又打算用"文学"这付药来改变国民精神。而在《上海月亮》中，年老的鲁迅成了病人，身心俱病，需要两位日本医生和家人、友人一起来救治。不仅如此，"病鲁迅"还被用喜剧形式处理。《上海月亮》的这个基本构思本身已经表明了井上厦对鲁迅的颠覆与调侃。

在《上海月亮》中，井上厦颠覆、调侃鲁迅的意识非常自觉。这种意识不仅体现在剧本的基本构思，而且决定着剧本的角色设计与故事展开过程。剧本与鲁迅之间存在着若干组颠覆式对话关系，具体说来就是用"弃文从医""宽恕""心灵相通"分别颠覆鲁迅的"弃医从文""不宽恕""心灵不相通"。

须藤五百三在《上海月亮》中被设计为"弃文从医"者——在鲁迅弃医从文的同一时期即日俄战争时期弃文从医。在第五场，须藤医生向鲁迅、内山完造和奥田医生讲述了自己弃文从医的故事。三十年前日俄战争刚结束的时候，须藤是第一高等学校（东京大学预科）的学生。前文曾经提到须藤医生的实际年龄在《上海月亮》中被减去了八岁，由五十八岁变为五十岁。结合这个情节来看，井上这样做是为了使剧中须藤的年龄与1905年读大学预科这种设定相符。青年须藤受堂哥的影响立志于文学，但报道日俄战争的幻灯片改变了他的命运。他和仙台医专的青年周树人一样，也看到了幻灯片上当俄探的中国人被日军斩首的画面，但画面上围观的不是中国人而是在喝酒的日军军官。须藤说：

> 一个生命即将从这个世界上消失，他们却笑着把一瓶酒传着轮流喝。人的死不是下酒菜！我们的武士道哪里去了？不过，在画面的一角唯有一个年轻的军官在合掌为死者祈祷，我从这位军官身上看到了日本陆军的希望。不久我知道那位军官就是我的堂兄。但是后来，因为战地生活残酷，他口吐鲜血而死。怎么样？鲁迅先生？精神无论怎样了不起，身体作为精神容器如果是贫弱的，就什么都做不了！就这样，我的志向从文学转向医学，怀着成为日本陆军希望之星的理想，选择了军医之路。

奥田医生听了须藤的讲述，感动地对鲁迅和须藤说："两位是在文学和医学之间，在同一时期这样奇妙地擦肩而过啊！"接着，须藤为了说明身体健康的重要，告诉鲁迅十六年前他的女儿在上海流行伤寒病的时候病逝、幸福的家庭永远失去。鲁迅坚持认为精神（文学）更重要，说身体虚弱的爱因斯坦是"靠着一股精神的力量，改变了宇宙的模样"，须藤反驳道："那是因为他既没有结核病的征兆也没患大肠过敏病，所以精神才得以充分地发挥。"

奥田在旁边帮腔、插科打诨,"听说他的牙也不那么坏"云云。鲁迅无言以对,于是"医学"(身体)对"文学"(精神)的颠覆获得成功。还应注意的是,须藤所谓的"我们的武士道哪里去了",是批判日本军官缺少武士道精神中最基本的"仁"与"悲悯",即批判近代日本的军国主义思想对传统武士道的污染。

不宽恕是鲁迅基本的人生态度之一,所以他反对"费厄泼赖",主张"痛打落水狗"。他至死坚持"不宽恕",在1936年9月5日写于病后、具有遗书性质的文章《死》中说:"损着别人的牙眼,却反对报复,主张宽容的人,万勿和他接近。""只还记得在发烧时,又曾想到欧洲人临死时,往往有一种仪式,是请别人宽恕,自己也宽恕了别人。我的怨敌可谓多矣,倘有新式的人问起我来,怎么回答呢?我想了一想,决定的是:让他们怨恨去,我也一个都不宽恕。"①但如前所述,在《上海月亮》中"宽容"成为治疗鲁迅自杀意念症的良药。

《上海月亮》的总体构思中有鲁迅1927年9月24日所作《小杂感》的影响,剧本中鲁迅的"人类的悲欢并不相通"这句台词即出自《小杂感》。鲁迅原话是:

> 楼下一个男人病得要死,那间壁的一家唱着留声机;对面是弄孩子。楼上有两人狂笑,还有打牌声。河中的船上有女人哭着她死去的母亲。
>
> 人类的悲欢并不相通,我只觉得他们吵闹。②

这段话被井上厦扩充、改写之后用在《上海月亮》第五场。这一

---

① 《鲁迅全集》第6卷第612页。
② 《而已集》第149页,北新书局(上海),1928年10月发行。

场中鲁迅与须藤诸人讨论了文学与医学的优劣之后，说自己打算写小说："人间的悲凉、痛苦、欢喜完全不能共有，每个人都像沙子一样孤独地活着，然后死去。为什么人们的心不能相互沟通呢？为了让每个人的心都能相互沟通，人类应该怎样改变自己呢？这就是小说的主题。小说的名字叫《上海月亮》。"与鲁迅所言"人类的悲欢并不相通"相反，井上厦在《上海月亮》中展示了人类心灵的相通——日本人与中国人，富人与穷人，甚至鲁迅、许广平与朱安，均心灵相通。朱安在写给许广平的信中说："心心相通的人们只要像链条一样紧紧地团结在一起，这个世界连同希望就决不会消失。"①剧本中雷小宝这一角色的塑造，表明井上是在有意识地颠覆鲁迅的《小杂感》。《小杂感》中的"河中的船上有女人哭着她死去的母亲"一语，在《上海月亮》中被改写成"一个小姑娘抱着死去的妈妈哭着"。"女人"变成了"小姑娘"，事情发生的时间也被设定在十六年前。当时，小姑娘幸运地被从河边走过的法国女修道院院长送进孤儿院，又被须藤医生用匿名方式收为养女。这位小姑娘就是雷小宝。须藤是在亲生女儿死于伤寒病的同一年收养雷小宝，于是雷小宝成为须藤女儿的"替身"，须藤与雷小宝之间具有了准血缘关系。雷小宝长大成人之后为了报日本养父的恩，参加工作之后领到第一个月的工资，就前往孤儿院认养孤儿、传递爱心。远在北京的朱安也要到美国医院去收养弃婴，许广平给朱安即将收养的弃婴取名"北婴"（与"海婴"并列）。奥田医生的血管里甚至流着一半中国人的血——因为他是在上海工作的日本技师与中国女工的混血儿。在《上海月亮》中，善良的人们不仅心灵相通而且血脉相通，国家与阶级的壁垒都被打破。

---

① 《上海月亮》，中译本第126页。

　　颠覆性对话本是井上厦文学创作中常用的模式之一。日本传统戏剧净瑠璃、歌舞伎中有讲述赤穗浪人（流浪武士）复仇故事的《忠臣藏》，但井上取材于同类题材创作的小说却是《不忠臣藏》（1985年）。太宰治曾创作具有自传性质的小说《失去人格》（1948年发表，日语汉字写作"人间失格"），井上厦创作的太宰治传记剧却名之曰《未失人格》（1991年公演，日语汉字写作"人间合格"）。山口昌男在探讨井上厦喜剧世界的时候，认为井上作品中存在着"对立"的结构，并指出："所谓优秀喜剧，是指包含着精彩对立的作品。"他举井上厦的短篇喜剧作品《在婚礼与葬礼之间》为例，说："在该作品中，本属不同纬度的演技被混用。结果是这种混用引起的混乱诱发笑声。如果说得夸张一些，那么这篇作品显示了今天的社会科学所追求的方向，意味深长。"① 《上海月亮》中的颠覆性对话关系显然是这种"对立"的一种形式。高桥敏夫则将井上厦的这种手法归纳为"颠覆——将宏大故事翻转过来"。② 在井上这里，"颠覆"（或者"对立"）首先是一种对话方式、一种智慧、一种略带恶作剧色彩的幽默。颠覆未必一定意味着否定。某种情况下，颠覆反而能够通过建立对称性、对话性结构提供多元价值体系，或者制造舞台喜剧效果。相对于鲁迅而言，因为鲁迅是难以颠覆的，所以这"颠覆"首先确认了鲁迅真实性。

　　《上海月亮》通过与鲁迅进行颠覆性对话表达了另一套价值观，但这价值观却不可以简单地置于鲁迅价值观的另一极来理解。对于井上厦来说，三组颠覆的意义各不相同。

---

　　① 山口昌男《井上厦幽默短剧的世界》，《井上厦笑剧全集》（上下册）书后"解说"，讲谈社（东京），1976年3月15日至4月15日初出版。
　　② 高桥敏夫《井上厦——作为"希望"的"笑"》（《井上ひさし・希望としての笑い》），第116页。

　　井上厦身为作家并且崇拜鲁迅，因此不会否定文学的价值。他只是在剧本中通过虚构须藤医生"弃文从医"的故事将文学的价值相对化，同时提高医学的价值，表达对于文学与医学（精神与身体）之关系的另一种理解。希腊古谚云"健全的精神寓于健全的身体"，《上海月亮》中奥田医生阐述的也是这个道理。他认为鲁迅的虚无主义起源于咀嚼能力低下，说"治好了牙，鲁迅的文学就会改变！"这种理解有将文艺创作主体与文艺作品之间的关系简单化的倾向，但仍不失为解读鲁迅文学悲剧品格与鲁迅灰暗心理的一个有效视角。另一方面，鲁迅在《呐喊·自序》中讲述的弃医从文故事本有虚构成分且具唯心主义色彩，他本人对文学价值的相对化（或曰否定）在20世纪20年代后期已经相当明确。与井上厦用"医学"将"文学"相对化不同，鲁迅是用"实力"或"革命"将"文学"相对化。他说："文学文学，是最不中用的，没有力量的人讲的；有实力的人并不开口，就杀人，被压迫的人讲几句话，写几个字，就要被杀。"①"孙传芳所以赶走，是革命家用炮轰掉的，决不是革命文艺家做了几句'孙传芳呀，我们要赶掉你呀'的文章赶掉的。"②

　　"宽恕"、"心灵相通"对鲁迅"不宽恕"、"心灵不相通"的颠覆，则呈现了井上厦与鲁迅道德观、人生观的差异。不同于鲁迅人格与心理的冷峻、灰暗、孤独、绝望，井上是理想主义者、乐观主义者。井上厦十六岁时受洗成为基督徒，所以总是用温暖、宽容的目光看世界，对人类怀着信心与期待。从基督徒身份考虑，他创作《上海月亮》、讲述鲁迅与内山完造的故事，亦应与内山完造夫妇的基督徒身份有关。对于井上厦来说，"喜剧"

---

①　《革命时代的文学》（1927年），引自《鲁迅全集》第3卷第417页。
②　《文艺与政治的歧途》（1927年），引自《鲁迅全集》第7卷第119页。

不仅是一种舞台形式，而且是一种精神、一种人生态度，所以他经常用喜剧形式处理各种题材。1976年3、4月间，《井上厦笑剧全集》上下两册由讲谈社出版发行，井上写了一篇简短的《不要眼泪——代前言》（写作时间为当年2月18日），曰：

> 这八十篇笑剧全都是昭和四十年代中期为刚起步的"颠覆三人帮"（三波伸介、已故户冢睦夫和伊东四郎）创作的，而且全部被他们在电视上表演过。
>
> 我是因为怎样的缘由成为这三人帮的专属剧作家的呢？关于这个问题涉及多种事情，差不多够写一部长篇小说，但因篇幅和时间所限这里无法详述。而且，笑剧集前面附有一部长篇小说分量的"前言"对于读者来说也十分麻烦。所以，关于那些事情还是另找时间作为小说来写。这里只想说一句话，那就是本集所收笑剧全部是包含着"拒绝眼泪"的企图。
>
> 到那时为止的电视中的笑剧，大多以猥亵的笑和湿漉漉的眼泪为主要成分。猥亵的笑姑且不论，对于湿漉漉的眼泪，三位演员与我都感到厌恶。大概是这一点把我们联系在一起。现在我本想把这上下两册笑剧集献给已故的户冢睦夫，但我觉得，如果我做那种湿漉漉的事情他大概会生气。

井上在这里明确表达了自己长期坚持的"拒绝眼泪"的人生态度与戏剧主张，并且把这种态度实践在这篇短序的写作中，搞文字游戏，调侃自己与三位演员。从前文所述"颠覆"（或"对立"）来看，这个演出组合名称中的"颠覆"无疑也是井上厦与他们的契合点之一。两册笑剧集收录的剧本均为由三名演员演出的独幕短剧，不仅"拒绝眼泪"，而且多用奇特的故事与台词将"笑剧"推到"荒诞剧"的境地。

喜剧创作表现的"拒绝眼泪"的态度，甚至被井上厦贯彻到悲剧题材的作品之中。2009年井上以小林多喜二（1903—1933）的故事为题材创作了剧本《组曲虐杀》（两幕九场）。[①] 小林因参加劳工运动、作为日本无产阶级文学的旗手受酷刑而死，但井上是用音乐剧的形式进行表现。剧中特高课刑警古桥铁雄、山本正甚至受到小林多喜二的影响有所转变，古桥开枪的时候枪口射出的是花朵而不是子弹。高桥敏夫将井上厦作品的基本主题归结为"作为希望的笑"，指出："在如此宏大的舞台上，井上厦追求并独自完成的是什么？坦率地说，那就是'作为希望的笑'。""作为希望的笑"表现的是对于"希望"的积极态度，这不同于鲁迅的在"希望"的"有"与"无"之间、在"绝望"与"希望"之间徘徊。鲁迅在《故乡》（1921年）结尾处说"希望本是无所谓有，无所谓无的"，[②] 在《希望》（1925年）结尾处则引用了裴多菲的名句"绝望之为虚妄，正与希望相同！"[③]

由于《上海月亮》中存在着鲁迅与井上厦世界观、人生观的差异，因此剧本的基本意象"月亮"也呈现出两种色调。鲁迅看到的是凄凉的月亮——"在月光下似乎可以看到动物的骨头的船上，一个小姑娘抱着死去的妈妈哭着"，而井上厦的月亮是温暖、纯净的——须藤医生与长大成人的雷小宝走在上海的四川路上，"天空洒满了月光"，"街道两边商店里五颜六色的霓虹灯在闪烁"。

---

① 发表于《昴》（すばる）2010年1月号，5月10日集英社出版单行本，7月7日第三次印刷。

② 《呐喊·故乡》，引自《鲁迅全集》第1卷第485页。

③ 《野草·希望》，引自《鲁迅全集》第2卷第178页。

三 "内山书店"——超国家的空间

《上海月亮》的主题之一是呈现鲁迅与日本、日本人的密切关系。剧作情节、场景的设计是以此为中心，剧中人甚至直接阐述该主题。"尾声"中许广平、内山完造、内山美喜、须藤五百三、奥田爱三五个人各自读自己写的信——井上是用剧中人"独白"的形式交代鲁迅逝世后的事情。其中许广平的信是写给朱安的，落幕之前读信的是许广平。她读道："最后我介绍一下先生临终时守候在他身边的人。朱安女士，我时常觉得不可思议。他们都是日本人。他们是内山完造先生和夫人美喜女士，最后给先生做面模的牙科医生奥田爱三先生，还有主治医生须藤五百三先生。"[1]这几句台词意味着《上海月亮》是结束于鲁迅与日本人的亲密关系之中。井上厦2009年春天接受采访时，明言"为什么鲁迅晚年身边有许多日本人"是他长期思考的问题。[2]

《上海月亮》为了充分表现上述主题，选择并重构了"内山书店"这个具有日本属性的空间。如本文第一节所述，1934年8、9月间鲁迅是因为内山书店的中国职员被捕往千爱里避难，而《上海月亮》却把避难地点设置在内山书店。这应当是因为井上厦了解同一时期鲁迅与内山完造的密切关系，了解内山书店对于鲁迅的重要性。20世纪30年代前期鲁迅的日记中多有与内山完造交往的记录，内容包括见面、聚餐、互赠礼品、购书、治病乃至借款、避难，关系非常密切，称得上"挚友"。在《上海月亮》中，"内山书店"对鲁迅发挥着三种主要功能：其一是书店。鲁迅在此购书、获得精神食粮，并且出售自己的著作、传播自己

---

[1] 《上海月亮》中译本第147—148页。
[2] 张立波：《"缘"自鲁迅——访日本现代著名作家井上厦》，《上海月亮》中译本第161页。

的思想。其次是医院。"病鲁迅"在此接受日本医生的治疗、获得身心健康。其三是避难所。鲁迅在此躲避蒋介石政府的缉拿与迫害。换言之,对于鲁迅来说"内山书店"是个具有多重含义的空间,鲁迅在这里与书店老板内山完造以及其他许多日本人建立了深厚友谊。井上厦敏锐地把握了鲁迅与日本、日本人的密切关系,并且通过"内山书店"这个空间进行了集中的、高度典型化的呈现。对于鲁迅来说,这种关系的建立与其个人成长史、对中医的排斥、对蒋介石政府的抵抗等有关,涉及其国民性批判思想、自我身份的认知等大问题。

将《上海月亮》中的"内山书店"作为一个包含着"书店—医院—避难所"三重含义的符号性空间来认识,能够发现对于鲁迅来说这个空间早已存在于北京。鲁迅北京时期(1912—1926年)日记的相关记录表明,其与日本的关系主要是通过购书、治病、避难建立起来的。购书地点是日本人开设的东亚公司,该公司位于北京东单,销售日本书籍,1924年至1926年间鲁迅在此购买了大量日文图书,其中包括对其思想观念发生了影响的《苦闷的象征》《山水·思想·人物》《革命与文学》等。治病的地方是日本人开设的池田医院、同仁医院、山本医院或者伊东医院,同仁医院和山本医院还成为鲁迅的避难所。1920年7月直皖战争发生,鲁迅将家人送入同仁医院躲避。当年7月18日日记曰:"夜送母亲以下妇孺至东城同仁医院暂避。"[1]1926年"三一八惨案"发生后鲁迅人身安全受到威胁,3月29日入山本医院避难至4月8日。对于北京时期的鲁迅来说,日本人开设的医院与东亚公司共同发挥着《上海月亮》中"内山书店"的功能,山本忠孝等日本医生即相当于上海的须藤五百三、奥田爱三。鲁迅1925

---

① 《鲁迅全集》第14卷第392页。

年的日记中偶有同日前往山本医院与东亚公司两处的记录，如
10月14日日记："上午往山本医院诊。往东亚公司买《西藏游
记》一本，二元八角。"这是符号化地将日本医院与日本公司一
体化即"内山书店"化。从20年代到30年代，从北京到上海，
鲁迅就是这样与日本、日本人保持着密切关系，"日本"为其提
供精神食粮并保障其健康和人身安全。

更重要的问题是：对于鲁迅来说，与日本人的密切关系之中
潜含着与本国政府的对立关系。在《上海月亮》中，当鲁迅为逃
避蒋介石政府的镇压与迫害进入"内山书店"的时候，"内山书
店"已经成为鲁迅抵抗本国政府的空间。从同一时期鲁迅的生存
状态与相关文章来看，他需要这种空间。作出这种判断的根据是
鲁迅对待租界的态度。

鲁迅1927年10月定居上海，1928年1月发表的杂文《拟预
言—— 一九二九年出现的琐事》即涉及租界问题。此文第二节
曰："有公民某乙上书，请将共产主义者之产业作为公产，女眷
作为公妻，以惩一儆百。半年不批。某乙忿而反革命，被好友告
发，逃入租界。"① 乙之所以"逃入租界"是因为租界能够给予庇
护。这句"预言"意味着鲁迅明确意识到了中国内部的政治问
题、阶级问题与上海滩的半殖民地性质，意识到了租界能够为某
类中国人提供安全保障。此后租界问题是鲁迅一直面对的。1933
年元旦作旧体诗《二十二年元旦》，诗云："云封高岫护将军，霆
击寒村灭下民。到底不如租界好，打牌声里又新春。"虽然带有
几分讽刺，但已经将租界内外的两个空间进行对比，在对比之
中讽刺了政府。写此诗四个月之后，鲁迅撰写了批评政府的杂
文《王化》。由于《王化》投给《申报·自由谈》的时候遭到查

① 收入《而已集》，引自《鲁迅全集》第3卷第570页。

禁、改投《论语》半月刊方得以发表，故鲁迅5月15日为此文撰写补充说明曰："这篇被新闻检查处抽掉了，没有登出。幸而既非瑶民，又居租界，得免于国货的飞机来'下蛋'，然而'勿要哗啦哗啦'却是一律的，所以连'欢呼'也不许，——然则惟有一声不响，装死救国而已！"①这里所谓的"瑶民"是指因反抗地方政府的压迫与剥削奋起反抗、又遭到政府军围剿和飞机轰炸的西南地区瑶族民众，"幸而既非瑶民，又居租界"的感慨明确表达了对政府的批判与对租界保护功能的强调。这段说明与诗作《二十二年元旦》在政治批判与租界认识方面是相通的。

《二十二年元旦》一诗是在写成约一年半之后被编入《集外集》、随着1935年5月同书出版公之于众。编辑过程中鲁迅与《集外集》编者杨霁云的通信再次凸显了此诗对官方的批判。《集外集》由杨霁云编定之后送政府相关部门审查，其中"编者引言"并九篇文章被删，所以鲁迅在1935年1月29日给杨霁云的信中说："《集外集》既送审查，被删本意中事，但开封事亦犯忌却不可解，大约他们决计要包庇中外古今一切黑暗了。而古诗竟没有一首删去，确亦不可解，其实有几首是颇为'不妥'的。"②2月4日致杨信中又云："《集外集》止抽去十篇，诚为'天恩高厚'，但旧诗如此明白，却一首也不删，则终不免'呆鸟'之讥。"③所谓"不妥"、"旧诗如此明白"，实指旧诗直接讽刺了当局。《集外集》出版的时候，著者《序言》的前面是鲁迅四首旧体诗的手迹，其中第三首即为《二十二年元旦》。这显然是为了嘲弄出版审查者的愚蠢与盲目。

1935年12月底鲁迅编辑自己的评论集《且介亭杂文》与

---

① 《王化》，引自《鲁迅全集》第5卷第136页。
② 《鲁迅全集》第13卷第35页。
③ 《鲁迅全集》第13卷第42—43页。

《且介亭杂文二集》，不仅将"且介亭"一词用在评论集名称中，两本评论集"序言"落款处亦均标明"记于上海之且介亭"。人民文学出版社1981年版《鲁迅全集》给"且介亭"做的注释是："当时作者住在上海北四川路，这个地区是'越界筑路'（帝国主义者越出租界范围修筑马路）区域，即所谓'半租界'。'且介'即取'租界'二字之各半。"由此可见，"且介"二字表达了鲁迅对自己的位置与处境（"半租界"）的认知与强调。"亭"指"亭子间"，平民居住的地方，"且介"与"亭"相加构成的"且介亭"一词，则已包含着"国家"与"阶级"两种成分。1936年4月所作《三月的租界》一文对萧军的支持与对狄克的批评，表明鲁迅是将上海的"租界"作为与沦陷的"东北"相对立的空间来认识的。

对于晚年鲁迅来说，租界甚至是"上海鬼域"的对立物。鲁迅在1936年10月6日（去世两周前）写给曹白的信中说："种种骚扰，我是过惯了的，'一二八'时，还陷在火线里。至于搬家，却早在想，因为这里实在是住厌了。但条件很难，一要租界，二要价廉，三要清静，如此天堂，恐怕不容易找到，而且我又没有力气，动弹不得，所以也许到底不过是想想而已。"之所以"一要租界"是因为租界能够保证自己的人身安全。信中又说："《现实》和《高尔基论文集》，都被一书店（那时是在第三种人手里的）扣留了几年，到今年才设法赎出来的，你看上海的鬼域，多么可怕。"① 在这封信里，"多么可怕"的"上海的鬼域"与"租界"相对立，这种对立关系凸显了租界对于鲁迅的重要性与必要性。从鲁迅1930之后的日记看，当时他厌恶上海并且厌恶文坛，内心寂寞。

---

① 《鲁迅全集》第13卷第411页。

关于"租界",商务印书馆1979年版《现代汉语词典》的解释是:"帝国主义国家强迫半殖民地国家在通商都市内'租借'给他们做进一步侵略的据点的地区。"这个释义到2012年版也没有改变。内山书店并非租界,但它在作为外国人的租借地将中国政府管辖权相对化这一点上具有租界性质,对于鲁迅来说它是租界的替代品。1932年1月28日上海战事("一·二八"事变)发生,30日鲁迅全家即往内山书店避难。鲁迅当日日记曰:"下午全寓中人俱迁避内山书店,只携衣被数事。"①井上厦明确意识到了这一点,所以《上海月亮》第一场一开场就通过鲁迅的口谈租界。无独有偶,鲁迅将自己1936年的评论文章编为《且介亭杂文末编》,可惜未编完即去世,最后是许广平将该书编定。许广平在该书《后记》(1937年6月25日作)中说:"又蒙内山先生给予便利,得以销行。"以"且介亭"命名的鲁迅著作在具有"准租界"性质的内山书店中销售,符合鲁迅晚年的生活形态与心理困境。

遭受本国政府政治迫害与文化围剿的鲁迅进入内山书店,意味着他接受了一个具有"外国"(甚至是"敌国")属性的空间,同时意味着他陷入了国民的两难境地。鲁迅毕竟是中国人,在本国土地上借助租界或"内山书店"获得安全不会是一件愉快的事。其1933年1月26日的日记就表露了这种矛盾心情。日记曰:

> 旧历申年元旦。昙,下午微雪。夜为季市书一笺,录午年春旧作。为画师望月玉成君书一笺云:"风生白下千林暗,雾塞苍天百卉殚。愿乞画家新意匠,只研朱墨作春山。"又戏为邬其山生书一笺云:"云封胜境护将军,霆落寒村戮下

---

① 《鲁迅全集》第15卷第4页。

民。依旧不如租界好，打牌声里又新春。"已而毁之，别录
以寄静农。改胜境为高岫，落为击，戮为灭也。①

日记中的"邬其山"即内山完造。"邬其"为"内"的日语读音
（うち，uchi）。书写之后"已而毁之，别录以寄静农"，透露出
鲁迅复杂、微妙的心理。问题显然出在"依旧不如租界好"一
句。内山虽然是挚友但毕竟是日本人，并且曾在日本人点燃的
"一·二八"战火中保护自己，对他说"租界好"难免伤中国人
的自尊心，甚或被误解。而台静农是自己的学生并且是中国人，
发这种看似"不爱国"的言论能够得到理解。

对于鲁迅来说"内山书店"具有抵抗"蒋介石国民党政
府的军警强化镇压"的功能——《上海月亮》对此进行了自
觉、鲜明的呈现，揭示了鲁迅国民身份的尴尬。但是，这种呈
现绝不意味着井上厦由此确认了日本国的价值。相反，在《上
海月亮》中，日本作为侵略国家受到批判，日本天皇也受到嘲
讽。置身"内山书店"的鲁迅反日并且讽刺天皇，他的日本朋
友们同样反日、反天皇。须藤医生揭露日本人捏造事实、发动
"一·二八"战争，批判上海的日本居留民，说："上海现在住
着三万日本人，几乎所有的人都认为上海是我们日本的领土，
居然忘了自己是在别人的地盘上生活着。"日本居留民的孩子到
他的医院来就诊，但当时他正在给受伤的中国报童治疗，于是
日本人要求加塞儿，声称孩子的父亲是上海日本居留团干部。
他回答说："哪怕这孩子的父亲是天皇，只要伤不重，也得在后
面排队！"②在上海的许多具有"大日本意识"的日本居留民看

---

① 《鲁迅全集》第15卷第60页。
② 《上海月亮》中译本第60页。

来，内山完造、须藤医生、奥田医生与中国人亲近，都是"非国民"、日本的叛徒。他们冲击须藤医生的医院，又聚集到内山书店前面，要把内山、须藤等人赶出上海，大喊："我们日本人现在才真正需要团结在一起，效忠于天皇。你们几个却是破坏我们团结的败类。"①这样，"内山书店"被赋予了抵抗日本天皇、抵抗军国日本的性质。

一方面是鲁迅抵抗蒋介石政府的空间，一方面是内山、须藤等人抵抗天皇制日本的空间。于是"内山书店"作为抵抗现代国家的空间被建构起来。这是真正的人与人相对的空间，井上厦力图在这个空间中赋予鲁迅、内山等人以超国家的身份，发现鲁迅与日本人的友情中存在的超国家的价值与普遍性的伦理道德。《上海月亮》建构这种超国家空间的努力表现在许多方面。内山完造说"不论是中国人还是日本人，只要是读书人就应该不是坏人"（第一场），奥田爱三说"疼痛与人种、国籍没有关系"（第二场）——在此类表述中，甚至"读书"与"疼痛"都被用以说明超国家之物的存在。决定这种空间建构的是井上厦的和平主义、人类主义、世界主义思想。在井上厦的记忆中，鲁迅甚至说过这样的话："不存在日本人这样一个一般的概念。现实中存在的只有好的日本人和坏的日本人。同样也不存在中国人这样一个一般的概念，只有好的中国人和坏的中国人。因此好的中国人与好的日本人应当携起手来共同反对狡猾的坏的日本人和中国人。"②无论井上厦的这种记忆是否真实，表达的都是他对于超国家价值的渴望。所以，井上厦所谓的"鲁迅与日本人的密切关系"是思考的起点而非结论，实质上这种关系具有"超日本"的

①　《上海月亮》中译本第100页。
②　张立波《浅谈井上厦的以鲁迅为主人公的传记剧〈上海月亮〉》，《上海鲁迅研究》，2010年春季号，第242页。

性质。在此意义上，后人将鲁迅与日本人的关系作为中日友好的话语来叙述是回到了庸俗的国家层面。

四　太宰治《惜别》的投影

为何创作《上海月亮》？井上厦本人有两种说法。一是说与太宰治（1909—1948）的长篇小说《惜别》有关。井上厦创作讲述太宰治生平故事的话剧《未失人格》应当是在1990年，1991年年初剧本公演之际，井上与评论家、早稻田大学教授东乡克美举行了一次对话，在对话中谈到自己阅读太宰治作品的感受，说："重新阅读之后，真正喜欢的还是中期的作品。尤其喜欢以仙台医专时代的鲁迅为题材的《惜别》。就太宰而言，该作尚显粗糙，原封不动地使用《呐喊·自序》，引文泛滥。尽管如此，结尾处太宰治的本来面貌显露出来，给人以温润和睦之感。我重读《惜别》再次受到感动，甚至创作了以鲁迅为主人公的剧本《上海月亮》。"[①]另一种是说与童年阅读体验有关。在接受采访、被问及《上海月亮》的创作动因时，"他说，他从小就很崇拜鲁迅，小学三年级时，已读完了《鲁迅全集》。写关于鲁迅的作品，是他多年的宿愿。《上海月亮》的完成，圆了他多年的梦"。[②]两种说法不同，但并不矛盾。前一个说法表达的是直接原因，后一个说法表达的是间接原因。两种原因的并存说明了《上海月亮》成因的多元性。井上厦有童年时代的阅读体验做基础，掌握了大

---

① 《在"人间失格"与"人间合格"之间》，引自《对话太宰治》（《太宰治に聞く》）第196页，井上厦、小松座编著，文艺春秋（东京），1998年7月。"温润和睦之感"日语原文写作"ほんわりとしていい感じ"，这里是根据上下文意译。

② 张立波《"缘"自鲁迅——访日本现代著名作家井上厦》，《上海月亮》中译本第160页。

量史料并一直崇拜鲁迅，所以受到太宰治《惜别》的触动之后才能写出涉及众多人物、具有高度完整性的《上海月亮》。

井上厦是在创作《未失人格》（1990年）之后很快创作了《上海月亮》（1991年）。即他本人所谓因创作《人间失格》而重读太宰治《惜别》、受到感动之后创作了《上海月亮》。这种上下文关系表明《上海月亮》受到了《惜别》的直接影响。将《上海月亮》与《惜别》结合起来看，能够看到《惜别》的多重投影。

太宰治的《惜别》创作于1945年日本战败之前，是讲述留学仙台的青年鲁迅与藤野先生的故事。如前面的引文所示，《惜别》结尾处的"温润和睦之感"感动了井上厦。何谓"温润和睦之感"？理解井上厦的这一感觉要回到其剧本《未失人格》，看他在剧本中是怎样处理《惜别》的。《未失人格》是理解《惜别》与《上海月亮》之关系的桥梁。

《未失人格》第六场为"惜别"，讲述1944年年末津岛修治（太宰治的本名）为撰写《惜别》到仙台采访、查资料的故事。其中津岛有这样一段台词："……鲁迅之外没有人知道藤野先生的亲切。就是说，在这个世界上，有许多尽管谁都没有看见、但像宝石一样尊贵的事情在发生。鲁迅难道不是这样想的吗？他是想成为文学家，去发现那种事情，写成文章。……所谓文学工作，就是寻找那种小小的宝石。——鲁迅在这仙台这样思考过。大概一定是这样的。"[1]毫无疑问，这段议论是井上厦笔下的太宰治所发，表达的是井上厦对《惜别》的理解，所谓"温润和睦之感"即"藤野先生的亲切"。这又要回到太宰治的《惜别》。在《惜别》中，"藤野先生的亲切"体现在他对中国、对青年周树人的态度。藤野先生认为中国优秀的文化传统没有因为革命而中断，

---

① 引自《对话太宰治》（《太宰治に聞く》），第229页。

说:"家风或者国风,其传统决不会中断。应当称作'东洋本来之道义'的潜流在任何时间、任何地点都延续着。而且在其根本之道,我们东洋人都连接在一起,可以说背负着共同的命运。"因此他提出了日本人与中国人相处的基本原则:"一句话:不要欺负中国人。仅此而已。"①这种超越国家的、人与人心灵的相通确实给人以"温润和睦之感"。在《惜别》中,承担、体现这种情感的超国家角色除了藤野先生,还有一位名叫田中卓的日本穷学生。田中卓因为与周树人关系密切,甚至被津田等日本同学说成"长得像支那人",名字也被念成"でんちゅうたく"而不是标准日本人名读音的"たなかたかし"。②

井上厦《上海月亮》与太宰治《惜别》的基本一致显然就是这种"温润和睦"主题的一致,即同样表现超国家的友情、人与人心灵的相通。就是说,井上厦从太宰治的《惜别》中读出的"温润和睦"被他写在以太宰治为主人公的《未失人格》中,随后又成为以鲁迅为主人公的《上海月亮》的主题。

基本主题的一致之外,《上海月亮》与《惜别》在月亮意象的使用、将牙齿喜剧化、用异常语言制造戏剧效果诸方面,均有相似之处。

青年周树人对月亮的态度是《惜别》中的一个问题。小说后半部分写周树人在仙台与当地的木工家庭交往,帮助木工十岁左右的女儿修改慰问信。慰问信是女孩子写给远在西伯利亚的伯父的。小说这样叙述道:

　　那是一封很平常的信:"去年没跟您联系,久疏问候!

---

① 《惜别》中译本第68—69页,于小植译,新星出版社(北京),2006年1月。后同。

② 《惜别》中译本第95页,前者为音读,日本人读中国人名时多用这种读法。

听说您在月亮都冻僵了的西伯利亚平原上俘获了俄国人，还光荣地参加了有威望的敢死队。知道您还像从前一样积极进取、意气风发，我很开心。请您保重身体！为天皇陛下、为大日本帝国尽忠！"

"月亮都冻僵了的西伯利亚"——周先生首先对这一句很满意。周先生虽然说自己对景色不感兴趣，但对月亮，似乎不怎么讨厌。①

"月亮都冻僵了的西伯利亚"确实是别出心裁的表达。井上厦曾反复阅读《惜别》，对这段描写不会没有感觉。不能断言他创作取名"上海月亮"的剧本并在剧本中反复呈现月亮意象是受到这段话的影响，但二者的一致一目了然。

牙齿在太宰治《惜别》中也扮演着重要角色。班委会干事津田宪治有军国主义思想、盛气凌人。他逼迫田中卓请他到餐馆吃饭，却挑肥拣瘦，埋怨肉排硬、鳗鱼有筋，吃鸡肉火锅也要用刀背把鸡肉拍软了，吃到最后点了水煮豆腐。挑肥拣瘦的原因在于他的牙齿，小说从田中卓的角度叙述道：

我不由得"扑哧"笑出声来。我看出津田君上颚全都是难看的假牙。我想他把兄弟轩的炸肉排说成是鞋底，还有鳗鱼的筋的奇说和希望把鸡肉拍软的要求，大概都与这假牙有某种联系吧。

类似的调侃在《惜别》中至少有两处。②按照《上海月亮》中奥

---

① 《惜别》第84—85页。
② 《惜别》中译本第59、62页。

田的牙齿健康分级标准，津田的牙齿只能咬豆腐和布丁，为最低一级。太宰治本人的牙也不好，而且这被井上厦注意到。井上厦在《对话太宰治》一书的序言《太宰治设下的圈套》中，这样描述自己与太宰的相似性：

> 如果列举太宰与我的相似之处，首先是身高同为一米七四。而且，太宰曾经因盲肠炎引起腹膜炎，疼得不得了，今年（1989）我也吃了同样的苦头。
>
> 还有，牙齿很不好。他三十岁的时候就镶了牙，总是吃水煮豆腐。我想他对牙医大概心存恐惧。这一点上我也与他相似。不过，相似之处也就是这些。[①]

这里他调侃了太宰治的牙齿并且调侃了自己的牙齿。所以，他在《上海月亮》中用牙齿制造喜剧效果、甚至将牙病引申到鲁迅的性格、人生观与文学精神，都应当看作起因于《惜别》的影响。井上面对鲁迅的时候同样发现了对方与自己在牙齿不好这一点上的一致，所谓"由于脾气秉性的相似，致使我们在写作的时候都喜欢咬牙，所以我们的牙都不好……"[②]总体看来，牙齿成为井上厦认同太宰治、认同鲁迅的媒介，他通过牙齿不好建立了自己与太宰治、与鲁迅的同一性。这样看来，井上对于坏牙的调侃并非歧视性的，而是一种幽默，一种自我调侃、自我嘲弄——近于恶作剧的自我嘲弄。

如前所述，《上海月亮》中的鲁迅一度患上失语症，言不由衷、词不达意。井上厦是通过异常语言制造喜剧效果、表达某

[①] 引自《对话太宰治》第1页。
[②] 引自张立波《浅谈井上厦的以鲁迅为主人公的传记剧〈上海月亮〉》，载《上海鲁迅研究》2010春季号。

种观念。类似的方法同样存在于太宰治的《惜别》中。在《惜别》中，"我"（田中卓）与周树人、藤野先生三人之间建立了深厚友情，但"我"将这种友情卑俗化、解释为起因于"日语不标准"。"我"来自乡间、满口东北土话，藤野先生讲的是难懂的关西方言，周树人身为中国人日语生硬，三人在那些讲标准日语的城市人面前都感到自卑，于是走到一起。"我"说："后来这位藤野先生与周先生、我三个人结成的亲密同盟简直不过是日语不标准者气味相投的结果。"①这种近于恶作剧的调侃之中潜藏着对"中日亲和之先驱"这一日本国家话语的解构与讽刺。太宰治创作《惜别》本来是受日本文学报国会和日本内阁情报局的委托，委托方希望他用藤野先生与周树人的故事表现"中日亲和"的主题、为正在进行侵华战争的日本军国政府做欺骗性宣传，但是，这一主题在很大程度上被太宰治的调侃消解了。井上厦在《上海月亮》中用失语症表达理念、制造喜剧效果，与《惜别》颇为相似。只是与太宰治相比井上厦在语言使用方面更熟练、更有自觉性，因此《上海月亮》更充分地发挥了异常语言的功能。

《惜别》与《上海月亮》的一致之处对于理解《上海月亮》是重要的，对于认识《惜别》同样重要。井上厦是反天皇制、批判近代日本、崇拜鲁迅的战后民主派作家，2004年参与发起了保卫日本和平宪法的"九条会"，但他却从太宰治的《惜别》中受到感动。这意味着太宰治的《惜别》虽然是在战争末期接受官方的委托而创作，但确实在很大程度上解构、摆脱了军国主义意识形态。

---

① 《惜别》中文译本第55页。

结语 鲁迅的真实，井上厦的真实

1936年10月19日鲁迅在上海去世的时候，井上厦是一名未满两周岁的幼儿，生活在日本东北山形县的山区。半个多世纪过去之后，山区儿童井上厦成为日本首屈一指的优秀剧作家，在东京创作了以鲁迅为主人公的剧本《上海月亮》，并将剧本搬上舞台。鲁迅借助《上海月亮》，在新的时间与新的空间中获得了新的生命。

《上海月亮》是剧本同时又包含着井上厦对鲁迅的认识与理解，因此具有文学作品与研究著作的双重品格，达到了感性的喜剧形式与理性思考二者的统一。作为文学作品它的完成度很高，在幽默且近于荒诞的喜剧空间中讲述了生动的故事，塑造了个性鲜明的人物。作为"研究著作"它也颇有深度，实现了剧本"开场白"所言呈现"鲁迅生活的真实"的构想。剧本呈现的"鲁迅生活的真实"是多层面的、深刻的，包括疾病之累、人生观与道德观、身份与处境、与日本的关系，等等。尤其是剧本展示的"病人鲁迅"和"超国家空间中的鲁迅"，在鲁迅研究界尚未引起足够重视，可以作为鲁迅研究的基本命题建立起来、作进一步开掘。

井上厦在鲁迅认识方面的成功主要取决于两个视角。一是疾病的视角。《上海月亮》的相关描写表明他认真研读了鲁迅日记，疾病成为他关注的焦点。始于1912年的鲁迅日记中多有治病求医的记录，记录中的胃病、牙病、哮喘病等在《上海月亮》中均有呈现。病人化即常人化，从疾病认识鲁迅是将鲁迅世俗化、常人化的重要途径，并且能够自然引入对于鲁迅来说十分重要的"文学（精神）/医学（身体）"关系问题。二是平等的视角。井上厦在面对鲁迅的时候保持着强大主体性，所以能够平等地认识鲁迅、自由地塑造"病鲁迅",甚至调侃鲁迅、颠覆鲁迅的基本观念、质疑鲁迅杂文的价值。上述两个视角在鲁迅研究者那里很少被使用。对于习惯于文学家、思想家和革命家鲁迅形象的读者来说,"病人鲁迅"的形象颇有些离经叛道。将作为"研究著作"的《上海月亮》置于日本鲁迅研究史的脉络中来看,能够发现"井上鲁迅"的日常性与世俗性在"竹内鲁迅"或者"丸山鲁迅"中很难看到。

无论是在井上厦本人的作品中还是在日本鲁迅接受史上,《上海月亮》都具有丰富的"互文性"。这里所谓的"互文性"是指它在题材、主题、表现手法诸方面与其他作品的相关性、共通性。对于井上本人来说,《上海月亮》位于其"作家传记剧"的系列之中。该系列的名作除了前述《未失人格》之外,另有以樋口一叶(1872—1896)为主人公的《头疼肩酸的樋口一叶》(1984年"小松座"创设时的第一部作品),以夏目漱石为主人公的《我是漱石》,等等。井上选作其"作家传记剧"主人公的多为在文学史上有较高地位的作家。樋口一叶是日本明治时代的代表性女作家,头像被印在了五千日元的纸币上。夏目漱石相当于日本的"鲁迅",头像曾被印在一千日元的纸币上。从不同的"作家传记剧"中,能够看到井上一贯性的着眼点或表现手法。比如和关注鲁迅的"病"一样关注樋口一叶的"头疼肩酸"、关注夏目漱石的胃病;以太宰治为主人公的《未失人格》是戏仿太宰治的《失去人格》,以夏目漱石为主人公的《我是漱石》是戏仿夏目漱石的《我是猫》;戏中戏的表现方法在"东京审判三部曲"等历史题材的戏剧作品中也曾使用。[①] 对于日本鲁迅接受史来说,《上海月亮》不仅处于太宰治《惜别》、霜川远志《戏

---

① 参阅高桥敏夫《井上厦——作为"希望"的"笑"》第四章的相关论述。

剧·鲁迅传》（1977年）等以鲁迅为主人公的文学作品的延长线上，而且处于竹内好、丸山升等日本学者鲁迅研究著作的延长线上。《上海月亮》处理的中日关系、藤野先生、弃医从文乃至武士道等问题，是20世纪30年代以来日本的鲁迅研究者、接受者一直面对的。

《上海月亮》中包含着井上厦与鲁迅的对话，因此该剧本既是对鲁迅的表现又是井上厦的自我表现。井上厦作为生活在20世纪中后期日本的剧作家，作为乐观主义者和基督徒，作为近现代日本侵略历史的批判者，在与鲁迅进行超时空对话的过程中，表明了自己的世界观、人生观与美学观。这种对话结构同时展示了生活在不同时代的中国作家鲁迅与日本作家井上厦，因此传递着十分丰富的历史、思想、文学信息。

1991年3月《上海月亮》在东京发表、出版并被搬上舞台，这是一个历史性文化事件。在井上厦创作的剧本《上海月亮》中鲁迅打算创作题为《上海月亮》的小说——井上厦用这样一个小小的叙事技巧在鲁迅的"月亮"与自己的"月亮"之间制造了模糊性，与鲁迅共有了《上海月亮》作者的身份同一性。剧本名称中突出"月亮"，至少与鲁迅日记中"月色极佳"[①]的记录有关，与《狂人日记》中多次出现"月光"（月色）有关，与鲁迅的《故乡》在日本被广泛阅读而《故乡》多次写到"深蓝的天空中挂着一轮金黄的圆月"有关。日本作家似乎对鲁迅笔下的月亮特别感兴趣。鲁迅去世当晚佐藤春夫（1892—1964）写的悼念文章题目就是《月光与少年》，[②]太宰治则在《惜别》中给予鲁迅一个"冻僵的西伯利亚的月亮"。"上海月亮"处于同一月亮序列之

---

① 鲁迅1917年9月30日日记。

② 中文翻译见《鲁迅与中日文化交流》，湖南人民出版社（长沙），1981年8月。

中，并且因为时间或场合的不同变换色彩与情调。当1934年的
"上海月亮"在1991年东京的舞台上升起的时候，"月亮"改变
了时间也改变了空间。

《上海月亮》的成功得到了日本文坛的认可，剧本荣获1991
年度谷崎润一郎文学奖（第27届）。大江健三郎作为此次评奖的
五位评委之一，认为井上厦是"将不可能的事情变为可能，创
作了完整保持鲁迅形象的厚重与沉痛而又清新明快的人的戏剧"，
指出剧本的成功取决于两个"井上厦"的合作——一个是"熟
读鲁迅的各种作品和书信并深入思考的、阴郁的井上厦"，一个
是"拥有鲁迅去世时身边多日本人这种构想，长期致力于词汇游
戏的探索大获成功、才华横溢的井上厦"。他甚至说："如果能出
现武田泰淳长寿、和竹内好一起来看井上厦《上海月亮》上演的
事情，该是多好！"①武田泰淳（1912—1976）和竹内好（1910—
1977）作为中国文学研究会的骨干都有独特的鲁迅观，在日本鲁
迅接受史上占有重要位置。

然而，这样一部优秀的《上海月亮》，直到2012年才有中
文译本出版。

2014年5月22日至6月2日一稿，6月27日改定

（原载《鲁迅研究月刊》2014年第7期）

---

① 大江健三郎《将不可能的事情变为可能》（《不可能なことを可能にする》），
载东京《中央公论》月刊，1991年11月号。

副

编

鲁迅：文化与非文化

——从《历史转换期文化启示录》谈起

　　"鲁迅"是个老题目——据说鲁迅的每个细胞都被许多研究者紧紧包围；"文化"同样是个老题目——虽然文化热的兴起不过是20世纪80年代中期以后的事，但由于你也谈文化、我也谈文化、大家都来谈文化、文化之声不绝于耳，于是乎"文化"也急剧"衰老"了。

　　在这种情况下来谈鲁迅，并且是从文化的角度谈，确实很危险——和走钢丝一样危险。这需要勇气更需要实力。我怀着看别人走钢丝的心情，拜读了朱晓进的专著《历史转换期文化启示录——文化视角与鲁迅研究》（以下简称《启示录》）。感到欣慰的是，著者平稳地走到了彼岸，而且走出了特色。

一

　　由于鲁迅自身存在价值的丰富性与复杂性，"鲁迅是……"这一公式可以演绎出许多命题。例如：鲁迅是战士，鲁迅是旗手，鲁迅是国民性批判者，鲁迅是在痛苦的精神炼狱中独自前行的人，等等。最为人们熟知的命题，大概是毛泽东在《新民主主义论》中提出的"三家"——"鲁迅不仅是伟大的文学家，而且

是伟大的思想家和伟大的革命家"。所谓的"鲁迅研究",实质上
就是不同的研究者在不同的人文背景下对这些不同命题进行阐释
与论证,并提出新的命题。而朱晓进在《启示录》中,则企图超
越人们在具体领域对鲁迅的把握,寻找鲁迅的内在统一性。他批
评人们对毛泽东概括的"三家"的理解"多是从鲁迅在这三个具
体领域中的贡献出发来分而论之,缺少对这三个'家'的内在统
一性的把握",进而指出:"在鲁迅那儿,最初的出发点和最终的
目的,都是在于促进中国文化顺利完成本世纪初的伟大的历史性
转换,而至于他所涉猎较多的三个领域,只是他为完成最终的文
化目的而选择的具体的渠道。忽略了这一点,即使将鲁迅作为革
命家、思想家、文学家的具体特点拼连在一起一块儿论,也还是
难以从更深刻的方面把握鲁迅的本质特征。"①就是说,朱晓进是
围绕"鲁迅是文化思想家"这个命题来做文章的。这样首先就必
须解决两个问题:第一,文化是什么?第二,从哪些具体的文化
范畴出发来阐释鲁迅?

　　第一个问题之所以被提出,是因为目前有关"文化"的定
义不下百种。在对特定研究对象作文化阐释的时候,如果不对
"文化"这一概念进行自觉的、理性的界定,那么这种研究将失
去具有稳定性与合理性的逻辑起点,甚至流于大而空、不着边
际、不知所云、随意而谈。实际上,大而空、随意而谈等等也
正是前几年的文化热中一个不容忽视的流弊——正如朱晓进在
《启示录》的"后记"中指出的。显然是为了避免这种流弊,为
自己从文化视角审视鲁迅提供一个真实的逻辑起点,朱晓进在
《启示录》"导言"中对"文化"这一概念进行形而上的思辨,
把文化分为四个基本层面:文化的本质→精神文化形态→制度

---

① 《历史转换期文化启示录》第6页,辽宁教育出版社(沈阳),1992。

文化形态→物质文化形态。这种划分不仅对著者本人、即使是对于一般的文化研究工作者，也具有启示意义。在作了上述划分之后，著者说明自己主要是在精神文化形态的层面上使用"文化"这一概念，然后从六个基本的文化范畴出发审视作为文化人的鲁迅。这六个基本的文化范畴是：伦理文化，语言文化，宗教文化，民俗文化，文艺实践活动，对传统文学的反思活动。这样，鲁迅便被置于一个完整而又富于逻辑性的文化体系之中。文化体系的完整性与富于逻辑性，大概应当看作《启示录》的第一个成功之处。

著者从不同的文化范畴出发对鲁迅所作的细读，尤其富于启示性。不妨以"鲁迅的语言文化观"和"鲁迅的宗教文化观"两章为例。关于语言（汉语）问题，鲁迅曾经发过不少惊世骇俗的议论："汉文终当废去，盖人存则文必废，文存则人当亡，在此时代，已无幸存之道。"[①] "为了这方块的带病的遗产，我们的最大多数人，已经几千年做了文盲来殉难了，中国也弄到这模样，到别国已在人工造雨的时候，我们却还是拜蛇，迎神。如果大家还要活下去，我想：是只好请汉字来做我们的牺牲了。"[②] "汉字也是中国劳苦大众身上的一个结核，病菌都潜伏在里面，倘不首先除去它，结果只有自己死。"[③] 类似偏激得令人感到惶惑的议论，说明汉字已经成为鲁迅不共戴天的仇敌。在鲁迅看来，似乎民族的没落、国人的愚弱都是汉字造成的。何以故？朱晓进通过对鲁迅著作的分析，揭示了鲁迅对汉语缺陷的系统认识：含混；凝聚着民族的堕落性心理；与大众的隔膜

---

① 《191016致许寿裳》，《鲁迅全集》第11卷第357页，人民文学出版社（北京），1981。下同。

② 《花边文学·汉字和拉丁化》，《鲁迅全集》第5卷第556页。

③ 《且介亭杂文·关于新文字》，《鲁迅全集》第6卷第160页。

及对大众的愚弄。——这样，对于民众的觉醒与民族的复兴怀有巨大使命感的鲁迅，"仇视"汉语也就是自然的甚至是必然的了。因此，与其把这种"仇视"作为一种语言主张不如把它作为一种文化精神来认识，更符合鲁迅的思想实际。正是由于著者本人从文化视角来看待语言现象、超越语言看到语言背后的东西，所以才能对鲁迅的语言观进行文化解读，揭示出鲁迅的语言观中包含的丰富的思想文化内容。鲁迅与宗教也有密切关系，佛教文化对他的影响尤其大。《启示录》系统分析了鲁迅接受佛教影响的背景，并在与同时代文化人的对比中，探讨佛教文化对于鲁迅的特殊意义：以佛教思想中的某些内容为武器以批判封建儒家文化，用佛教净化人心的道德方式为改造国民性服务，吸取佛教中有益的精神养料以完善自己的人格，等等。对于道教，鲁迅也曾发过许多议论，甚至把道教作为认识中国社会、认识中国人的一把钥匙。"五四"时期他在给朋友的信中说："前曾言中国根柢全在道教，此说近颇广行。以此读史，有多种问题可以迎刃而解。"[1]到20世纪20年代后期，鲁迅仍然持此种观点："人往往憎和尚，憎尼姑，憎回教徒，憎耶教徒，而不憎道士。懂得此理者，懂得中国大半。"[2]我一直觉得鲁迅对道教的这种态度耐人寻味，值得深思，但对此有比较系统、深入的理解，则是在读了朱晓进的《启示录》之后。朱晓进对这一问题的分析细致而又层次分明。他首先指出常常被人们混为一谈的"道家"与"道教"二者之间的区别，然后分析道教在中国社会中、在中国思想文化史上何以能与儒、释两家形成鼎足之势："一方面靠道士们走上层路线，道教徒们

---

① 《180820 致许寿裳》，《鲁迅全集》第 11 卷第 353 页。
② 《而已集·小杂感》，《鲁迅全集》第 3 卷第 532 页。

常常找些统治者（甚至皇帝）吹喇叭抬轿子，并使出中国巫师方士早已惯熟的一套鬼把戏，如献符命、谶言之类来讨好卖乖，投机政治，这使得道教有时借助政治力量与佛教分庭抗礼，甚至还压他一头，道士们自己也飞黄腾达；另一方面，道教徒们抓住人的欲望大做文章，使道教宗旨具有诱惑力——与社会心理条件相契合，使道教渗透到各个阶层。"[1]这样，道教与中国思想文化、与国民性的某种内在联系被深刻地揭示出来，鲁迅何以对道教持那样的看法也就容易理解了。

应当注意的是，《启示录》虽然是从若干不同的文化范畴出发对鲁迅进行文化解读，但不同文化范畴的独立性并没有损害鲁迅作为一个文化人的内在统一性。相反，著者倒是深刻揭示了这种内在统一性——具体说就是把人的问题（核心是改造国民性问题）和民族复兴问题作为基本出发点。对文化范畴的独立性与鲁迅作为文化人内在统一性的兼顾，也决定着《启示录》的基本结构。该书上编主要是从不同的文化范畴出发来谈鲁迅，而下编的四章则超越了具体的文化范畴，专论鲁迅作为文化伟人的成因、鲁迅心理结构的文化内容，等等。

从以上的描述可以看出，无论是理论框架的完整性与合逻辑性，还是局部解读的准确与细致，抑或是对鲁迅文化精神的深刻把握，《启示录》都达到了新的高度。著者能做到这一点，与其说是取决于他对新方法（文化学批评方法）的注重，不如说是取决于新方法与严谨、扎实的治学态度的统一。著者反对文学研究者把方法论探讨本身作为目的，努力追求新方法的实践效应，从而在证明文化学批评方法之有效性的同时，完成了对固有研究对象的新开掘。

---

① 《历史转换期文化启示录》第159—160页。

二

一部成功的学术著作的价值，不仅仅在于它本身如何完整、如何严密，而且在于它多大程度上能够给读者以启示，促使读者思考更多的问题。这方面《启示录》同样很成功。就笔者而言，在阅读这本书的过程中考虑最多的是鲁迅的文化价值观问题。开始论述之前有两点要说明：第一，和朱晓进一样，笔者主要也是在精神文化形态层面上使用"文化"这一概念；第二，笔者所谓"文化价值观"的主要内容是鲁迅的文学价值观。

诚如《启示录》已经指出的："鲁迅从事文艺活动的最初目的是在于将文艺作为社会改革和主体精神文化建设的一种途径。""鲁迅从事文学创作活动就是把文学作为'改革社会的器械'。也许只有从这一基本点出发，我们在理解鲁迅作品时才能更为贴近鲁迅自身，更能理解鲁迅创作中的种种'非文学'现象。"[1] 事实正是如此，鲁迅的整个文化活动都可以作如是观——如前文已提及的。正是这种强烈的实践精神和自觉的目的论倾向，决定着鲁迅在刚开始文学活动的时候崇尚"发为雄声，以起其国人之新生，而大其国于天下"[2] 的摩罗诗人，决定着鲁迅即使写小说但也"并没有要将小说抬进'文苑'里的意思，不过想利用他的力量，来改良社会"。[3] 作为文化人的鲁迅，从一开始就不是把文化自身作为目的，而是将其作为手段。在鲁迅这里，文化从一开始就没有获得本体意义的存在形式。但是，在鲁迅构想的"文化→人与社会"这个序列中，并不存在着单向的、必然的决定关系，而只是存在着一定程度的影响关系。

---

① 《历史转换期文化启示录》第59—60页。
② 《坟·摩罗诗力说》，《鲁迅全集》第1卷第99页。
③ 《南腔北调集·我怎么做起小说来》，《鲁迅全集》第4卷第511页。

即使是这一定程度的影响关系，也常常被必然存在的逆向运动（社会与人→文化）所消解。这个道理简单得不言自明。无论鲁迅多么伟大、多么深刻，但他通过文化（以文学艺术为主）改造人与社会的构想都确实是"书生之见"，或者说是唯心主义的。目的与手段的逻辑错位必将使他陷入困境。当他试图用文化改造社会而又急于见到成效时，尤其如此。那么，在其受阻于现实的铁壁的时候，那种文化价值观是否会发生变化、甚至发生逆转呢？

事实是：这种变化、这种转变确实发生了。关于这一点，还是用鲁迅自己的话来说明。他说："改革最快的还是火与剑，孙中山奔波一世，而中国还是如此者，最大原因还在他没有党军，因此不能不迁就有武力的别人。近几年似乎他们也觉悟了，开起军官学校来，惜已太晚。中国国民性的堕落，我觉得并不是因为顾家，他们也未尝为'家'设想。最大的病根，是眼光不远，加以'卑怯'与'贪婪'，但这是历久养成的，一时不容易去掉。我对于攻打这些病根的工作，倘有可为，现在还不想放手，但即使有效，也恐很迟，我自己看不见了。"① （1925）"我现在愈加相信说话和弄笔的都是不中用的人，无论你说话如何有理，文章如何动人，都是空的。他们即使怎样无理，事实上却着着得胜。然而，世界岂真不过如此而已么？我要反抗，试他一试。"② （1925）"文学，文学，是最不中用的，没有力量的人讲的；有实力的人并不开口，就杀人，被压迫的人讲几句话，写几个字，就要被杀：即使幸而不被杀，但天天呐喊，叫苦，鸣不平，而有实力的人仍然压迫，虐待，杀戮，没有方法对付他

---

① 《两地书·十》，《鲁迅全集》第11卷第39—40页。
② 《两地书·二二》，《鲁迅全集》第11卷第74页。

们，这文学又有什么益处呢？""一首诗吓不走孙传芳，一炮就把孙传芳轰走了。自然也有人以为文学于革命是有伟力的，但我个人总觉得怀疑，文学总是一种余裕的产物，可以表示一民族的文化，倒是真的。"①（1927）"孙传芳所以赶走，是革命家用炮轰掉的，决不是革命文艺家做了几句'孙传芳呀，我们要赶掉你呀'的文章赶掉的。"②（1927）"文字于人，实在没有什么影响，——只可惜同时打破了革命文学的牌坊。"③（1928）"各种文学，都是应环境而生的，推崇文学的人，虽喜欢说文艺足以煽起风波来，但在事实上，却是政治先行，文艺后变。倘以为文艺可以改变环境，那是'唯心'之谈，事实的出现，并不如文学家所豫想。"④（1929）——以上的引证也许有些繁琐，但只有这样才足以说明：20年代中后期（请注意每段引文后面的时间）鲁迅的文化价值观（确切地说是文学价值观）发生了逆转。将这种价值观与1908年前后乃至"五四"时期鲁迅的文化价值观略作比较，即可看出，鲁迅在文化价值观方面确实完成了"唯心主义"向唯物主义的转变。如果说强烈的实践精神和自觉的目的论倾向促成了鲁迅的"弃医从文"，那么目的与手段的逻辑错位最终导致鲁迅对"文"的失望也就势所难免（这种转变的原因及完成过程的逻辑，当然比这里描述的要复杂得多，限于篇幅难以详论）。1927年7月，鲁迅在谈及曹植（子建）所谓的"辞赋小道"时说："子建活动的目标在于政治方面，政治方面不甚得志，遂说文章是无用了。"⑤这不妨看作鲁迅本人的夫子自道，只是须将

① 《而已集·革命时代的文学》，《鲁迅全集》第3卷第423页。
② 《集外集·文艺与政治的歧途》，《鲁迅全集》第7卷第119页。
③ 《三闲集·通信》，《鲁迅全集》第4卷第99页。
④ 《三闲集·现今的新文学的概观》，《鲁迅全集》第4卷第134页。
⑤ 《而已集·魏晋风度及文章与药及酒之关系》，《鲁迅全集》第3卷第504页。

"政治"一词改为"社会改革"。这样看来，鲁迅在其生命的最后一年所说的"孩子长大，倘无才能，可寻点小事情过活，万不可去做空头文学家或美术家"，①确实意味深长。虽然某些善良的研究者解读鲁迅这段话的时候在"倘无才能"和"空头"这些字眼上做文章，以强调鲁迅对文学艺术的重视，但那显然是将复杂的问题简单化了。

也许正是这种文化价值观的转变，造成了鲁迅对自己的文化活动进行反思时的某种自我否定倾向。他是这样说的："我发见了我自己是一个……是什么呢？我一时定不出名目来。我曾经说过：中国历来是排着吃人的筵宴，有吃的，有被吃的。被吃的也曾吃人，正吃的也会被吃。但我现在发见了，我自己也帮助着排筵宴。先生，你是看我的作品的，我现在发一个问题：看了之后，使你麻木，还是使你清楚；使你昏沉，还是使你活泼？倘所觉得是后者，那我的自己裁判，便证实大半了。中国的筵席上有一种'醉虾'，虾越鲜活，吃的人便越高兴，越畅快。我就是做这醉虾的帮手，弄清了老实而不幸的青年的脑子和弄敏了他的感觉，使他万一遭灾时来尝加倍的苦痛，同时给憎恶他的人们赏玩这较灵的苦痛，得到格外的享乐。""总而言之，现在倘再发那些四平八稳的'救救孩子'似的议论，连我自己听去，也觉得空空洞洞了。"②这种表达流露出鲁迅这位文化启蒙者怎样的惶惑、哀痛与绝望！虽然从此以后鲁迅依然是作为文化人生存着，但我认为其文化活动的品格发生了变化。这变化是从他着重思考文化与政治的关系开始的。——按照朱晓进对文化层次的划分，也可以说鲁迅开始思考"精神文化形

---

① 《且介亭杂文末编·死》，《鲁迅全集》第6卷第612页。

② 《而已集·答有恒先生》，《鲁迅全集》第3卷第454、456页。引文中的"发见"为日语汉字词，义同"发现"。

态"与"制度文化形态"的关系。所谓"政治先行，文艺后变"
已如前文所引，这与鲁迅开始文学活动时对文化与人的关系的
注重显然存在着意味深长的差别。由此，他的文化活动发生了
"分流"现象：一方面，作为文化人他更加贴近生活，由注重
文化批判转而注重政治批判与世态批判（这与"五四"时期的
"听将令"一脉相承，而且鲁迅常常表现出政治预言家的天才）；
同时，另一方面，其文化活动的一部分则向纯学术的方向发展，
从而使文化向自己的本质回归、获得本体性的存在。——我认
为文化的本质在于它是将人与动物区别开来并标明人类文明程
度的那种东西，即鲁迅所谓的"文学总是一种余裕的产物，可
以表示一民族的文化"。最具体的表现，就是鲁迅把一部分心思
用在《唐宋传奇集》《小说旧闻钞》《古小说钩沉》《汉画像考》
之类的整理、出版上。也许有人会说："五四"之前鲁迅不也曾
躲在会馆里抄古碑吗？[①] 但类似的行为往往具有不同的性质。同
样整理古籍，"五四"之前的鲁迅是用以打发寂寞，而20年代中
后期则是把文化研究自身作为目的。

　　如果说政治批判与世态批判体现的是鲁迅作为文化人对国
家、社会和民族的责任感，那么纯学术的活动则体现了鲁迅作为
文化人合逻辑的生存形式。耐人寻味的是，后一个鲁迅已不被青
年革命文艺家们所理解和容忍，于是有"成仿吾的'闲暇，闲
暇，第三个闲暇'的切齿之声"，以至于鲁迅宣称："倘使那时不
说'不革命便是反革命'，革命的迟滞是'语丝派'之所为，给
人家扫地也还可以得到半块面包吃，我便将于八时间工作之暇，
坐在黑房里，续钞我的《小说旧闻钞》，有几国的文艺也还是要

---

　　① 《呐喊·自序》，《鲁迅全集》第1卷第418页。

谈的，因为我喜欢。"①他与成仿吾的这种冲突，在很大程度上应当看作两种文化价值观的冲突。

三

文化价值观的转变，不仅决定着鲁迅文化活动的"分流"，而且促使他对文化人的命运进行再认识。这种认识同样是以思考文艺与政治的关系为核心。1927年底的一次讲演把这种思考表达得最充分。鲁迅在演讲中说："我每每觉到文艺和政治时时在冲突之中；文艺和革命原不是相反的，两者之间，倒有不安于现状的同一，惟政治是要维持现状，自然和不安于现状的文艺处在不同的方向。""从前文艺家的话，政治革命家原是赞同过；直到革命成功，政治家把从前所反对那些人用过的老法子重新采用起来，在文艺家仍不免于不满意，又非被排轧出去不可，或是割掉他的头。"②于是，鲁迅发现（或者说"强调"）了这样两个事实：文艺家（文化人）的被杀头；文艺家（文化人）撞死在自己所讴歌、希望的现实上。

对于成为政治家眼中钉的文艺家，"割掉头那是最好的方法，既不会开口，又不会想了。俄国许多文学家，受到这个结果，还有许多充军到冰雪的西伯利亚去"。③——鲁迅指出了这个残酷的事实。显然是由于同样的原因，在1927年的另外两篇文章中，他不止一次谈及文化人（用文章说话的人）的被杀。《无声的中国》谈及中国人的"不能说话"，指出："这不能说话的毛病，在

---

① 《三闲集·"醉眼"中的朦胧》，《鲁迅全集》第4卷第64、66页。这段话中的"时间"为日语汉字词，义为"小时"。

② 《集外集·文艺与政治的歧途》，《鲁迅全集》第7卷第113、118页。

③ 《集外集·文艺与政治的歧途》，《鲁迅全集》第7卷第114页。

明朝是还没有这样厉害的；他们还比较地能够说些要说的话。待到满洲人以异族侵入中国，讲历史的，尤其是讲宋末的事情的人被杀害了，讲时事的自然也被杀害了。所以，到乾隆年间，人民大家便更不敢用文章来说话了。所谓读书人，便只好躲起来读经，校刊古书，做些古时的文章，和当时毫无关系的文章。"[1]《魏晋风度及文章与药及酒之关系》一文谈文人被杀谈得最多：孔融为曹操所杀，祢衡为黄祖所杀，夏侯玄、何晏为司马懿所杀，嵇康为司马氏所杀，等等。[2]被杀、被杀……

关于文学家（文化人）撞死在自己讴歌希望的现实上，1927年间鲁迅也不止一次谈及，虽然都是就俄国的两个人发议论。"俄国十月革命时，确曾有许多文人愿为革命尽力。但事实的狂风，终于转得他们手足无措。显明的例是诗人叶遂宁的自杀，还有小说家梭波里，他最后的话是："活不下去了！"[3] "以革命文学自命的，一定不是革命文学，世间哪有满意现状的革命文学？除了吃麻醉药！苏俄革命以前，有两个文学家，叶遂宁和梭波里，他们都讴歌过革命，直到后来，他们还是碰死在自己所讴歌希望的现实碑上，那时，苏维埃是成立了！"[4] "我因此知道凡有革命以前的幻想或理想的革命诗人，很可有碰死在自己所讴歌希望的现实上的运命；而现实的革命倘不粉碎了这类诗人的幻想或理想，则这革命也还是布告上的空谈。"[5]也许正是由于从这两位苏俄文人的命运中得到了启示（辛亥革命当然也给了他类似的启示），所以两年后"左联"成立时，鲁迅告诫左翼作家不要把革

---

① 《三闲集·无声的中国》，《鲁迅全集》第4卷第12页。
② 据《鲁迅全集》注释，夏侯玄为司马师所杀，鲁迅记载有误。
③ 《而已集·革命文学》，《鲁迅全集》第3卷第544页。
④ 《集外集·文艺与政治的歧途》，《鲁迅全集》第7卷第119页。
⑤ 《三闲集·在钟楼上》，《鲁迅全集》第4卷第36页。这段话中的"运命"为日语汉字词，义同"命运"。

命想象得那么浪漫、那么美好，更不要以为革命成功以后劳动大众会特别看重知识阶级。①不幸的是，历史已经证明鲁迅是一个伟大而又清醒的预言家。

无论是被杀还是撞死，对于文化人来说结果都是一样的：作为"客体"在现实、政治、强权的多重制约下失去主动性。——这，就是20年代鲁迅心目常常出现的文化人形象。如果我们还记得《摩罗诗力说》所描绘的那种"发为雄声，以起其国人之新生，而大其国于天下"、"其力如巨涛，直薄旧社会之柱石"的精神界之战士形象，就会发现鲁迅心目中的文化人形象发生了多么大的变化。

对文化人命运的思索，无疑也影响了鲁迅自身的生存方式。这种影响主要表现在两个既有联系、又矛盾的方面。一方面，是寻找更具有现实性的社会改造力量，自觉地向革命者靠拢，做共产党的支持者。突出的例证，就是积极参加革命文学运动和左翼文艺运动，和共产党人（特别是冯雪峰）关系日渐亲密，电贺红军长征胜利，宣称"那切切实实，足踏在地上，为着现在中国人的生存而流血奋斗者，我得引为同志，是自以为光荣的"。②不过，鲁迅赞美了为了国家、民族和人民进行艰苦的现实斗争的人，甚至说过"我现在对于做文章的青年，实在有些失望；我看有希望的青年，恐怕大抵打仗去了"③这种话，但他并没有抛弃自己的文化人身份、投身现实斗争。这固然与他自己所谓"聪明人不能做事，因为他想来想去，终于什么也做不成"、④"我并不希望做文章的人去直接行动，我知道做文章的人是大概只能做文

① 参阅《对于左翼作家联盟的意见》，收入《鲁迅全集》第4卷。
② 《且介亭杂文末编·答托洛斯基派的信》，《鲁迅全集》第6卷第589页。
③ 《两地书·八五》，《鲁迅全集》第11卷第226页。
④ 《华盖集续编·海上通信》，《鲁迅全集》第3卷第400页。

章的"①有关，但应当说这也体现了鲁迅心中潜在的、担心撞死在自己讴歌的现实上的恐惧，体现了他保持文化人独立性（独立于政治、政党之外）的企图。这确实很微妙。有关文化人命运的思索对鲁迅生存方式发生影响的另一方面，就是对"普通人生存方式"的追求。鲁迅不愿再做青年人的导师和思想界权威，而打算到厦门大学去教书，编印《汉画像考》和《古小说钩沈》，这显然与他对文化人命运的再认识具有内在联系。请听鲁迅本人的自白："厦门大学的职务，我已经都称病辞去了。百无可为，溜之大吉。然而很有几个学生向我诉苦，说他们是看了厦门大学革新的消息而来的，现在不到半年，今天这个走，明天那个走，叫他们怎么办？这实在使我夹脊梁发冷，哑口无言。不料'思想界权威者'或'思想界先驱者'这一顶'纸糊的假冠'，竟又是如此误人子弟。"②"假使我真有指导青年的本领——无论指导得错不错——我决不藏匿起来，但可惜我连自己也没有指南针，到现在还是乱闯。倘若闯入深渊，自己有自己负责，领着别人又怎么好呢？"③"我好像也已经成了偶像了，记得先前有几个学生拿了《狂飙》来，力劝我回骂长虹，说道：你不是你自己的了，许多青年等着听你的话！我曾为之吃惊，心里想，我成了大家的公物，那是不得了的，我不愿意。"④这种心态与鲁迅从事纯学术活动具有内在一致性。无论是要做共产党人的朋友，还是要做平常人，都说明鲁迅不愿再做"五四"时期那种类型的"呐喊者"与"启蒙者"——至少心态上是如此。

---

① 《三闲集·"醉眼"中的朦胧》，《鲁迅全集》第4卷第62页。
② 《华盖集续编·厦门通信（三）》，《鲁迅全集》第3卷第394页。
③ 《两地书·二》，《鲁迅全集》第11卷第14页。
④ 《两地书·一〇五》，《鲁迅全集》第11卷第262页。

四

越说越远了。回到朱晓进的《启示录》。

该书第十一章的题目是："鲁迅心理结构的文化内容"。在这一章中，著者把鲁迅的心理结构划分为若干组相互对立的矛盾：个性自由的心灵呼唤与理性的自我牺牲之间的冲突；"一往无前"与"时时反顾"的矛盾心态；"迎战的热望"与"解脱"的欲念之间的对立；"忽而爱人，忽而憎人"的情绪流露；时而明朗、时而黯淡的心境；等等。这种划分确实揭示了鲁迅心灵世界的诸种复杂性。我想做的一点补充是：如果从文化价值观的角度来看，那么鲁迅的心理结构中显然包含着"文化"与"非文化"的冲突。即，试图以文化（精神文化）之力改造社会，但又常常痛苦地体会到文化的软弱无力。于是他"非文化"——怀疑、责难并企图超越文化。这一组矛盾对于鲁迅来说首先是一种历时性的转变，后来又成为一种共时性的存在。当他在体会到文化的无力之后依然以文化人的身份奋斗的时候，他确实是在进行"绝望中的抗战"。这一组矛盾决定着鲁迅文化活动的种种复杂性，影响到鲁迅的生存方式。鲁迅是痛苦、绝望的，其痛苦与绝望固然具有丰富的社会、文化、心理内容，但也显然与鲁迅作为文化人在现实和政治面前感受到的挫折感与自卑感密切相关，与鲁迅对自己文化人生存方式的不满足但又只能以这种方式生存密切相关。他试图在改造社会与文化人的独立性之间寻找平衡，但充当这种平衡物的是其心灵痛苦。目的与手段的逻辑错位，使命感与身份的失调，决定着鲁迅终将徘徊于无地。

鲁迅文化价值观的转变及其矛盾，不仅对于我们认识鲁迅有意义，对于认识"五四"以来革命知识分子与"非革命知识分子"的论争、认识建国后知识分子的人格乃至认识我们自身，都具有重要意义。关于革命文学家对"非革命知识分子"的批判，20年代有对胡适等人"踱进研究室"、"整理国故"主张的批判，30年代有对梁实秋"人性论文学观"的批判、对"自由人"和"第三种人"的批判，等等。过去主要把这些问题作为政治问题或进步与落后的问题来认识，固然有道理，但在某种意义上，这种冲突也完全可以看作知识分子两种生存方式的冲突。冲突的本质是对文化功能、文化价值的不同理解。只是由于历史环境的特殊性（中华民族挣扎在死亡线上），于是天平自然地（也是必然地）向批判者一方倾斜了。不过，把那种批判放在现在的社会环境中来看，也许被批判者对文化（文学）的理解更接近文化（文学）的本来意义。即使是鲁迅本人，后来不是也常常流露出"纯学者心态"和"平常人心态"（这种心态类似于自由知识分子）吗？只是它们被鲁迅强烈的社会责任感压抑了。建国以后，许多优秀的文化人都自觉地改造自己的思想，如曹禺、老舍等著名作家修改自己的作品，朱光潜等大学者认真学习马列（即使在"文革"中这种"自觉改造"也存在）。我认为，他们的政治信仰与国家认同，从文化层面上看是精神文化的承担者对制度文化形态的热爱与认同，是起源于文化人心灵中的某种潜在自卑感。以文化人的存在方式难以救国救民，而水深火热中的国家和民族被毛泽东领导的共产党拯救出来了，因此他们在赞美毛泽东、共产党的同时不能不感到自己的弱小。不过，因此否定文化人的独立存在价值也是一种误解。把文化作为革命的工具或者在革命成功后就丢掉这个工具，都偏离了文化的本意，虽然这种偏离在特定条件下是必要的、必然的。当代中国的文化人，在重建自我的过程中也不难从鲁迅文化价值观的内在矛盾与变化过程之中得到启示。文化毕竟是文化，文化人毕竟是文化人。20世纪的中国人与其说是在生活在文化中，不如说是生活在政治中更为恰当。用文化改造社会并非无效，但见效太慢。鲁迅正是意识到了这一点，才哀叹"即使有效，也恐怕很迟，我自己看不见了"。尤应注意的是，鲁迅文化价值观的变化与20年代中期的某些重大历史事件（如"三一八"惨案、"四一二"大屠杀）密切相关。任何一位中国文化人，如果被置于那种社会背景上，大约都不难理解鲁迅的心境。——这些问题太复杂，已经不是这篇借题发挥的书评所能说清楚的了。

1993年6月上旬写于京西杞人居

（原载《鲁迅研究月刊》1994年2月号）

文本与文学史

——《鲁迅〈故乡〉阅读史》译后记

　　从"信"（信、达、雅的"信"）的角度考虑，本书的书名应当译为"鲁迅的《故乡》被阅读的历史——现当代中国的文学空间"。但这个译语太长，而且不像书名，故改为《鲁迅〈故乡〉阅读史》。所幸阅读既是传播的前提——有人阅读文本才能得以传播，又是传播的结果——传播导致阅读。这个译名简洁明了，尚说得过去。

　　黄修己先生把1933年出版的王哲甫所著《中国新文学运动史》看作第一部现代文学史。[①] 据他统计，1933年至1993年的六十年间，各种各样的文学史出现了一百五十余种。[②] 现在，甚至对文学史的研究本身也已成为一个学科分支。不过，到目前为止，恐怕还没有哪一部文学史像《鲁迅〈故乡〉阅读史》（以下略称《阅读史》）这样具有特异性。这特异性可以概括为：小题大做，旁敲侧击。——当我做出这种概括的时候，我是将"小题大做"、"旁敲侧击"这两个词从人们熟悉的语境中抽出，赋予其方法论的意义。

---

　　① 黄修己《文学史的史学品格》，载《中国现代文学研究丛刊》1991年第3期。
　　② 据黄修己《回归与拓展——对新文学史研究历史的思考》，文载《文学评论》1993年第1期。

就研究对象而言，"阅读史"仅仅是研究一个短篇小说七十余年间被阅读的历史。与那些以作家作品、文学思潮、文艺运动为论述对象的综合性大文学史相比，与那些以体裁或流派为论述对象的专题文学史相比，甚至是与袁良骏的《鲁迅研究史》相比，它都太小太小。在这个意义上，可以将其称之为最小的中国新文学史。而恰恰是这部最小的文学史，以20世纪中国的文学空间为背景，涉及许多大文学史未曾涉及或较少涉及的学科领域。在叙述《故乡》的孕育与创作过程的时候，它运用比较文学方法，论及文本与俄国作家契里珂夫《省会》的关系。在探讨《故乡》与中学国文（语文）教科书之关系的时候，它涉及20世纪的中国教育史。在论及《故乡》与读者之关系的时候，它又运用了传播学、接受美学方法。在这个意义上，又可以将其称之为最大的中国新文学史。

虽然发轫于联邦德国的接受美学自70年代以来风靡世界，但从接受美学视角出发的文学史写作至少在中国新文学研究领域尚未看到。在"作家—作品—读者"这一文学的生产与消费过程中，历来的文学史写作主要是以前二者为中心展开论述。即使是在近年有关"重写文学史"的讨论中，似乎也只有陈思和等学者谈及将读者纳入文学史写作。①正是传播学和接受美学批评方法的运用，使这本《阅读史》获得了崭新的文学史品格。而且，《阅读史》不仅论述读者阅读的历史，而且详细考察了接受美学批评家们亦很少论及的"作品"与"读者"的中间环节——即作品传播途径：杂志、小说集单行本、教科书等的发行与流通。相对于那些正面论述作家作品、文学思潮、文艺运动的文学史写法

---

① 《中国新文学史研究中的整体观》，见《中国新文学整体观》，上海文艺出版社（上海），1987。

而言，这种从侧面进入的写法可以称之为"旁敲侧击"。它提供了一种新的文学史形式，对传统的文学史观构成了挑战。

《故乡》作为鲁迅的代表作之一，作为"古典化"了的现代短篇名作，拥有庞大的读者群体。它已经被阅读、评论了近八十年，现在依然被继续阅读、评论着。而《阅读史》对《故乡》的读者与被阅读历史的把握又有其独特性。这独特性就是：较之于文学批评家的阅读，更注重国文（语文）教科书的解读并以这种解读为主要探讨对象。这样，本书就不再仅仅是关于一篇作品的文学批评史，而是在更广泛的读者群体中获得了"阅读史"的意义。被阅读本来是作品的存在形式之一，而读者是多种多样的。中学生作为现代文学作品的读者群体，到目前为止在学术界似乎尚未受到应有的关注。

正是由于将教科书的解读（和与此相关的中学生的解读）作为探讨对象，《阅读史》才有可能在更普遍的意义上探讨作品解读与"共同体想象"之间的关系。这是因为，较之于批评家的个人性阅读，教科书的解读作为一种群体性阅读、作为由于被制度化而更具合法性的阅读，更多包含着国家意识形态的渗透。《阅读史》借用了安德森的"想象的共同体"理论，同时又通过对具体想象途径的探讨深化了安德森的理论。在语文教学很大程度上被作为思想教育之工具的年代，意识形态的渗透不仅有时达到荒谬的地步——如该书第四章第二节论及的《故乡》被与"批林批孔"运动联系起来，第五节提及的有人认为作品中"瓦楞上许多枯草的断茎当风抖着，正在说明这老屋难免易主的原因"一语"暗示了'唯新兴的无产者才有将来'"，甚至使《故乡》的本意因长期受到压抑而"窒息"。对于"藏碗碟"这一历史悬案的解释，则是最好的例证。

就像《阅读史》论及的，早在1924年，诗人朱湘就曾提出

"是闰土藏了碗碟"的观点。在建国之初的1954年，徐中玉等人又重复了这一观点。在中学的语文课堂上，中学生面对"究竟是谁藏了碗碟"这一问题亦犹豫不决。但是，在闰土不是被看作个人而是被看作中国农民的代表的社会环境中，在工、农、兵被神圣化并且被"想象"为国家主人公的社会环境中，上述看法（甚至中学生的那种犹豫）的存在不可能被允许。因此，语文教学参考书才向教师传授论证"藏碗碟者非闰土"的方法。就是说，在《故乡》的教学过程中，社会意识形态对文本的压抑成为建设国民国家的手段。而一旦我们摆脱掉这种压抑、平静地面对文本，就会发现，《故乡》问世已近八十年，其实并未被读透。虽然不情愿，但我们还是应当接受一个让人痛心的事实：藏碗碟者为闰土。

在有关"藏碗碟者并非闰土"的论证中，何善周1955年提出的两个观点（参看《阅读史》第三章第四节的引文）比较有代表性。一是母亲对"我"说过：凡是不必搬走的东西尽可以送给闰土、让闰土"自己去拣择"，因此闰土没有必要藏碗碟；二是作品塑造的闰土虽然由英雄少年变为木讷的中年农民，但"质朴"的品质"是完整统一的"，"硬把这件罪名加在闰土头上，便要破坏了这篇作品的艺术的完整性或思想的深刻性了"。后来的中学语文教学参考书在证明"藏碗碟者非闰土"的时候，使用最多的正是前一个理由。其实这两个理由都未必经得起推敲。

《阅读史》也认为鲁迅在《故乡》中并未明确暗示是谁埋了碗碟，但笔者认为鲁迅还是明确作了暗示。在小说的实际描写中，母亲对"我"说将不必搬走的东西送给闰土、让闰土"自己去拣择"，恰恰是在她让闰土"自己到厨下炒饭吃去"之后。就是说，闰土完全可能在不知道自己可以挑东西的情况下趁炒饭之机藏碗碟。这样，在小说的叙述逻辑中，"炒饭"和要草灰这些细节就是意味深长的。作品结尾处的暗示更明显。"我"听母亲谈了碗碟事件之后，这样感慨道："我只觉得我四面有看不见的高墙，将我隔成孤身，使我非常气闷；那西瓜地上的银项圈的小英雄的影像，我本来十分清楚，现在却忽地模糊了，又使我非常的悲哀。""我想：我竟与闰土隔绝到这地步了。"这里所谓的"现在"，无疑是指在离乡的船中听母亲谈起碗碟事件之后。就是说，被喊"老爷"虽然使"我"知道"我们之间已经隔了一层可悲的厚障壁了"，但银项圈小英雄的影像依然存在。在听母亲说起、并且相信闰土藏了碗碟之后，那影像才"忽地模糊了"。所谓"隔绝到这地步了"这种强调性的措辞，其实是相对于被喊"老爷"之后的悲哀心情的递进，递进的前提，则是"我"相信幼年的好友现在偷了"我"的东西。

这种解释是否会如何善周所说"破坏了这篇作品的艺术的完整性或思想的深刻性"呢？否。相反，如果这种解释是成立的，作品艺术的完整性和思想的深刻性将得到加强。《故乡》本来是一篇具有悲剧品格的小说，因为它表现的是故乡的衰败与西瓜地上银项圈小英雄的毁灭——毁灭于木偶人般的中年农民形象之中。如果说闰土由少年英雄向木偶人的转变是个悲剧，那么由木偶人向小偷的转变则是更深刻意义上的悲剧。也许正是因为有这个更深刻意义上的悲剧存在，"我"离开故乡的时候才那样决绝、悲凉："故乡的山水也都渐渐远离了我，但我却并不感到怎样的留恋。"在这个意义上，小说最后所谓的"希望"也可以理解为"故乡"的暗喻，因此那段关于"希望"的名言可以改写为：故乡是本无所谓有，无所谓无的。这正如地上的路；其实世上本没有故乡，一个地方住得久了，也便成了故乡。

无疑，对"碗碟事件"的重新解释将促使人们重新认识《故乡》这篇小说的意义结构与"五四"时期鲁迅的思想体系。至少闰土不再是"朴实农民"的代表。不过，如果仿照李长之那种牵强的解释方法——将杨二嫂的明拿暗偷解释为对有钱人的"愤愤之心"、"农民的真面目"（参看《鲁迅批判》，他引用了老舍"穷人的狡猾也是正义"的观点），那么对闰土的行为也可以做出不损害农民形象的"革命化"解释：藏碗碟可以看作贫苦农民对"老爷阶级"的变相反抗。这样，闰土那一声"老爷"就可以解释为阶级观念的觉醒，其木偶人般的外表下还潜藏着一个不安定的灵魂。但在毛泽东将鲁迅定为"中国的第一等圣人"（《鲁迅论》）的社会环境中，将具有鲁迅自况性质的"迅哥儿"解释为剥削阶级的代表又是不可能的。在当时符合政治逻辑的解释中，具有革命思想的知识分子"我"必须和朴实的农民站在同一条战线上。

大陆学界有关"重写文学史"的讨论与倡导已经进行了十多年，《阅读史》对七十年间《故乡》被阅读历史的考察，证明了这种讨论与倡导的必然性，因为它展示了对同一文本的阅读中存在的片面性甚至虚假性。文学史写作的根本问题，其实是如何处理文学史作者与文本（广义的"文本"）的关系。一部作品作为"文本"，就其自身而言，既是"镜"又是"灯"（这是借用 M. H. 艾布拉姆斯的概念）。借用藤井书中所用昇曙梦的概念，则既是"事实"又是"情感"。就其与"读者"（文学史作者也是读者）的关系而言，文本既是"自足"的又是"他定"的。由于读者个人条件的差异与不同生存环境的制约，"正读"之外自然会有"误读"和"偏读"（"偏读"应当作为一个"正读"和"误读"之间的概念确立起来）。拒绝读者，文本将在很大程度上失去存在的意义；接受读者，又要冒被"偏读"甚至被误读的危险。——这是一切文本的宿命。在这个意义上，文学史往往是具体时空中"一位读者"的文学史，自有其片面性。

不过，"一切历史都是当代史"这句名言不应成为轻率地对待历史甚至篡改历史的借口，而应成为对理解历史时所应达到的高度的要求。虽然学者们把"描述型"与"阐释型"作为文学史的两种基本类型，但这二者的统一应当是文学史的"至境"。文学史写作应当是一种对文本（作家与作品等）的全面、深刻的表达，作者应当努力摆脱社会意识形态的制约，以独立的人格去发掘文本的本义。王瑶的《中国新文学史稿》之所以比后来的某些文学史更有生命力，关键在于它对文本的尊重，尽量兼容并包。美籍华裔学者夏志清在国外所写的《中国现代小说史》之所以在深度上高于同一时期国内的某些文学史，原因在于著者置身于另一种相对自由的社会意识形态之中。而对某一位作家或者某一部作品被阅读历史的考察，显然有助于人们消除"偏读"和"误读"，最大限度地接近文本，在更深刻的意义上理解文本。在这方面，《阅读史》所做的工作也有启发性。类似的"小文学史"写作也许是"大文学史"写作的重要途径。"20世纪中国文学"的口号已经被提出十五年，但如果直接写一部《20世纪中国文学史》，可能有些困难。

在中国读者看来，这部《阅读史》当然不会完美无缺，个别不足或许一目了然。书中的观点译者亦未必全部赞同。不过，该书本来是以日本读者为对象撰写的。如果中国读者在阅读过程中把自己想象成"日本读者"（说白了就是"设身处地"），某些看似陈旧的风景也将变得新鲜。"读者"是一种角色，也需要扮演。对于中国读者来说，这种扮演有助克服在阅读国外汉学家著作时容易怀有的先天性"文化帝国主义"意识。对于日本读者来说，该书既是一本学术著作，又是一本"关于中国的书"。当著者在日文环境中直接使用"语文""老师""个体户"这些汉语词汇的时候，他其实是在加强中国人与日本人的"同文"意识。源远流长的中日两国词汇交流史现在仍在继续。就像"料理""人气""写真"这些日语词汇已经堂而皇之地进入中国,"电脑"这个中国词近年也已进入日本,与用片假名书写的computer并驾齐驱。在这个意义上,该《阅读史》直接使用汉字词汇也是对中日文化交流的一种贡献。

这部《阅读史》作为众多文学史著作中的一个"异数",只能是"藤井研究室"的产物。藤井研究室是东京大学本乡校园法文一号馆四楼的一间三十平方米左右、四壁的书籍接到天花板的大房子。它既是主人藤井省三先生的办公室、会客室,又是学生们听课、讨论问题的教室。在这里,文学研究从主体到客体都呈现出高度的综合性。"媒体""流通""货币经济制度"等非文学词汇进入文学研究的语言系统,来自汉城大学、台北大学、香港中文大学、北京大学等东亚名校的学生置身于新的文化环境中,从不同的文化背景出发,和日本师生一起用日语讨论中国文学乃至亚洲文学、世界文学问题,来自亚洲或欧美的作家、学者亦间或介入。这本身就是一道特异的学术风景,就是一种"文化混血"。《阅读史》具有这种"文化混血"的特征。

信、达、雅被看作翻译的准则,其实做起来不容易。由于意义不仅仅是由词汇、而主要是由词汇与词汇的关系来表达的,因此"信"不仅有词语层面与意义层面(所谓"直译"与"意译")的区别,信、达、雅三者如何统一更费周折。跨越语言这道"文化屏障"是困难的,而国外汉学家们以此为职业。译稿中可能存在着误译,这是要请藤井先生和读者原谅的。

2000年3月3日完稿,于北京西郊花园村

(收入《鲁迅〈故乡〉阅读史》,新世界出版社,2002年6月)

死去的“鲁迅时代”[*]

孙郁出版了新著《周作人和他的苦雨斋》（以下简称《苦雨斋》），王培元对书中的某些观点提出了批评。在知识界的价值观念和生存状态日益多元化（或曰分化）的今天，这值得注意。

《苦雨斋》是用随笔的方式谈学术，于是成了“学术随笔”。它处理的对象是以苦雨斋斋主周作人为核心的文人群体，“他们既迥异于以鲁迅为旗帜的左翼知识分子，也不同于以胡适为代表的所谓自由主义知识分子”。该书中的苦雨斋不仅是一个住所，而且是一个文化的“场”。如著者所言：“像废名、俞平伯、沈启无、江绍原等，将苦雨斋视为生命之所。”（《京派营垒》）《苦雨斋》的出版使我想起日本学者木山英雄的名著《北京苦住庵记》（筑摩书房1978年初版），那本书也是把抗日战争时期周作人的思想状况放在“苦雨斋”这个“场”中来认识。本来，读书人的住所或书斋被命名的过程就是被人格化的过程，所命之名成为主人内在精神的直接显现。

受制于随笔写法的限制，《苦雨斋》在论述的严密性、论证

---

* 此文发表于《中国图书商报·书评周刊》，2004年2月20日第5版。发表时文题被编者改为《“思美人”书屋与苦雨斋》，收入王培元《荒野上的蔷薇》时恢复原题，生活·读书·新知三联书店（北京），2011年7月。

的充分程度等方面确有不尽人意之处，但是，它在揭示中国新文学传统之多元性和丰富性方面的贡献一目了然。这是得力于孙郁价值观的包容性与相对性。他在《苦雨斋》"引子"中说："中国人，是愿意以纯粹的方式打量他人的，似乎眼中，揉不得杂色。而这个世界，正是以杂色构成的。""二十世纪的中国，'革命'情结无所不在，而'革命'之外的文化母题，又有谁在思考？"因此他才能够将鲁迅传统、胡适传统相对化，致力于发现中国新文学的另一种传统——即"周作人传统"，并将其视为"对鲁迅模式的一种补充"。确实，鲁迅、胡适、周作人作为不同类型的知识分子具有共通性，但与此同时，就其发挥机能的层面而言又有差异。对此缺乏自觉的意识，有关中国现代思想文化史的描述、理解与评价将失去完整性。

对于孙郁来说，"随笔"是一种体裁也是一种价值，而后者似乎更重要。"周作人派"的价值观念、文化心理、人生态度，可以概括为"散文式"——从容、淡泊、自由。孙郁自云当年"接触到《雨天的书》、《自己的园地》，心里为之一亮，好似久违了的朋友，在那温馨的文字里，感到了悠长的亲情。我体味到了另一种情感，它像宁静的湖面涌动的波纹，给人浑朴的力量"。这甚至使他"发觉自己存在着非冲动的、岑寂的审美偏好"。而王培元《"隐士"与猛士》（载《读书》2004年第1期）一文正是对孙郁认可的这种人生态度提出商榷，并由此探讨鲁迅与周作人的根本差异——"猛士"与"隐士"的差异。

应当注意的是，孙郁在将"周作人传统"视为"对鲁迅模式的一种补充"的时候并没有否定鲁迅传统，而王培元指出周作人"在传统士大夫的人生道路上转圈子"实质上也承认了"周作人传统"的存在。就是说，在历史叙述的层面上二人并没有构成冲突，冲突是发生在价值判断层面上。与孙郁对周作人的共鸣不同，王培元对周作人的基本认识是："逃避黑暗，厌倦抗争，畏惧痛苦，放弃责任，拒绝承担，这种'现代隐士'的人生哲学，是虚幻的、自欺欺人的，本质上不是'遇见强者，不敢反抗，便以"中庸"这些话来粉饰，聊以自慰'的'卑怯'，还能是别的什么吗？"

王培元提出上述批评的根本动因是其长期坚持的"知识分子观"。他的"知识分子观"是通过对鲁迅的继承、对俄罗斯知识分子的认同建构起来的，这集中表现在《我说"知识分子"》（载《读书》2000年第8期）一文中。在此文中，王培元对于鲁迅在《关于知识阶级》（1927年）中所言"真的知识阶级是不顾利害的"，"他们对于社会永不会满意的，所感受的永远是痛苦的"，对于俄罗斯人拉吉舍夫所言"看看我的周围——我的灵魂由于人类苦难而受伤"，对于《俄罗斯思想》的作者别尔嘉耶夫描述俄罗斯知识分子精神特征时所言"永远为人民和整个世界的苦难而忧伤，这是一种难以遏制的痛苦"，都表示了强烈共鸣。在王培元的相关表达中，"痛"是知识分子的重要精神特征，甚至成为知识分子的标志。鲁迅和别尔嘉耶夫所谓的"痛苦"，拉吉舍夫所谓的"受伤"，都与"痛"同义。在《疼痛：人类的"卓越特权"》（载《读书》2000年第3期）一文中，王培元甚至强调"疼痛"与生命本质的关联，并由此解读鲁迅，说："鲁迅常常悲愤于人们不能感知别人的痛苦，以至展示人类心灵不能彼此沟通的悲哀，成为其小说创作的一个重要问题。在我看来，这恰恰是对于中国人'心灵无痛症'的一种艺术表现和文化阐释。"在王培元这里，笛卡尔的"我思故我在"似乎可以转换为"我痛故我在"。

王培元把他的书房命名为"思美人书屋"，这体现出他对鲁迅精神的共感与执着。据说该斋名来自鲁迅的诗句"所思美人不可见，归忆江天发浩歌"（1931年）。鲁迅的诗句本是改写自

《楚辞》的"望美人兮未来，临风恍兮浩歌"，这样，楚文化的入世、忧国精神似乎也经由鲁迅浸润到王培元的灵魂。执着地徘徊于荒天之下大江之畔，俯看大地仰问苍天，思考着并且"痛"着，自然与周作人式的"生活之艺术"格格不入。这样，鲁迅精神与周作人精神的对立在王培元处转化为"思美人书屋"与"苦雨斋"的冲突。

研究对象是思想的资源却未必是思想的根源，思想的根源存在于现实之中。因此，谈论历史往往成为谈论现实的方式，谈论别人往往成为谈论自己的方式。当鲁迅与周作人的冲突转化为王培元与孙郁（部分"孙郁"而已）的冲突的时候，对传统的认识问题就转化为当代知识分子的自我认知、自我界定问题。面对这一问题的，显然并非只有王培元和孙郁二人，而是整个知识界。孙郁《苦雨斋》的写作显然与近年中国知识界的基本状况有关，其具体论述中的"泛周作人化"倾向就说明了这一点。孙郁自云在唐弢、张中行、钟叔河、邓云乡、舒芜、李长声、董桥、谷林和陈平原等学人那里发现了周作人的"遗韵"、"神采"或"影响"。这种"泛周作人化"必须以对"周作人"进行限定为前提，否则有些危险，但毕竟是有根据的。而王培元的《我说"知识分子"》则对近年的类似文化现象提出批评，说："90年代以来，'咸与改革'了，中国的文人学士就纷纷踱进了雅致的'象牙塔'，搬入了自造的'蜗牛庐'里去了。"在王培元的话语中，"象牙塔"、"蜗牛庐"显然是"苦雨斋"的同义词。

以鲁迅之"猛"否定周作人之"隐"无疑具有历史合理性。但是，"猛"与"隐"的关系似乎并非完全对立。作为"独善"与"兼济"这两种传统人格精神的表象，它们也许是同一个问题的两面。在我看来，周作人的悲剧并不在于当"隐士"，而在于由"猛"而"隐"，"隐"得不彻底，欲"隐"而终不可得。这大概也是王培元给"隐士"一词加引号的原因所在。就鲁迅而言，"躲进小楼成一统，管他冬夏与春秋"的诗句流露出的何尝不是"隐"的潜意识呢？民国初年躲在北京的绍兴会馆里抄古碑，夏夜坐在院子里的古槐下摇蒲扇，冰凉的槐蚕落在头顶上，这算是"半隐士"。生命的最后十年作为"自由职业者"生活在体制之外，也算是"隐"了吧。正是在这种"隐"之中，鲁迅获得了"体制内"所缺乏的自由。当鲁迅之"猛"对周作人之"隐"的否定转化为现实批判的时候，问题就越发复杂。与周氏兄弟所处的时代相比，当代中国知识分子所处的社会环境已经大不相同。何谓"隐士"？伯夷和叔齐那种类型的隐士其实并不存在。躲进深山、采薇而食固然是彻底回归自然、餐"绿色食品"，但很快就会饿死。大隐隐于市，在社会控制系统日益严密的现代社会，生活于体制之外似乎已经近于"隐"。天下滔滔，急流勇退，这种"隐"恐怕倒是一种大"猛"。就不同的"隐士"而言，"隐"的动机与结果都存在着差异。90年代之后某些文人走进（或躲进）象牙塔，动因各不相同，难以一概而论。何况对于某种类型的文化活动来说，"隐"作为一种生活方式是必需的。"痛"是必要的，但总是"痛"也不行。知识分子也是人。

如果将鲁迅确定为绝对价值、唯一价值，那无疑伴随着发生"鲁迅专制主义"的危险性。对此王培元显然具有充分的自觉，否则他作为《苦雨斋》一书的责任编辑大概不会在该书出版之后再提出商榷。不过，鲁迅作为价值之一种，无疑是崇高的。王培元"隐士批判"（即某种程度上的当代知识分子批判）的意义就在于此。作为中国新文学研究者，当他面对社会转型造成的种种不公，当他发现"包身工"回来了并且被烧死在铁窗铁门紧闭的厂房里，当他看到闰土的子孙进城打工辛辛苦苦却拿不到工钱，他不可能不感到一种痛心彻骨的"痛"。这"痛"中包含着的知识分子的社会良知，与90年代初"人文精神"的提倡一脉相承。

感到这种"痛"的"知识阶级"似乎越来越少了。"五四"以来的中国现代知识阶级基本上是个左顾右盼、茫然失措的群体，而现在，这个群体已经被学术的体制化、商品化与戏剧化冲击得七零八落。大学失格，大学"失魂"（董健先生语）。一方面是失学儿童在增加，许多学生家长在高额学杂费的重压下筋疲力尽，甚至有人因为交不起子女的学费而自杀，一方面却是众多"知识阶级"们自足于"小康生活"，心安理得地把"社会"作为餐桌上的一盘菜。早在20年代初，较早将中国知识人命名为"知识阶级"（那时写作"智识阶级"）、同属于王培元心仪的俄罗斯知识分子的盲诗人爱罗先珂，就对中国知识阶级提出批评，说："中国的教员、学生、文学家都渴望物质的享乐，凡冠以伦敦，纽约之名的，不加辨别，都以为是好的，他们梦想过中产阶级和贵族的安乐的生活，他们求娱乐，求淫佚，可是他们没有爱真美的心。"（《智识阶级的使命》）八十年过去，现在此话似乎重新获得了有效性。对于过着安乐生活的"智识阶级"来说，本来就不痛，自然不会有"痛"的感觉。鲁迅早已死去，鲁迅的时代也早已死去。放眼鲁迅研究界，所谓以"纯学术"淡化鲁迅的实践性，往往成为胆怯的逃避，个别蝇营狗苟、厚颜无耻的鲁迅研究者，不过仅仅是在"吃鲁迅饭"而已。我甚至觉得，所谓"鲁迅是民族魂"的表达从来都不过是一个善意的虚构。这一表达并不符合鲁迅本人在《忽然想到·四》（1925年）、《学界的三魂》（1926年）等文中对"中国的灵魂"、"国魂"的理解，也不符合鲁迅本人在思想意识和生存状态两方面的"异类"性质。现在，包括王培元在内的某些"鲁迅式"知识分子的存在及其呐喊，恐怕也只是鲁迅精神的"回光返照"了。

中国现代知识阶级自诞生以来并没有形成一个具有内在同

一性的阶层，尽管曾经担负着启蒙或者"唤起民众"的使命，但自我身份的认知问题似乎并未解决，并且一直为此努力着、焦虑着。在某种意义上，孙郁的《苦雨斋》与王培元的《"隐士"与猛士》折射出的依然是这种努力与焦虑。辩证二者的差异或冲突在何种意义上是真实的、有效的，是一个如何面对传统的学术问题，也是一个如何面对自我的现实问题。

2004 年春节写于寒蝉书房

（原载《中国图书商报·书评周刊》，2004 年 4 月 20 日）

画家的鲁迅，作家的张仃

　　"它山"是大画家张仃先生的号。据说，以"它山"为号不仅是因为画家的故乡辽西有一座叫作"它山"的山、以山名为号表达了对故乡的眷恋，还因为画家本人曾在"文革"中被打成"牛鬼蛇神"。"蛇"字去掉左半边，残缺之后就成了"它"。显然，"它山"这个号凝聚着张仃先生的许多生命记忆，记忆中有温馨也有坎坷。今年张仃先生出版的画集、文集中，至少有两本是用"它山"命名的。一本是谈绘画的书，名之曰《它山画语》（人民文学出版社），一本是1942年至2005年间大小文章的结集，名之曰《它山文存》（河北教育出版社）。

　　1月初和8月初，我两次有幸见到张仃先生。在他西山脚下的家里。第一次见面，感到的是一种近于震撼的敬畏。知道他1938年二十一岁的时候就到延安鲁迅艺术文学院任教，知道他参与设计的国徽已经在天安门城楼上挂了五十多年，看过他出神入化、独步画坛的焦墨山水，也看过他大气磅礴的书法作品。但这不是感到敬畏的主要原因。敬畏主要来自老先生那旁若无人、超凡脱俗的气势。那时候是冬季，先生穿着一件肥大的毛蓝粗布中式棉袄，脚下一双北方农村常见的老棉鞋。面色红润，须发雪白。八十八岁的高龄，却腰杆笔直，昂首挺胸。身高当在

一米六五以下，给人的却是"巨人"之感。我想，一定是老先生
八十八年具有传奇色彩的人生阅历升华成了一种"气"，环绕在
身体周围，吸引着人们又阻隔着人们。鹤发童颜，神情傲然，配
以毛蓝粗布中式老棉袄，简直就是"大中华"的最好注脚。那天
是随友人前往拜访，众人在客厅里与先生的夫人、诗人灰娃女士
闲谈，老先生只是无声地坐在临窗的藤椅上，不停地抽着一个大
烟斗，像个旁观者，偶尔无声地一笑。灰娃女士说老先生的耳朵
有些背，听别人说话吃力，所以基本不与别人交谈。第二次拜访
已经是盛夏，老先生的中式棉袄变成了灰色短袖衬衣。依然旁若
无人地坐在临窗的藤椅上，依然无声地抽着那个大烟斗，但这次
他在读书，读的是《鲁迅全集》，面前的茶几上放着三四本《鲁
迅全集》。耳背阻碍了老先生与外界的联系，老先生是在一个寂
静的世界里独自与鲁迅进行心灵的交流。

老画家阅读《鲁迅全集》的情形像一道文化风景，印在了我
的脑海里。也许确如友人所说，张仃先生是现代画家中最景仰鲁
迅的人。这种景仰是意味深长的。将鲁迅与张仃的作品结合起来
阅读，许多新的风景便呈现出来。

1932年，十五岁的张仃从日本占领下的东北故乡流亡到北
平，考入北平私立美术专科学校中国画系。他大量阅读鲁迅著作
应当是从那个时候开始的。1998年4月接受美术评论家王鲁湘采
访的时候，张仃回忆起在北平美专读书时的一件事，说："我用
水陆画的形式画的漫画《地狱变相》，把阎王画成蒋介石，下面
是丁玲关在铁笼子里，鲁迅在路上跑，小鬼在后面追。这个形
式的漫画在北京的一个漫画展览会上，人们很认可，用民间形
式，画现代生活。"此事应当发生在1933年、1934年间。当时身
居上海的鲁迅也热心于美术活动，为比利时画家麦绥莱勒的连环
版画《一个人的受难》的中译本以及中国木刻选集《木刻纪程》

写序，就是在那个时候。他大概不会想到自己会以一个受迫害者的形象出现在北平一位青年学生的漫画作品中。《地狱变相》本质上是一幅左翼美术作品。张仃在北平求学期间曾参与组织左翼美术家联盟，画中的鲁迅、丁玲也都是左联的主将。参与左翼美术运动，成为张仃1934年9月被捕、被送往苏州反省院关押的原因。就是说，他本人在创作《地狱变相》之后也被小鬼追赶并被捉住，进了"铁笼子"。

《地狱变相》表现的对现实的讽刺和对鲁迅的关注是两个具有内在相关性的问题——讽刺是鲁迅的精神也是鲁迅的笔法，杂文就是这种精神和笔法的经典性体现。无独有偶，身为杂文圣手的鲁迅早在"五四"时期就曾提倡讽刺画，《随感录》四十三、四十六都谈及此类问题。他在《随感录·四十三》（发表于1919年1月15日《新青年》六卷一号）中希望中国美术界出现"进步的美术家"，认为"美术家固然须有精熟的技工，但尤需有进步的思想与高尚的人格。他的制作，表面上是一张画或一个雕像，其实是他的思想与人格的表现"。鲁迅在此文中特意提及美国画家勃拉特来，说："说到讽刺画，不禁想到美国画家勃拉特来（L.D.Bradley 1853—1917）了。他专画讽刺画，关于欧战的画，尤为有名；只可惜前年死掉了。我见过他一张《秋收时之月》（*The Harvest Moon*）的画。上面是一个形如骷髅的月亮，照着荒田；田里一排一排的都是兵的死尸。唉唉，这才算得真的进步的美术家的讽刺画。我希望将来中国也能有一日，出这样一个进步的讽刺画家。"这篇随感录收在《热风》中，青年张仃一定曾经读过。我想，他通过此文不仅接受了鲁迅倡导的讽刺精神，并且获得了具体的创作灵感。张仃1937年创作的漫画《春耕》（《它山画语》收录了这幅漫画），也许就与鲁迅谈及《秋收时之月》的那段话有关。《春耕》画的是一位瘦骨嶙峋的农夫吃力地赶着一头老牛耕地、地上布满骷髅的情景，意在展示民生的艰难，讽刺社会的黑暗。一目了然的是，不仅"春耕"与"秋收时之月"二者之间构成了季节的对应、耕种与收获的对应，在用骷髅表现社会的黑暗与残忍这一构思方面，两幅漫画也完全相同。1937年鲁迅已经去世，如果他还活着并且看到《春耕》，也许会为中国出现张仃这样一位年仅二十岁的进步讽刺画家感到欣慰。

1938年，二十一岁的张仃到达延安，执教于鲁迅艺术文学院。在以鲁迅的名字命名的学校任教，对于热爱鲁迅的张仃来说应当是一件光荣的事。这有可能使他更自觉地学习、继承鲁迅精神。1941年鲁迅逝世五周年之际延安举行纪念活动，鲁迅的巨幅头像就是出自张仃之手。高过两米五的画像伫立在窑洞门前，张仃抱着女儿与前妻陈布文和作家萧军在画像前拍了一张照片。这张珍贵的照片也被编入《它山画语》。仔细观察这张照片能够发现，似曾相识的鲁迅头像并非创作，而是张仃从鲁迅的某一张照片上临摹而来。那张被临摹的照片，就是1936年10月8日鲁迅抱病去上海八仙桥青年会参观"第二次全国木刻联合流动展览会"、与青年木刻家们交谈时的留影。拍下那张照片十一天之后鲁迅离开人世。就是说，张仃描绘的鲁迅是与美术保持着密切关系的鲁迅。当时在延安参加鲁迅逝世五周年纪念活动、面对鲁迅巨幅头像的人们，显然难以觉察到这一点。也许是受到纪念活动的触发，第二年——即1942年，张仃撰写了两篇与鲁迅相关的重要文章。一篇是《漫画与杂文》（载1942年5月12日延安《解放日报》），另一篇是《鲁迅先生作品中的绘画色彩》（载1942年10月18日延安《解放日报》）。

《漫画与杂文》是通过对漫画与杂文这两种文艺形式之共通性的讨论来强调"讽刺"的价值。文章说："近十几年来，在中国滋长的漫画与杂文，非但在社会基础上本是同根生，外貌上相同，精神相像，表现方法也趋于一致了。"这里所谓外貌的相同、精神的相像、表现方法的一致是什么？就是"讽刺"。张仃说："讽刺是漫画与杂文的灵魂。"以"讽刺"为价值尺度，张仃引用瞿秋白的观点高度评价鲁迅的杂文，进而用同样的尺度衡量漫画，说："漫画，没有出现鲁迅在杂文上这样成功的作家，但多数漫画作家——就连某些'标榜左翼'的漫画家所不肯携手的'老'漫画家在内——都或多或少具有正义感的，向着'批判人生'、'针砭社会'的一方面努力。"在文章最后一节，张仃引用鲁迅的散文诗《这样的战士》中的段落，声称"我们要这样的战士"。"这样的战士"就是具有讽刺精神、敢于批判社会、与黑暗势力做斗争的人。此文的写作表明身处延安的张仃继承了鲁迅的批判精神并努力将这种精神发扬光大。

在1942年的革命圣地延安，《漫画与杂文》表达的观念具有特殊的思想价值。这种观念本质上是强调文艺家的主体性与文艺作品独立的社会批判功能，其内部潜藏着朴素的民主思想和多元意识。应当注意的是，恰恰是在《漫画与杂文》发表前的两个月，丁玲（曾出现在漫画《地狱变相》中的丁玲）发表了不合时宜的杂文《"三八节"有感》（3月9日《解放日报》），引起延安文艺界的争论并遭到批评。而在《漫画与杂文》发表的当月，延安文艺座谈会召开。

《漫画与杂文》是在思想层面上阐发鲁迅的批判精神，而《鲁迅先生作品中的绘画色彩》则是以色彩为焦点、在美学的层面上分析鲁迅小说。这是一篇奇特的、只有画家的笔才写得出的鲁迅小说论，可惜似乎未曾引起鲁迅研究界的注意。张仃在文章开头明言："鲁迅先生是没有画过画的画家，是没有画过画的现实主义的画家，这不仅指鲁迅先生扶植了中国大众美术运动——提倡版画，介绍美术理论，而是鲁迅先生的绘画才能和绘画上的丰富知识，充分地表现在文艺作品中。"这样将鲁迅定义为画家之后，张仃说："鲁迅先生的作品，猛看上去很像单色版画，但在凛冽的刀尖所刻画的景色和人物上，罩了一层薄雾，迷蒙中具有色彩。不过这色彩太黯淡了，倘不仔细辨别，很难看出。"鲁迅笔下的色彩何以如此黯淡？张仃将之归结于"阶级问题"，说："鲁迅先生浸透了劳苦大众的感觉与情绪，不能感觉太鲜艳的色彩，实在也没有太鲜艳的色彩可以唤醒鲁迅先生的感觉——封建阶级把人民对于色彩的享受都剥夺了，把颜色分出阶级来。"那么，鲁迅小说中存在着怎样的色彩呢？从《阿Q正传》"钱家的粉墙上映出了一个蓝色的虹形的影子"以及《补天》"全身曲线便消融在淡玫瑰色的光海里，到身中央绕着一段纯白"等描写中，张仃发现了鲁迅对印象派色彩观念的接受；从《在酒楼上》对雪中山茶花的描写中，张仃"看见了一幅古拙苍劲的唐宋画卷"，发现了鲁迅笔下小说色彩的"民族气派"。这样，鲁迅小说美学的一个重要层面被张仃从画家的视角阐释出来。

对以"讽刺"为主体的批判精神的肯定和对鲁迅小说色彩的发现，构成了延安时期张仃"鲁迅观"的两项基本内容。这种"鲁迅观"与延安时期毛泽东的"鲁迅观"具有明显的差异。众所周知，毛泽东在《新民主主义论》（1940年）中将鲁迅定义为"中国文化革命的主将"，认为"鲁迅是在文化战线上，代表全民族的大多数，向着敌人冲锋陷阵的最正确、最勇敢、最坚决、最忠实、最热忱的空前的民族英雄"。在《在延安文艺座谈会上的讲话》（1942年）中，毛泽东一方面承认"杂文时代"与"鲁迅笔法"的合理性，认为鲁迅在黑暗势力的统治下没有言论自由，所以正确地采用了冷嘲热讽的杂文形式，同时指出在充分民主自由的陕甘宁边区和敌后抗日根据地，杂文形式应与鲁迅杂文有所不同，"我们可以大声疾呼，而不要隐晦曲折，使人民大众不易看懂"。两种"鲁迅观"的差异起源于革命领袖与现代画家身份的差异，起源于政治人物与知识分子思想方式的差异。这种差异并不意味着矛盾，而是揭示了鲁迅自身的复杂性，同时展示出革命圣地延安文化观念的丰富性。

"毕加索加城隍庙"本是华君武评价张仃作品的戏语，这句戏语后来戏剧性地转化为对张仃那种将现代与传统完美结合的画风的经典性概括。李兆忠则根据张仃在国画、漫画、装饰画、书法、造型设计以及美术教育等诸多领域的卓越成就，将张仃称作"中国美术界的立体交叉桥"。应当注意的是，鲁迅对张仃精神世界的影响也许远在毕加索之上，"立体交叉桥"时常处于鲁迅精神之光的照耀下。张仃的审美观念、讽刺意识、批判精神、人道主义思想以及对于现实生活的执着，无不打着鲜明的鲁迅印记。儿时过新年，母亲蒸馒头，幼年的张仃端着胭脂碟用筷子蘸胭脂往刚出笼的白馒头上打红点，从中体验到了"创作"的快乐和色彩的美感。童年生活的记忆和民间艺术的熏陶使张仃对民间美术情有独钟。1956年作为世界博览会中国馆的总设计师前往法国，他为毕加索准备的礼物之一就是中国民间的门神年画（后因政工干部担心"封建迷信"影响新中国的形象，从中阻拦，未能送出）。这种民间性的审美取向对于张仃来说几乎是与生俱来的，但也显然在接受鲁迅影响的过程中得到了强化，并因鲁迅而获得正统性（与"封建迷信"相对的正统性）。张仃在1998年所写的《喜阅中国四百宝相图》中说："早在三十年代，鲁迅先生就非常关心民间美术的整理研究工作。他自己在写作之余，曾亲手画过'无常鬼'之类。因为在斗争形势剧烈年代，只能抽一部分时间扶持中国木刻运动，也曾与郑振铎先生出版过一部《北平笺谱》。但他不止一次谈到'民间花纸'（即民间版画），很希望有美术工作者能沉下去，着手这方面的工作。"张仃美术作品的风格以及绘画形式的选择，同样可以用他有关鲁迅的论述来解释。张仃本来是长于色彩运用的大家，《春牛图》中牛身上斑斓的、似乎是不停变幻着的色彩，《谛听中》树荫下儿童那淡青色的头发，确实打着印象派的印记，但又与《阿Q正传》中"蓝色的虹形的影子"这种文学性描写具有相通之处。"文革"后期，长于色彩运用的张仃突然对色彩产生了厌倦。这厌倦甚至转化为生理反应，他看到大红大绿就反胃，以至于连家中的花床单都得翻过来，以免引起不良反应。对色彩的厌倦，成为张仃晚年致力于焦墨山水创作、钟情于纯粹的黑白世界的主要原因。一位画家在那个时期何以丧失了感受色彩的能力？这显然与"红海洋"的灾难性冲击有关，但动乱年代画家本人身份的变化（由大画家、中央工艺美院领导沦为"牛鬼蛇神"）也应是原因之一。如张仃本人在分析鲁迅小说色彩黯淡的成因时所说：颜色是分为阶级的，统治阶级剥夺了人们享受色彩的权利。从美学风格而言，张仃笔下的焦墨山水也并不仅仅与石涛的"一画"或者董其昌等人的"书画同源"有关，焦墨山水特有的简洁、精练、黑白分明、寓繁于简的美学风格，正是鲁迅小说或杂文的基本美学特征。

命名是认识的一种方式并且构成认识的起点。当鲁迅被张仃命名为"画家"的时候，鲁迅精神、鲁迅作品与绘画的关联被发现并且被阐述出来。而在进行这种阐述的时候，张仃本人的身份也悄然发生了转换——由画家转向非画家。借用张仃本人的命名方式，姑且称他为"作家"吧。而一旦将张仃称之为"作家"，其"作家"的层面就真的展现出来。《它山文存》收录大小文章近百篇，延安时期三篇文章的写法明显受到了鲁迅文风的影响。《关于中国画创作继承传统问题》《毕加索》《试谈齐、黄》《守住中国画的底线》等文是条理清晰文笔精练的画论，《唱片套的艺术》《民间玩具琐谈》《我所知道的潘玉良》等文则是清新自然的随笔。《它山画语》一书由"画"和"语"两部分组合而成，一部分是绘画作品，另一部分是与作品相配的文字。这些文字是从张仃的诸多文章中节录而来，但又独立成文，篇篇清新简练、言简意赅。书中所收绘画作品的题目则多有充满诗意者——如"石泉""秋声""雪里横枝""巴山夕照""苍山牧歌""颐和园的秋海棠"，等等。特别是长卷《巨木赞》上长约四百字的题识，半文半白，夹叙夹议，用简洁的语言将写景状物、言志抒情融为一体，是一篇少见的散文精品。仅此，即足以支撑起一个"作家的张仃"。

鲁迅是20世纪中国文坛的经典性作家，张仃则是中国画坛的经典性画家。在20世纪中国文艺发展的过程中，两个经典相遇了。这种相遇是张仃的幸运，也是鲁迅的幸运——鲁迅因此获得了更为广泛的存在价值和更为多样化的存在形式。从这种相遇之中，能够看到文学、美术、思想是怎样交织在一起并形成互动的。

2005年9月9日至11日写于寒蝉书房

（原载《读书》2006年第1期）

一对周氏兄弟，多重日本观照

——关于赵京华的《周氏兄弟与日本》

赵京华的新著《周氏兄弟与日本》（人民文学出版社2011年7月出版）由上、下两编构成，上编为"鲁迅在日本"，下编为"周作人与日本"。书名和上、下两编的题目均简洁、平易，但是，我们面对"鲁迅"、"周作人"和"日本"这些词汇，却不可作一般性的理解。"鲁迅"不是"周作人"，鲁迅的"日本"也不是周作人的"日本"。至于如何"在"、如何"与"，则涉及更为复杂的社会文化环境与历史关系。《周氏兄弟与日本》正是通过对相关问题的论述，建立了一个多维度的、双向的阐释结构。由于周氏兄弟在中国现代文化史上占有特殊地位，并且与日本关系密切，因此这个阐释结构具有巨大的生产性。在这个阐释结构中，鲁迅与周作人互为镜像，鲁迅、周作人又分别与日本互为镜像，鲁迅的日本亦与周作人的日本互为镜像。通过这种多重镜像关系，关联各方均呈现出丰富的意义。如果说学术贡献的话，在我看来《周氏兄弟与日本》一书的主要贡献即在于建立了这种阐释结构，进而通过这种结构深化了对于周氏兄弟的理解，深化了对于现代日本的理解。

周氏兄弟与日本的密切关系，是《周氏兄弟与日本》一书展开论述的逻辑起点。不过，著者对于周氏兄弟与日本之关系的

"复杂而迥异"具有更为自觉的认识。"跋语"中有言："这两兄弟对日本的态度却大相径庭。鲁迅虽有七年旅居留学的经历和众多的日本友人，可留给他的不是孤独屈辱的仙台记忆就是寂寞难耐的东京印象，一生很少谈及对于日本及其文化的观察体验。但是，作为中国现代最杰出的文学家他却给予战前诸多日本文人作家和战后几代知识人以深刻广泛的影响，而且其程度远远超过了任何一位亚洲作家。周作人留学日本六年，不仅深爱这个岛国的文化并且身体力行加以研究，最终成为现代中国久负盛名的'知日派'。或许也正因为如此，他没能挣脱那场由日本帝国主义发动的殖民侵略战争的纠缠而最后成了与敌合作的民族罪人。"对于周氏兄弟的这种差异性的强调十分重要，因为这种差异性不仅是周氏兄弟的差异，并且是不同的"日本"的差异，与现代日本内部的复杂性密切相关。

鲁迅在《藤野先生》一文中深情地回忆过藤野先生，20世纪30年代初与内山完造交谈的时候亦曾盛赞日本人的"认真"，但此外很少谈论日本。对于日本，鲁迅从未有过周作人式的认同感。尤其意味深长的是，即使是在留学日本期间，鲁迅关心的也主要是欧洲思想与文学，撰写了《人之历史》《文化偏至论》《摩罗诗力说》等论文，翻译了俄罗斯与北欧的文学作品。就是说，日本对于鲁迅来说非常重要，但鲁迅却主要是将日本置于自己的沉默之中。这沉默在很大程度上是一种拒绝的态度，即"默杀"。那么，被鲁迅"默杀"的日本是怎样的日本？结合鲁迅的思想体系特别是留日时期的思想状况来看，鲁迅"默杀"的应当是在现代化道路上狂奔、文化偏至的现代日本。《文化偏至论》云："掊物质而张灵明，任个人而排众数。人既发扬踔厉矣，则邦国亦以兴起。奚事抱枝抬叶，徒金铁国会立宪之云乎？"1981年版《鲁迅全集》在此文的注释中将"金铁"解释为杨度的"金铁主义"，但在我看来，鲁迅此论同样构成了对明治日本富国强兵、殖产兴业政策的批判，这种观点的形成与当时鲁迅身处的明治日本社会不无关系。

既然现代日本在鲁迅这里是被"默杀"的，那么从战前到战后众多日本人对于鲁迅的巨大热情自何而来？这些日本人对鲁迅的阅读与阐释意味着什么？正是在这个意义上，《周氏兄弟与日本》上编"鲁迅在日本"对于相关问题的论述特别富于启示。如著者在"跋语"中所言，此编论述的是"1940年代后期以来以竹内好为开端的、众多日本学者对鲁迅的丰硕而杰出的研究和思想阐发"，即战后日本的鲁迅研究史、接受史。总体上看，此编的论述主要涉及两个层面：一是以竹内好、丸山升等人的研究为代表、偏重社会思想的层面，一是以伊藤虎丸、藤井省三等人的研究为代表、偏重学术的层面。比较而言，前者当然更富于"日本性"。如赵京华概括的，前者建构了"作为民族自我反省和思想抵抗的鲁迅像"，更多展示了鲁迅对于现代日本的意义。这在竹内好的研究中表现得最突出。赵京华指出：竹内好1944年出版的《鲁迅》"成为在战后日本真正将鲁迅作为思想资源带入本国历史语境的著作，而且在两个方面推动了鲁迅在日本跨国的影响传播"。一个是"开创了一种研究范型：把'文学与政治'这个自无产阶级文学运动以来成为主要论争焦点的关系框架作为观察鲁迅的阐释框架，以审视和评价鲁迅思想文学的价值和意义"，"另一个是在日本文化知识界，竹内好有意识地将鲁迅的思想作为中国乃至亚洲独自的现代化道路的典型代表，从其'挣扎'意识中解读出'亚洲的抵抗'的原理，以此来批判日本乃至西方扩张型的现代逻辑"。"由于竹内好以上两种努力，近代日本的中国学没有哪个时期更像战后时期那样，其研究对象和研究者的意识如此深深地介入到日本内部的思想语境当中。"后来的丸山升、竹内芳郎等人也通过对竹内好的批判与继承，各自提出了自己的观点。对此，赵京华均进行了梳理与论述。重要的是，虽然丸山升、竹内芳郎等人与竹内好的观点不尽相同，但在将鲁迅作为认识、批判日本社会的思想资源这一点上是相同的。他们的共同努力，使鲁迅的思想与文学在更多方面与战后日本社会发生关联、深深地嵌入战后日本的思想之中，获得了超越"中国"的普遍价值。在他们的研究中，鲁迅常常作为日本社会的批判性、否定性力量而存在，这种批判、否定与鲁迅对现代日本的"默杀"构成了呼应，合逻辑地赋予了鲁迅面对日本时的"沉默"以具体内容，将鲁迅的批判思想实践于战后日本。结合鲁迅在战后中国的被神化来看，异国日本的鲁迅似乎更真实、更有生命力。

上编"鲁迅在日本"论述的是战后鲁迅在日本的存在情形，下编"周作人与日本"的论述则回到了战前，通过几组对应关系揭示了周作人日本观的本质与复杂性。下编第三篇文章为《周作人日本文化观的形成——与日本泛亚洲主义和东洋学复兴思潮的关联》，文章开头将周作人日本文化观形成的主要因素归结为三点，分别是：六年的留日体验，对永井荷风、谷崎润一郎等人传统文化观念、东洋情结的认同，学理层面对日本固有精神与中日文化关系的认知。这种概括可以看作整个下编的论述框架。下编第一篇文章为《以固有信仰为中心的学问与文化保守主义》，论述了柳田国男的民俗学在周作人这里如何转换为"平民"、"民间"与"传统"，如何转换为思维方式与文化态度。结合20世纪20年代后期至抗战时期周作人的思想状况来看，可以说柳田国男对周作人的影响是本质性的、决定性的。下编第二篇文章《反俗、传统回归与东洋人的悲哀》所论周作人在"反俗"的独立不羁、传统回归、东洋人宿命等三个方面与永井荷风、谷崎润一郎的共鸣，实质上与其对柳田国男影响的接受具有文化价值观方面的同一性。

赵京华在论述周作人与永井、谷崎等人的认同关系的时候，指出永井与谷崎"抗议'文明开化'的虚伪性，追慕文化传统的丧失以及由此形成的文学上之回归东洋的情绪"。就是说，永井与谷崎在很大程度上是作为现代日本的否定者、批判者而存在的。既然如此，周作人对于他们的认同是否意味着对现代日本的否定呢？答案是肯定的。下编第四篇文章《周作人日本观的别一面——以1920年代对大陆浪人和支那通的批判为例》，大概是学术界第一篇系统论述周作人日本批判的文章。从著者的概括与分析来看，周作人的批判实际是在日本国民性的阴暗面与近代日本的殖民扩张这两极之间展开的，已经触及日本近代化发展本身的负面价值。此文充分揭示了周作人日本观的内在矛盾。相关论述表明，周作人虽然是"知日派"却并非一般意义上的"亲日派"，其"日本文化观"亦并非其"日本观"的全部。周作人的"日本"是分裂的，这种分裂是"传统"与"现代"的分裂，是"文化"与"国家"的分裂，也是"时间"的断裂——"传统"向"现代"转换的过程中、现代日本国家形成的过程中"时间"的断裂。抗战时期周作人日本观的困惑乃至悲剧命运，均与此种分裂、断裂密切相关。

当周作人作为现代日本的否定者、批判者而存在的时候，前与鲁迅的"沉默"形成了呼应，后与战后日本对鲁迅的接受形成了呼应。在这种呼应关系之中，率先获得现代化成功于东亚、以"文明国"自许、笼罩在经济奇迹光环下的日本的"现代"，必须被重新认识。在此意义上，《周氏兄弟与日本》提供了一个既有历史纵深又有较大空间尺度的日本认识体系。

近代以来，中日两国的历史、思想、文化以十分复杂的形态纠结在一起，而著名的周氏兄弟成为这纠结的重要符号。现在，赵京华作为留日多年的知日派学人，依据自己留日多年获得的知识面对并阐释这"纠结"，也有一种宿命的味道。而且，在我看来，对于当代中国来说，周氏兄弟的日本认识尚未失去有效性。因为日本的"现代"依然在继续。

2012 年 3 月 23 至 25 日写于茶城新居

（原载《时代阅读》2012 年 4 月 12 日第 21 期）

原鲁迅·毛边本·牛骨裁纸刀

2012年9月19日，刘思源兄来电话，让次日去鲁迅博物馆看影印本《鲁迅著作初版精选集》的样书。当晚写日记，忽然有了一种宿命感，不由得长叹一声、独自发笑。我写日记用的是日本博文馆印制的五年（2009—2013）连用日记本，那种日记本每页记录的是五年中同一天的事情。当晚写日记的时候多翻了一页，看到前一年（2011）9月20日的日记中记有："午至车公庄峨嵋酒家，与少阳、邢艳琦餐，说出书事。"少阳即林少阳，我在东京结识的好友，现执教于香港城市大学。当时他是来北京参加中国社会科学院日本研究所与日本社会文学会联合主办的国际学术研讨会"'九一八'事变八十周年：思考中日关系中的社会、文化与文学"，返回香港之前与老同学邢艳琦在车公庄见面，邀我前往。邢艳琦女士是中央编译出版社的副社长，我参与的"知日文丛"系列丛书就是她给出版的，早就认识。午餐时邢艳琦说出版社打算与某文化公司联合出版鲁迅全集，问我是否可行，我回答说"不可行"，告诉她人民文学出版社2005年出版了修订版《鲁迅全集》，长江文艺出版社2011年出版了三十三卷本《鲁迅大全集》，如果哪家出版社再出鲁迅全集，在质量或规模方面不可能超过那两种。我说如果想出版鲁迅作品，可以完整地影印一套鲁迅著作初版本，因为原初形态的鲁迅著作无论是对于研究者来说还是对于收藏者来说，其价值都远远超过后人编辑的全集、选集，但由于时间久远，鲁迅著作初版本已经成为文物，一般人很难看到了。说这话的时候，我没有想到自己的提议会变成现实，并且能在整整一年之后的2012年9月20日去鲁迅博物馆看《鲁迅著作初版精选集》的样书。所以，第二天看样书的时候，我问思源兄安排大家9月20日看样书是否有什么特殊考虑，思源兄说"没有"，于是我告诉他前一年9月20日在车公庄峨嵋酒家与邢艳琦见面的事。这种时间的巧合只能用宿命来解释，大概是鲁迅先生的在天之灵引导着我们。

在车公庄与邢艳琦、林少阳见面一个半月之后，2011年11月1日下午，我应邢艳琦之邀到出版社与文化公司的人见面，交流想法。他们对影印鲁迅著作初版本很感兴趣。出版社的合作者是邓占平先生的金哈达传媒有限公司，那天占平先生带了两位职员前往，其中的一位就是后来担任这套书执行编辑的尚论聪先生（我称他"小尚"）。出版社方面除了邢艳琦，还有教育分社社长冯章先生。问占平先生公司名之曰"金哈达"是否与西藏有关，占平先生答曰与西藏无关，他是来自内蒙古。问他们何以会有出版鲁迅全集的想法，小尚说因为已出鲁迅全集的某些注释受当时政治环境影响较大，现在应当作更客观的注释，恢复鲁迅的原貌。一家本应以营利为主业的文化公司居然有这种纯粹的学术关怀，我感到意外。恢复鲁迅原貌的捷径当然是影印鲁迅著作初版本，于是大家很快达成一致，情绪高涨，当场在出版操作和图书装帧方面提出了一些具体构想。那天我特意带去了两本影印图书供他们参考，一本是上海书店影印的《革命文学论文集》（霁楼编，生路社1928年5月初版），一本是日本近代文学馆影印的宫泽贤治童话集《注文の多い料理店》（东京光原社1924年12月初版）。

商谈结束之后占平先生开车送我回家，车中聊起来，知道他在内蒙古的时候是中学英语教师，来到北京创业之后经营出版与传媒。小尚也写作，出版过散文集。无怪乎他们会有那么强烈的文化关怀，甚至有学术意识。

在出版社商谈两天之后的11月3日，电话黄乔生兄，介绍相关情况并请求给予支持。乔生兄大喜。他身为鲁迅博物馆的副馆长，支持鲁迅著作的出版也是份内的事。11月8日下午，领邢艳琦、占平先生、小尚三位到鲁博与乔生兄见面，乔生兄喊来了思源兄，思源兄是文物资料部主任，说起鲁迅著作的版本如数家珍。双方一拍即合，我牵线搭桥的任务圆满完成。

出版社与金哈达方面的运作迅速、高效。2012年1月13日，出版论证会在鲁博召开，请来了王得后、李允经、王世家、孙郁等北京鲁迅研究界的专家。论证会也邀请了藏书家朱金顺先生，可惜他因故未能到会。那天我听了专家们的介绍，方知鲁迅著作的版本中学问太大，问题太多，有些问题一般研究者很难意识到。出版社方面十分重视，参加者除了邢艳琦、冯章两位，社长兼总编辑和龚先生也到场。和龚先生的讲话给我留下的印象颇深，他说现在的中国不是"世风日下"，而是"士风日下"，因此要出版鲁迅著作这种高质量的文化产品，为知识界和青年一代提供精神食粮。一字（并且是谐音字）之改，一针见血。

从那次开论证会到九个月之后《鲁迅著作初版精选集》印刷完毕，资料提供方、出版方一定是付出了辛勤而巨大的劳动。二十二本书，从封面到环衬再到正文，每一页都要扫描，扫描之后还要修版、拼版，再加上制作封套、纪念章、牛骨裁纸刀等等，工作量之大可想而知。二十二本书中的《准风月谈》《花边文学》《鲁迅自选集》等七本的版权页上是有印花的（印花为鲁迅印章），为了完整呈现初版本原貌，思源兄甚至不辞劳苦，到刻字店用电脑复制鲁迅印章，印制了一版带针孔线的印花（近似于整版邮票）。

日本的鲁迅研究大家伊藤虎丸先生曾经提出"原鲁迅"的概念（见《鲁迅与日本人》《鲁迅与终末论》等书）。他的"原鲁迅"是从鲁迅留日时期的思想状况中归纳出来的、具有"原型鲁迅"含义的概念，这里我想扩大这一概念的含义，将原初形态的鲁迅（即未经意识形态或学术研究阐释甚至歪曲的鲁迅）称作"原鲁迅"。在鲁迅去世之后的七十六年间，完整呈现"原鲁迅"的，大概就是这套影印的《鲁迅著作初版精选集》。我这样说并非夸张。这套书几乎囊括了鲁迅生前出版的全部著作（仅《两地书》因版权问题待日后补印），底本全部采用初版本，每本书的封面、正文、插图乃至版权页上的印花、书后所附出版社广告，等等，与初版本完全相同。简言之，这就是一套重获新生的鲁迅著作初版本。我认为自己从这套书中看到的鲁迅比从各种鲁迅全集、鲁迅选集中看到的鲁迅更接近"原鲁迅"。每一种单行本当初都是作为一个独立的"个体"诞生的，有封面，有广告，有未经统一的文字用法，这就是那个时间点、那个语境中的鲁迅。而一旦进入全集或选集，语境、时空关系都会发生改变。比如《花边文学》，收入全集之后，读者就看不到初版本封面上的花边，也看不到书中正文后的图书广告。再比如，在《朝花夕拾》的初版本中，"花"与"华"有不同的写法，封面上的书名《朝花夕拾》、书脊上的书名《朝华夕拾》、扉页上的书名《朝华夕拾十篇》三者各不相同。这不仅涉及鲁迅的语言习惯，而且涉及多次为鲁迅著作设计封面的陶元庆对鲁迅著作（作为纸质出版物的鲁迅著作）的参与，进而涉及鲁迅的审美趣味。陶元庆为《坟》《彷徨》《朝花夕拾》等书设计的封面，均呈现出抽象、简洁、淡雅的风格。实际上，初版本与全集、选集之类的关系很微妙。相对于初版本展示的"原初著者"而言，全集、选集之类展示的其实是"重新组合的著者"。在鲁迅这里是如此，在其他作家那里同样是如此。对于那些因种种原因修改自己作品的作家来说，全集、选集中的"非历史"成分更多。研究作家作品的时候查阅原始报刊之所以是必要的，原因即在于此。就我本人而言，今后在学习和研究鲁迅的时候，会更多使用这套影印的初版本，而尽量少用全集、选集之类。

这套书印的全是毛边本，附有牛骨裁纸刀，裁纸刀是供购书者裁毛边使用。这个创意颇为独特。毛边本不仅是多种鲁迅著作初版本的本来形态，更符合鲁迅"毛边党"的图书审美观。鲁迅自认毛边本的"作俑者之一"（《扣丝杂感》）。2011年11月1日在中央编译出版社第一次见面的时候，占平先生就提出了毛边本的创意。当时他好像还设想给每本书做牛皮封套，大概是由于成本、工艺方面的原因，牛皮封套最后没有做。其创意所用材料总是与牛有关，显然是因为他来自牛羊成群的内蒙古。我是2012年10月10日从鲁迅博物馆取回这套书，回到家里急于阅读，于是拿出牛骨刀裁书。印刷用纸太好，牛骨刀又不是那么锋利，所以裁了几页，还是改用金属裁纸刀。不过，用牛骨刀裁毛边本的鲁迅著作，似乎是一种具有象征性的行为艺术。在此过程中，鲁迅的思想文化空间穿过七十多年的岁月与牛骨刀代表的蒙古草原空间相遇、重叠。对于吃的是草挤的是奶、自称"俯首甘为孺子牛"的鲁迅来说，文字借助牛骨刀的裁切展示在读者面前，应当是值得欣慰的。对于我等图书拥有者来说，裁开毛边乃至往版权页上粘贴印花，是在参与一本书的制作过程，在这个过程中能够获得参与感、成就感。不言而喻，这个过程也是走近并且走进鲁迅世界的过程。

当然，这套影印本也有未尽人意之处。比如装订方式，如果不是用胶装而是用传统的锁线装，大概更便于翻阅，书的寿命也会更长。小尚说考虑到这套书的收藏价值和使用寿命，故特意选用纯质纸（非再生纸）印刷。这么好的纸用胶装，奢侈了。

《鲁迅著作初版精选集》的出版对于鲁迅的传播、继承与研究无疑具有重要意义，从文化生产的角度来看也是一次经典性的尝试。在整个出版过程中，出版社、民间资本、文学博物馆、学者四方进行了一场有效的合作与互动。现在在中国，文化生产方式面临巨大转变，这种合作与互动也许具有模式意义，值得推广。邓占平先生作为文化产业的经营者本与鲁迅无涉，却以这种方式参与了鲁迅文化的传承，让鲁迅著作获得新生，这尤其值得称道。

鲁迅博物馆本来是通知9月25日召开这套书的新书发布会，因为那一天是鲁迅诞辰一百三十一周年纪念日。好像是因为相关人士有的身在境外、有的在保定开鲁迅研究年会，时间有冲突，所以发布会改为10月19日（鲁迅逝世七十六周年忌日）。可惜，发布会前一天的10月18日我去了喀什。返京之后，通过报纸和网络，知道发布会很成功，这套书获得广泛好评，上了"新浪中国好书榜"，并受到许多藏书家的喜爱。据说，现在这套书的编者签名本网络拍卖价已经几近翻番。得到此类消息，我作为参与者之一颇有成就感。回首望去，因为这套书与前辈专家、新老朋友的交往和交流，是我2011年至2012年间的珍贵记忆。现在将记忆付诸文字，是纪念，也是为后人研究鲁迅著作出版史留下一点掌故。

2013年1月24日至26日写于寒蝉书房

（原载《鲁迅研究月刊》2013年第1期）

后记　形与影的辩证法

本书为鲁迅研究专题论文集，书名的确定颇费周折。因为鲁迅研究已经有九十多年的历史，论文、专著汗牛充栋。北京鲁迅博物馆内的鲁博书屋专卖鲁迅相关书籍，近年常去那里买书。不止一次，站在书店里摆满各类鲁迅研究著作的一排书架前，肃然起敬的同时也感到茫然。鲁迅研究发展到今天，无数种名目的论文、专著都已被人写过，相应的文题、书名也都被人用过，这种情况下要给一本鲁迅研究著作取个不重复前人而又切题的书名，确实考验智商。

半年前绞尽脑汁、苦思冥想，想出了"鲁迅形影"这个书名。满意并且有些得意。"形"即"原形"的"形"，相关词汇有"现原形""原形毕露"之类。不言而喻，这两个词中的"形"含贬义，但我所谓的"形"与贬义无关。这个"形"可以置换为"本体"，鲁迅之"形"即"鲁迅本体"，类似于日本鲁迅研究名家伊藤虎丸先生的"原鲁迅"概念。我所谓的"影"，即"形"（鲁迅之"形"）的投影。一切对于鲁迅的理解和阐释、对于鲁迅思想和精神的实践，皆为鲁迅之"形"的次生品，即鲁迅之"影"。阳光下一切"形"都有自己的"影"，"影"起源于"形"并且是"形"的证明，是接近"形"的重要途径。"形影不离""如影随形"两词某种程度上表达了这种共生关系。不过,"影"未必以与"形"相同的形状存在,因此另有特殊的存在价值。

本书"正编"收论文十篇,前七篇探究的是鲁迅之"形",即"鲁迅本体"的形成过程与内涵,后三篇讨论战后日本的作家、思想家对鲁迅的理解、阐释乃至对鲁迅思想的实践,呈现的是鲁迅在日本的投影。"副编"的六篇文章基本也是探究鲁迅之"影",主要是投射在中国的"影"。与鲁迅之"形"有关的七篇论文中,前五篇集中于鲁迅的留日时期,是因为留日生活对鲁迅之"形"的形成影响甚大。再与鲁迅投射到日本的"影"相结合,可以看到从战前到战后鲁迅与日本之关系的多重性。

鲁迅希望把自己的形影留在世界上吗?关于这个问题,鲁迅的心态有些矛盾。一方面他希望这样。1905年在仙台弃医从文,试图用文艺改造国民精神,甚至一度以为自己是"振臂一呼应者云集的英雄"(《呐喊·自序》)。放声呐喊而效果不如自己所愿,于是孤独、苦闷、彷徨。1933年3月应日本人之请求,作诗《题〈呐喊〉》,依然对"呐喊"效果不佳耿耿于怀,曰:"弄文罹文网,抗世违世情。积毁可销骨,空留纸上声。"由此可见其实现自我社会价值的渴望。但另一方面,鲁迅又希望尽快"逝去"。其"中间物"意识即包含着"逝去"的自我认知。1924年所作《影的告别》中的那个影说:"我不愿彷徨于明暗之间,我不如在黑暗里沉没。"两年后鲁迅在《写在〈坟〉后面》里说得更明白:"逝去,逝去,一切一切,和光阴一同早逝去,在逝去,要逝去了。——不过如此,但也为我所十分甘愿的。""应该和光阴偕逝,逐渐消亡,至多不过是桥梁中的一木一石,并非什么前途的目标,范本。"他为自己建造的"坟"是终结的证明也是存在的证明,符号性地体现了他内心不朽与速朽的矛盾。

鲁迅这种矛盾心态形成的原因十分复杂。与世界观、历史观、人生观有关，与对进步的渴望有关，并且与对自己身后事的担忧有关。1934年7月他在《忆韦素园君》一文中说："文人的遭殃，不在生前的被攻击和被冷落，一瞑之后，言行两亡，于是无聊之徒，谬托知己，是非蜂起，既以自衒，又以卖钱，连死尸也成了他们的沽名获利之具，这倒是值得悲哀的。"发此言时鲁迅已经病入膏肓，且屡遭攻击、利用或背叛，因此此言也有"夫子自道"的味道。对于叩问灵魂的人，鲁迅要求甚高。1926年6月，他在为韦丛芜所译陀思妥耶夫斯基长篇小说《穷人》撰写的《〈穷人〉小引》中说："凡是人的灵魂的伟大的审问者，同时也一定是伟大的犯人。"但是，鲁迅的时代中国有多少"伟大的犯人"？换言之，有多少能够直面鲁迅的"伟大的审问者"？事实是，鲁迅在学术界看到了"民魂"，但也看到了游荡的"官魂"与"匪魂"（《学界的三魂》）。因此他难免心怀疑虑，并因此希望被忘却。从"形"与"影"的关系来说，鲁迅早已洞察这种关系的不确定性。

可见，面对鲁迅是一件困难甚至危险的事。中国鲁研界存在着"伟大的审问者"、"伟大的犯人"，但我不是，并且不可能是。我面对鲁迅能做的，只有怀着真诚的态度、从切切实实的文本出发探究鲁迅的形与影。鲁迅在其人生旅途上塑造了自己的"形"并且投下厚重的"影"。从清末到民初，从国内到国外，从北京到上海，从民间到官场，从文坛到学界，鲁迅在漫长的旅途中洞察了历史、社会与人性。

本书是一本学术著作，但对于我来说另有特殊的纪念意义。因为我与鲁迅"相处"已经半个世纪，鲁迅是我心中的"原风景"。

1964年，我在张圩医院的家属院里走近"鲁迅"，那一年我四岁。张圩是江苏省睢宁县的一个镇，我父亲是镇医院的医生。他是因为"右派"言论被从县城调动到那里。那年初冬我患病，母亲从三十里外的老家把我带到父亲那里治疗。当时父亲还是二十七八岁的青年人，热爱文学并且崇拜鲁迅，宿舍里的一张桌子上立着鲁迅像。那是鲁迅1930年9月24日拍摄的五十周岁纪念照，白色中式服装，短发，留着胡须，温和、平静的面容。照片大概是父亲从书中或报纸上裁下来装在镜框里的。那张照片穿过我幼年的瞳孔，深深烙在了我的脑海里。治病大概治了半年多。我清楚地记得，母亲去镇外的水井挑水时，我跟在旁边走，田野里麦苗青青。那应当是到了1965年春天。半年多的时间里，父亲上班、母亲在房间里做家务的时候，我大概许多次站在桌前，好奇地看着照片上的鲁迅。成年之后阅读鲁迅相关书籍，偶尔看到那张照片，会有一种特殊的亲切感。去年反思自己的成长史、追寻自己记忆的起点，忽然发现那张照片是我记忆中的第一张照片、鲁迅是我今生通过照片看到的第一个人，不禁打了个寒战，意识到研究鲁迅是我的"天职"。这次因为编这本书，请鲁迅博物馆的黄乔生兄发来了那张照片的电子版。虽是熟悉的照片，但第一次从电脑屏幕上看到，大、清晰、一闪而现，不禁百感交集。五十年过去了，照片上的鲁迅依然那样温和、平静，而我已走过千山万水，天命已过、花甲将至。时光一逝永不回……

早早"认识"了鲁迅，因此上学之后读鲁迅作品劲头十足。那个年代的中小学语文教材中多有鲁迅作品，家里也有父亲购买的鲁迅著作。初中毕业之前不仅读了《故乡》《祝福》《一件小事》等等，连《文学和出汗》《"友邦惊诧"论》《"丧家的""资本家的乏走狗"》《论"费厄泼赖"应该缓行》也都囫囵吞枣地读过。小小年纪，背诵鲁迅旧体诗《自嘲》却兴致盎然。成年之后常常"运交华盖"，我甚至怀疑是因为小时候喜爱《自嘲》、因此《自嘲》成了我的"人生谶语"。读高中的时候父亲已经从张圩医院调回县城，他书桌上的鲁迅由照片升格为白瓷半身像，于是鲁迅在我心目中有了立体感。大学本科读的是徐州师大中文系，大四第一学期（1981年9月）到连云港市蔷薇中学实习，我平生第一次上讲台就是讲鲁迅作品《故乡》。后来在北京读硕，到东京读博，现在在社科院研究文学，一直离不开鲁迅。1985年购买的十六卷本《鲁迅全集》，已经断断续续读了三十年。鲁迅的人道主义精神、悲悯情怀，鲁迅的怀疑主义态度、批判精神，鲁迅对自己内心黑暗的洞察、对自己灵魂中毒气和鬼气的发现，鲁迅的硬骨头精神、受伤之后野兽一样躲入草莽自舔伤口的悲壮，甚至鲁迅的复仇观念，都是我认同、心仪并试图模仿的。支撑这种认同的是我个人的成长过程、生活体验。"文革"时期，地主、富农、反革命、坏分子、右派等五种人谓之"五类分子"，是社会底层。我出身于"五类分子"家庭，祖母是"五类分子"，父亲也是。1966年即"文革"爆发那年我上小学，1977年即"文革"结束第二年高中毕业，整个成长期是在动荡、贫困、充满政治偏见和身份歧视的年代度过，十八岁之前已是饱经风霜、满脸沧桑。鲁迅在《呐喊·自序》中说："有谁从小康人家而坠入困顿的么，我以为在这途路中，大概可以看见世人的真面目。"对此我有切身感受。后来随着生活阅历的增加，我发现鲁迅这段名言中还包含着一个"反命题"，可以改写为："有谁从困顿人家而升入小康的么，我以为在这途路中，同样可以看见世人的真面目。"我是鲁迅影中人，我的共感与认同也反过来确认了鲁迅的民间性、叛逆性与异端性。鲁迅的哲学属于弱者、抵抗者、前行者。

　　深受鲁迅影响，想称鲁迅"精神之父"，但自惭平庸，不便高攀、不敢僭越。不过，鲁迅的思想之恩、精神之恩是要报的。

我在中国鲁研界较早研究日本作家太宰治的《惜别》、2006 年促成《惜别》中文译本的出版（新星出版社），2012 年促成二十二本鲁迅著作初版本的影印出版（中央编译出版社），现在又把自己研究鲁迅的文章编成了这本书。这都是对鲁迅先生的回报。鲁迅在我这个年龄（五十五岁）已经接近生命的终点，我现在编这本书也是给自己的鲁迅记忆、鲁迅研究做总结。

从走上学术之路到混迹学界、鲁研界，承蒙严家炎、钱理群、藤井省三诸位恩师的关照，我心存感激。1982 年 5 月，即从徐州师大本科毕业前夕，我斗胆给严老师写了一封信，请教现代文学方面的问题。那时候严老师已经是北京大学中文系知名教授、《中国现代文学史》主编、《中国现代文学研究丛刊》副主编，我没想到他会那样认真地对待素昧平生的青年学生的来信。他接到信的时候正要去外地开会，无暇及时回复又担心我着急，便安排钱理群老师给我回信、寄阅读书目。两年之后，又是他把我录取为北大中文系现当代文学专业硕士研究生。在我心目中，他是文质彬彬的学者，又是大慈大悲、侠骨义胆的善人。钱老师的那封信改变了我的命运，那封信、那份书目我已经珍藏三十多年，并将继续珍藏。1984 年入北大读书之后，对鲁迅的理解直接受到钱老师的影响。背着黄帆布书包，从校南门的三十号学生楼走过"五四"操场，到四教（第四教学楼）听钱老师讲鲁迅，那情形现在依然历历在目。钱老师是在研究鲁迅，也是在用鲁迅点燃自己，堪称"伟大的审问者"。他讲鲁迅会讲到汗流浃背，在讲台上留下衬衣被汗水浸湿的背影。藤井省三老师是日本的鲁迅研究名家，是我在东京大学留学时的导师。他改变了我的生活道路，为我了解日本、重建知识结构提供了宝贵的机会，而本书中的大部分文章都与日本有关。感谢王培元、赵京华、黄乔生诸位朋友，与他们的交往、交流深化了我对鲁迅的理解以及对社会、人生的理解。感谢《鲁迅研究月刊》编辑部的各位同道。从王世家先生、周楠本先生，到孙郁兄、黄乔生兄、姜异新女士，都热情地接纳我的文章。本书所收十六篇文章中有九篇是《月刊》发表的。上面这许多人与鲁迅有关并且与我有关，珍贵的"鲁迅缘"！感谢香港实业家陈君实先生，本书的出版得到了他的资助。认识陈先生已近十年，他对国家、历史的责任感，他的纯朴善良、君子风范，都让我感佩、景仰。感谢三联书店的叶彤兄、李静韬博士，他们为这本书的出版付出了辛勤劳动。叶彤兄的家学渊源中本有"鲁迅"，又是钱理群老师的入室弟子，我与三联书店多年来的友好合作关系也是始于十六年前他编《读书》杂志的时候向我约稿。现在，这本书由他推动出版，再一次让我感觉到"宿命"的存在。

从1978年读大学算起，我学习、研究文学已经三十七年。既然研究文学、研究鲁迅是我的"天职"，那么余生还得干这个。——尽管中国的文学狂欢节已经结束于上个世纪末，鲁迅在中学语文教材中的比重也越来越小。1933年鲁迅给报纸编辑胡今虚写信，信中有言："弄文学的人，只要（一）坚忍，（二）认真，（三）韧长，就可以了。不必因为有人改变，就悲观的。"愿以此言与一切鲁迅影中人共勉。

著　者

2015年6月1日记于寒蝉书房

图书在版编目（CIP）数据

鲁迅形影／董炳月著．—北京：生活·读书·新知三联书店，
2015.12
　ISBN 978－7－108－05573－6

　Ⅰ.①鲁⋯　Ⅱ.①董⋯　Ⅲ.①鲁迅研究－文集　Ⅳ.① I210-53

中国版本图书馆 CIP 数据核字（2015）第 249620 号

责任编辑　叶　彤　李静韬
装帧设计　康　健
责任印制　张雅丽
出版发行　**生活·讀書·新知** 三联书店
　　　　　（北京市东城区美术馆东街 22 号 100010）
网　　址　www.sdxjpc.com
经　　销　新华书店
印　　刷　北京市松源印刷有限公司
版　　次　2015 年 12 月北京第 1 版
　　　　　2015 年 12 月北京第 1 次印刷
开　　本　635 毫米 × 965 毫米　1/16　印张 22.75
字　　数　275 千字
印　　数　0,001－5,000 册
定　　价　58.00 元
（印装查询：01064002715；邮购查询：01084010542）